西北大学“双一流”建设项目资助
Sponsored by First-class Universities and Academic
Programs of Northwest University

国际贸易法理论与实务

GUOJI MAOYI FA LILUN YU SHIWU

田　海　主编

西北大学出版社

·西安·

图书在版编目（CIP）数据

国际贸易法理论与实务 / 田海主编. —西安：西北大学出版社，2023.1

ISBN 978-7-5604-5017-9

Ⅰ. ①国… Ⅱ. ①田… Ⅲ. ①国际贸易—贸易法—研究 Ⅳ. ①D996.1

中国版本图书馆 CIP 数据核字（2022）第 179700 号

国际贸易法理论与实务

田 海 主编

出版发行 西北大学出版社

（西北大学校内 邮编：710069 电话：029-88302621 88303996）

http: //nwupress.nwu.edu.cn E-mail: xdpress@nwu.edu.cn

经 销 全国新华书店

印 刷 西安博睿印刷有限公司

开 本 787 毫米×1092 毫米 1/16

印 张 16.5

版 次 2023 年 1 月第 1 版

印 次 2023 年 1 月第 1 次印刷

字 数 283 千字

书 号 ISBN 978-7-5604-5017-9

定 价 55.00 元

本版图书如有印装质量问题，请拨打电话 029-88302966 予以调换。

目　录

第一章　国际贸易法基本理论

第二章　国际货物买卖法

第三章　国际贸易术语

第四章　国际货物运输法

第五章　国际货物运输保险法

第六章　国际贸易支付法

第一章 国际贸易法基本理论

第一节 国际贸易概述

一、国际贸易的概念

国际贸易(International Trade)在国际经济活动中占有重要的地位,是国际经济活动的重要组成部分,它是指货物、服务、知识产品在世界各国和各地区之间的交换和流动。[①] 简言之,国际贸易是指跨越国境的货物、服务、知识产品的交易。

这里需要注意的是国际贸易和对外贸易的关系。如果从一个国家或地区的研究角度来看,一个国家或地区与其他国家或地区进行的货物、服务、知识产品的交换活动,则称为对外贸易。所以,如果研究者是站在某一个具体国家(地区)的视角来进行研究的话,国际贸易对该国(地区)而言,就是对外贸易。在国际贸易的实践中,基于法律表述的严谨性,在提到对外贸易时要指明特定的国家,如中国的对外贸易、美国的对外贸易等。

二、国际贸易的内容

(一)狭义的国际贸易内容

狭义的国际贸易是指国家或地区各种商品的进出口,即一切有形商品的交换,也

①郭寿康,韩立余.国际贸易法[M].4版.北京:中国人民大学出版社,2014:1.

称为有形贸易。

国际贸易中的有形商品种类繁多,为便于统计,联合国秘书处于1950年起草“联合国国际贸易标准分类”,并分别在1960年和1974年进行了修订。在1974年的修订本里,国际贸易商品共分为10类,这10类商品分别为:①食品及主要供食用的活动物;②饮料及烟类;③燃料以外的非食用粗原料;④矿物燃料、润滑油及有关原料;⑤动植物油及油脂;⑥未列名化学品及有关产品;⑦主要按原料分类的制成品;⑧机械及运输设备;⑨杂项制品;⑩没有分类的其他商品。在国际贸易中,一般把①到⑤类商品称为初级产品,把⑥到⑨类商品称为制成品。

(二)广义的国际贸易内容

广义的国际贸易是指国家或地区的所有对外经济活动,包括有形贸易和无形贸易。无形贸易是“有形贸易”的对称,是指不同国家或地区之间进行的以无形商品为交易对象的贸易活动。在国际贸易中,这种无形贸易包括服务贸易与知识产权贸易。

一般情况下,中国国内的国际贸易法教材中研究的国际贸易的内容,指的是广义的国际贸易。如果研究的是狭义的国际贸易,那么教材一般会使用《国际货物买卖法》《国际商法》这类名称。

三、国际贸易的特点

(一)国际贸易具有跨国性

国际贸易是一种跨国交易活动,这一特征使其与国内贸易区别开来。对于判断一项贸易活动是否为国际贸易,即其是否具有国际性或跨国性,国际上并无统一的标准。目前国际上流行的法律标准有三种:一是以当事人的国籍为标准,认为来自不同国家的当事人之间的贸易就是国际贸易;二是以当事人的营业地为标准,认为营业地位于不同国家的当事人之间的贸易就是国际贸易(《联合国销售合同公约》采用此标准);三是综合标准,认为应综合考虑当事人的国籍、营业地、要约和承诺的地点、货物或服务跨越国境流动等因素进行判定。

(二)国际贸易标的物的多样性

传统的国际贸易的标的物主要是货物,因此传统的国际贸易也仅指国际货物贸易。而现代的国际贸易包括商品(货物)、知识产权和服务这三大领域,这三大领域也是由世界贸易组织(WTO)法律框架协议支持的。

(三)国际贸易是平等主体之间的互惠交易

国际贸易是一方交付货物、服务或技术给另一方,另一方接受货物、服务或技术并向其支付价款的商事交易行为，且贸易双方的地位是平等的。这一特征使国际贸易与国际捐赠、国际援助等区分开来。

四、国际贸易的分类

按照不同的标准，可以对国际贸易做以下不同的分类。

（一）按商品流向划分

1.出口贸易（Export Trade）

出口贸易是将本国的商品、技术和服务销往他国市场的贸易活动。

2.进口贸易（Import Trade）

进口贸易是将他国的商品、技术和服务输入本国市场的贸易活动。

3.过境贸易（Transit Trade）

过境贸易是指贸易货物通过一国国境不经加工改制就运往另一国的贸易活动。在国际贸易的实践中，当甲国向乙国运送商品，由于地理位置的原因而必须通过第三国，对第三国而言，虽然没有直接参与此项交易，但商品要进出该国的国境或关境，并要经过海关统计，从而构成了该国进出口贸易的一部分，该国海关就会把这类贸易归入过境贸易。

（二）按有无第三参与方划分

1.直接贸易（Direct Trade）

直接贸易是指贸易商品由生产国直接运销到消费国，没有第三国参与的贸易。

2.间接贸易（Indirect Trade）

间接贸易是指通过第三国或其他中间环节将商品从生产国运销到消费国的贸易。在实践中，一般是商品的生产国把商品卖给第三国（或地区）的商人，然后第三国（或地区）的商人再把商品卖给真正的商品消费国。在此种情形下，间接贸易也被称为转口贸易（Entrepot Trade），因为第三国进口某种商品不是以消费为目的，而是将其作为商品再出口到其他国家，对于第三国而言就是转口贸易。

需要特别注意的是，转口贸易和过境贸易的区别在于商品的所有权，该权利在转口贸易中先从生产国出口者那里转到第三国（或地区）商人手中，再转到最终消费该商品的进口国商人手中。而在过境贸易中，商品所有权无须向第三国商人转移。

（三）按不同的清偿工具划分

1.自由结汇贸易（Free Liquidation Trade）

自由结汇贸易是以货币计价并以货币作为清算工具的贸易。

2.易货贸易(Barter Trade)

易货贸易以货物经过计价作为清算工具的贸易。简言之,是指支付结算时采用的以货换货的方式。

(四)按是否需要纸质单证划分

1.单证贸易(Trade with Documents)

单证贸易是指以纸面单证为基本手段的贸易。这是一种传统的交易方式,目前大部分国际贸易采用此种方式。

2.无纸贸易(Trade without Document)

在国际贸易实务中,无纸贸易也被称为 EDI,这是一种新出现的贸易形式。EDI 是英文 Electronic Data Interchange 的缩写,中文可译为“电子数据互换”,它在中国港、澳地区及海外华人地区被称作“电子资料联通”。它是一种在公司之间传输订单、发票等作业文件的电子化手段,即通过计算机通讯网络将贸易、运输、保险、银行和海关等行业信息,用一种国际公认的标准格式,实现各有关部门或公司与企业之间的数据交换与处理,并完成以贸易为中心的全部过程,它是 20 世纪 80 年代发展起来的一种新颖的电子化贸易工具,是计算机、通信和现代管理技术相结合的产物。由于使用 EDI 可以减少甚至消除贸易过程中的纸面文件,因此 EDI 又被人们通俗地称为“无纸贸易”。

五、主要的国际贸易理论

国际贸易理论试图解释为什么有国际贸易,以及作为一个国家应当如何对待国际贸易。对此问题,世界各国的学者进行过大量的研究,产生了不同的理论。在国内影响较大的理论主要有古典国际贸易理论和现代国际贸易理论。

(一)古典国际贸易理论

关于国际贸易发生的原因与影响,最早是由英国古典学派经济学家亚当·斯密(Adam Smith)在劳动价值学说基础上,将生产过程的研究作为贸易理论的起点,以地域分工为基础提出了绝对优势论(Absolute Advantage)。

后来,英国古典经济学家大卫·李嘉图(David Ricardo)以此为基础,在其 1817 年出版的著作《政治经济学及赋税原理》中提出了比较优势贸易理论(Comparative Advantage)。比较优势贸易理论认为,在两国之间,劳动生产率的差距并不是在任何产品上都是相等的。每个国家都应集中生产并出口具有比较优势的产品,进口具有比较劣势的产品,即“两利相权取其重,两弊相衡取其轻”,这样双方均可节省劳动力,获得专业化分工提高劳动生产率的好处。简言之,国际贸易能够使交易各方获利。所以,那种闭关锁国、强调自给自足的做法只会让一个国家在世界上越来越落后,是行不通的。在该理论的影响下,英国议会于 1846 年废除了维护封建地主利益的《谷物法》,促使英国转变为一个实行自由贸易的国家,大大提高了英国的综合国力。比较优势贸易理论为自由贸易提供了有力证据,并从劳动生产率差异的角度成功地解释了国际贸易发生的一个重要起因。直到今天,这一理论在国际上仍然有较大的影响,是许多国家尤其是发展中国家制定对外经济贸易战略的理论依据。

以上的这两个理论被人们称为古典贸易理论。从本质上讲,古典贸易理论是从生产技术差异的角度,来解释国际贸易的起因与影响的。只不过,在古典生产函数中,劳动是唯一的生产要素,因此,生产技术差异就具体化为劳动生产率的差异,在这种情况下,劳动生产率差异就成了国际贸易的一个重要起因。

(二)现代国际贸易理论

19 世纪末 20 世纪初,新古典经济学逐渐形成,在新古典经济学框架下对国际贸易进行分析的新古典贸易理论也随之产生。其代表人物为赫克歇尔(Heckscher)、俄林(Ohlin)、保罗·萨缪尔森(Paul A Samuelson)等,他们所创立并发展的生产要素禀赋理论,开启了现代国际贸易理论的新开端。

生产要素禀赋理论用生产要素的丰缺来解释国际贸易的产生和国家进出口贸易的类型。根据该理论,在两国技术水平相当的前提下,产生比较成本的差异有两个原因:一是两国间的要素充裕度不同;二是商品生产的要素密集度不同。一国的比较优势产品是该国应出口的产品,是它需在生产上密集使用该国相对充裕而便宜的生产要素所生产的产品,而进口的产品是它需在生产上密集使用该国相对稀缺而昂贵的生产要素所生产的产品。因此,就世界范围来看,各国应该集中生产并出口那些充分利用本国充裕要素的产品,以换取那些密集使用其稀缺要素的产品,这样的贸易模式使参与国的福利都得到了改善。

生产要素禀赋理论深化了李嘉图比较优势理论产生的来源,揭示了决定生产和贸易模式的因素,同时在衡量国际贸易对本国经济的影响和贸易所得等方面都作出了极其重要的贡献。

第二节 国际贸易法的概念、内容、主体

一、国际贸易法的概念

国际贸易法是调整跨越国界的贸易关系以及与贸易有密切关系的各种关系的法律规范的总称。[①] 简言之,国际贸易法就是调整国际贸易关系的法律。

二、国际贸易法的内容

国际贸易法的内容非常的宽泛,从法理来看,国际贸易法既包括国际法规范,也包括国内法规范;既有私法,也有公法;既包括实体法,也包括程序法,还包括冲突法。中国的学术界一般认为国际贸易法的内容主要由以下五部分构成。

(一)国际货物贸易法律制度

国际货物贸易法律制度又被称作国际货物买卖法,是规范国际贸易中买方和卖方货物买卖行为的法律,它在整个国际贸易法中占有十分重要的地位,是传统国际贸易法的核心部分。它包括国际货物买卖法律制度以及与之相关的运输、保险与支付法律制度等。

(二)国际服务贸易法律制度

国际服务贸易是伴随着国际货物贸易的发展而发展起来的,但由于服务本身存在的一些特点,如无形性、同步性、不可储存性和运输性等,国际服务贸易也呈现出与国际货物贸易不同的特点,产生了专门调整国际服务贸易的法律规则。

目前国际服务贸易的法律规制主要依靠各国国内法加以管制。这是因为,在国际服务贸易领域,各国服务贸易发展水平相差甚远,各国政府执行的相应方针、政策有所不同,导致各国之间的利益分歧较大。因此在调整国际服务贸易法律关系上,诸如在人员、资本、信息、技术等自由流动领域,在市场准入方面,均主要靠各国的国内立法来调整。此外,为了保护本国的服务市场和国家安全,各国的国内法在开业权、

---

①王传丽.国际贸易法[M].2 版.北京:中国政法大学出版社,2015:6.

经营权、税收优惠等方面，均不同程度地存在着对外国服务提供者的限制和歧视，国际社会对此也无法在短期内达成共识。

在调整国际服务贸易的国际性规范方面，主要有世界贸易组织制定的《服务贸易总协定》(*General Agreement on Trade in Services*)及其各项附件。

(三)国际知识产权贸易法律制度

国际知识产权贸易法律制度主要包含两个部分的内容：其一是对交易对象，即知识产权的国际保护；其二是对知识产权交易行为的法律调整。这两个部分的内容既相互独立又相互联系。保护知识产权的国际公约主要有《保护工业产权巴黎公约》《专利合作条约》《商标国际注册马德里协定》《世界版权公约》以及《与贸易有关的知识产权协议》等。这些国际公约在一定程度上协调了各国保护知识产权的国内立法，为国际技术贸易活动在知识产权保护方面创造了良好的法律条件，有助于国际技术贸易活动的开展。鉴于技术的重要性，各国均十分重视对于国际技术贸易活动的国内法管理与控制。

从影响和规则适用来看，规范当前国际知识产权贸易最重要的法律文件是世界贸易组织(WTO)制定的《与贸易有关的知识产权协议》(*Agreement on Trade-Related Aspects of Intellectual Property Rights*)，即大名鼎鼎的TRIPS协议。它是国际上第一个涵盖了绝大多数知识产权类型的多边条约，既包括实体性规定，也包括程序性规定。这些规定构成了世界贸易组织成员必须达到的最低标准，除了在个别问题上允许最不发达国家延缓施行之外，所有成员均不得有任何保留。这样，该协议就全方位地提高了全世界知识产权保护的水准。

(四)政府贸易管制法律制度

政府贸易管制又称为进出口贸易管制，即对外贸易的国家管制，是指一国政府从国家的宏观经济利益、国内外政策需要以及为履行所缔结或加入国际条约的义务出发，为对本国的对外贸易活动实现有效的管理而颁布实行的各种制度以及所设立相应机构及其活动的总称。

从法理来看，国际贸易活动除了须遵循当事人之间的合同以及各种交易性法律、惯例之外，还要受到政府相关管制性贸易规则的约束。政府对国际贸易进行管理是国家干预经济的一种重要形式，对维护国际贸易秩序、保护公平竞争、维护国家经济利益具有重要意义。

政府贸易管制法律制度作为各国政府管理对外贸易的法律依据，包括了国内对外贸易管制法和国际贸易统一公约。前者以各国贸易法、海关法、进出口商品检验法、反倾销法、反补贴法等法律法规为主体内容。后者在1995年1月1日以前，主要有1947年《关税与贸易总协定》，此后则由世界贸易组织《货物贸易多边协定》这一庞大的协议群所组成。此外，第二次世界大战后尤其是20世纪90年代以来，区域性国际贸易统一公约获得了迅猛发展，对推动区域贸易自由化、确立区域内缔约国之间高水平的自由贸易规则起到了很重要的作用。

（五）贸易争端解决法律制度

贸易争端解决法律制度是指国际贸易法主体之间发生了争议，适用何种程序法和实体法来解决争议的制度，即规范国际贸易争议解决的法律。一般包括国际民事诉讼法、国际商事仲裁法和世界贸易组织争端解决法等。

从法理来看，国际民事诉讼法是一国民事诉讼法的组成部分，国际商事仲裁法包括国内仲裁法和国际性的仲裁规则。国际民事诉讼法、国内仲裁法、国际仲裁规则所确立的国际民事诉讼制度和仲裁制度是解决私人间的国际贸易争议，包括国际货物买卖、货物运输及保险、支付等争议的法律途径。而世界贸易组织《关于争端解决规则和程序的谅解》所确立的争端解决机制，则用于解决成员方政府间因实施《世界贸易组织协议》所发生的国际贸易争端。

三、国际贸易法的主体

国际贸易法的主体是指国际贸易法律关系的参与者，也是权利、义务的承担者。具体包括以下五种。

（一）自然人

自然人（Natural Person/Citizen）作为一般的民事关系（Civil Relations）主体，其权利能力（Capacity for Civil Rights）自出生之日产生，至死亡之日为止。各国法律一般依据自然人的年龄、身体状况和智力状况，把自然人划分为完全行为能力人、限制行为能力人和无行为能力人。能作为国际贸易法主体的自然人，一般是完全行为能力人。

在国际贸易法律关系中，自然人是一种常见的主体。例如，一个中国公民在境外从事货物买卖、提供劳务等，此时该公民的法律身份就是一个自然人主体。在国际贸易的实践中，对于自然人行为能力的确认一般依行为地法确认。

（二）法人

法人（Legal Persons/Legal Entity）是指依法成立，拥有必要的组织机构和独立的财产，能以自己的名义享有民事权利和承担义务，能以自己的名义起诉、应诉的组织。

在现代的国际贸易中,随着竞争的加剧,交易主体越来越呈现出职业化和专业化的趋势,大量的交易由专业的商事企业来完成,在这些商事企业中,大部分是法人型的公司。国际上许多知名的国际贸易主体,都是公司。例如,著名的花旗银行、马士基航运公司、中国远洋公司等。

根据法理,法人的权利能力和行为能力,始于法人成立,终于法人消灭。由于各国国内法对法人的权利能力和行为能力规定不同,因而可能引起法律上的冲突,在实践中法人的能力一般按照属人法(通常为法人成立地法律)来确定。

(三)国际组织

国际组织(International Organization)也是国际贸易法律关系的参与者。从法理看,国际经济组织必须具有一定的法律人格才能作为国际贸易法主体行使权利和承担义务,从而有效地进行国际经济交往活动。在实践中大多数国际组织都有自己的组织机构和章程;有固定的资产和资金来源;在一定范围和领域内承担义务和行使权利;有独立的法律诉讼能力。例如,世界贸易组织、世界银行等都是国际贸易法中常见的主体。

(四)国家

国家是一个特殊的国际贸易法主体,它具有主权者和贸易当事人的双重身份。作为主权的最高代表和象征,国家可以自己的名义从事各种国际、国内的经济活动,签订各种条约和协议,尤其是国家基于主权,对本国的国际贸易进行管理。同时,国家也有权直接参与国际贸易活动,成为国际贸易合同当事人。这里需要说明的是,国家在参与国际贸易法律关系时,以国家的全部资产承担责任,同时也根据相关的法律和条约享受管辖豁免权和执行豁免权。

(五)跨国公司

当今的跨国公司已在全球范围内形成了一个庞大的公司帝国,它们超越了民族国家的界限,通过其数以百计的子公司,将其影响延伸到世界的各个角落。基于此,近年来中国国内许多教材也将跨国公司作为国际贸易法的一个特殊主体进行研究。

1.跨国公司的概念

跨国公司又称多国公司(Multi-national Enterprise)、国际公司(International Firm)等。根据联合国《跨国公司行动守则》(草案)的规定:跨国公司系指一种企业,构成这种企业的实体分布于两个或两个以上的国家,而不论其法律形式和活动范围如何,各个实体通过一个或数个决策中心,在一个决策系统的统辖之下开展经营活动,彼此有着共同的战略并执行一致的政策。由于所有权关系或其他因素,各个实体相互联系,其中一个或数个实体,对其他实体的活动能施加相当大的影响,甚至还能分享其他实体的知识、资源,并为它们分担责任。

可见,跨国公司是由分设在两个或两个以上国家的实体组成的企业,由决策中心统一管理并执行全球战略,各实体之间存在着密切联系。但是从法理来看,跨国公司本身并不是一个独立的经济和法律实体,就严格的公司法意义来说,跨国公司并不是一种公司,而是公司之间形成的一种特殊联系。

2.跨国公司的特征

(1)经营活动具有跨国性。跨国公司一般都有一个国家实力雄厚的大型公司为母公司,通过对外直接投资或收购当地企业的方式,在许多国家建有子公司或分公司,这些公司都接受母公司的管理和控制,从事各种经营活动。

(2)具有全球性经营战略。各子公司或分公司都有自己的决策机构,虽然都可以根据自己经营的领域和不同特点进行决策活动,但其决策必须服从于母公司的全球性经营战略,从全球战略出发安排自己的经营活动,在世界范围内寻求市场和合理的生产布局,定点专业生产,定点销售产品,以谋取最大的利润。

(3)跨国公司由不同跨国实体组成。组成跨国公司的两个或两个以上的公司(或分支机构)必须设在不同的国家,它的基本模式一般是母公司与子公司、总公司与分公司。从法律人格来看,这些实体往往具有不同国家的国籍,各实体之间的法律人格相对独立。

(4)跨国公司内部实体之间具有相互联系性。这种联系体现在跨国公司内部一体化组织里,在跨国公司的总部与各分支机构之间、分支机构与分支机构之间,多是以股权为基础,技术为核心,投资与贸易为载体,充分利用各国的要素和市场,在全球范围内设立生产基地和营销网络,从而形成了一个完整、界限分明的跨国经济组织。

(5)跨国公司利益与跨国公司营业地所在国的利益容易发生冲突。这是因为跨国公司的战略目标是以国际市场为导向的,目的是实现全球利润最大化,往往并不一定符合跨国公司营业地所在国的经济诉求和国家利益。跨国公司营业地所在国既包括了其母国,也包括了东道国,在实践中跨国公司的经营有可能背离母国的利益,更有可能与东道国利益发生冲突。

这种矛盾的实质在于民族国家利益与企业商业利益的冲突,对于矛盾双方而言,往往是利益博弈的差异而产生不同的选择结果。从现实来看,在世界经济日益一体化的今天,更多的时候是民族国家利益要让位于跨国公司的利益。这是因为在生产国际化的环境下,各国间相互依存的程度越来越高,国内法律制度的制定越来越离不开国际因素的制约,使民族国家因素趋于淡化,国家会将部分经济主权和利益让渡,这将给国家带来更大的利益。

3.跨国公司的基本结构

跨国公司的基本结构一般可以分为母公司(Parent Company)、子公司(Affiliate)、分支机构(Branch)等。

母公司与子公司是对称,母公司是指一个在国内或国外拥有其他公司的大部分股票的公司,而受其控制的公司就称子公司。子公司也可能有自己的子公司,也就是母公司的孙公司。母公司一般拥有较多的资本,经济实力雄厚,可对子公司实行高度集中管理,享有对子公司生产销售、资本筹集、人事安排、利润分配等重大经营活动的决策权,在实践中母公司多表现为控股公司。

从法律的角度来看,一般各国的公司法都规定,母公司与子公司都是独立的实体,它们都具有法人资格。如果子公司没有独立的法人资格,则该子公司在法律上被视为母公司的分公司或者分支机构。

跨国公司的分支机构一般有两种形式,一种为分公司;一种为办事处或者代表处。分公司可以从事经营活动,而办事处或者代表处一般只能从事总公司营业范围内的业务联络活动。世界上大部分国家的法律都规定,办事处或者代表处是不能申请领取营业执照的,是不具有经营资格的,其职责仅仅是联络、了解分析市场行情、参与商务谈判。同时,不能以自己的名义签订商业贸易合同进行营利性的贸易、投资活动,其签订的营利性协议是无效的。这就意味着,在国际贸易实务中,缔约一方一定要注意对另一方缔约能力的审查,防止合同不能成立或者无效的情形出现。

4.母公司对子公司的债务责任

对于跨国公司,基于母子公司之间的关联性以及母公司对子公司拥有控制权的情况,为了防止母子公司滥用法人的独立人格和责任,在实践中,当出现由于母公司的责任造成子公司丧失对外偿付能力或丧失履行义务的能力时,为了保护债权人的利益,法律有时会允许"揭开公司面纱"(Piercing the Corporations Veil),即按照"公司法人人格否定"(Disregard of Corporate Personality)的理论,由母公司为子公司的债务承担直接责任。中国的《公司法》第二十条也有类似的规定,第二十条的内容可以分为三部分。

第一,公司股东应当遵守法律、行政法规和公司章程,依法行使股东权利,不得滥用股东权利损害公司或者其他股东的利益;不得滥用公司法人独立地位和股东有限责任损害公司债权人的利益。

第二,公司股东滥用股东权利给公司或者其他股东造成损失的,应当依法承担赔偿责任。

第三,公司股东滥用公司法人独立地位和股东有限责任,逃避债务,严重损害公司债权人利益的,应当对公司债务承担连带责任。

5.对跨国公司的法律管制

由于跨国公司的实体处于不同的国家,法律管制困难比较多,尤其是各国法律规定不同,给跨国公司的监管带来很多法律问题。可以说,对跨国公司的法律管制是一个全球性的难题。下面我们通过一个具体的案例,来看看对跨国公司法律管制的困难之处。

西班牙麦哲伦服装公司在荷兰阿姆斯特丹建立了一个实体麦哲伦信息中心,麦哲伦信息中心负责为该服装公司搜集北欧国家服装市场的信息。西班牙政府与荷兰政府的税收协定规定,此类搜集信息、情报的机构为非常设机构,不承担纳税义务。然而,麦哲伦信息中心在实际运作中执行的职能已远远超出了简单的搜集信息。麦哲伦信息中心承担了有关借贷和订货合同的谈判和协商的职能,但因为未在合同和订单上代表麦哲伦服装公司签字,因而,荷兰税务部门无法据以对其征税。这是典型的运用"假办事机构"的办法,滥用税收协定的例子。通过设立办事机构,同时避免充当常设机构,既可获利,又逃脱了一部分税收义务。

目前,在国际法领域,对跨国公司的法律管制有两部法律文件比较出名,一个是联合国《跨国公司行动守则》(草案)(*United Nations Code of Conduct on Transnational Corporations*),另一个是社会责任国际组织的《企业社会责任标准"SA8000"》(*Social Accountability* 8000 *International Standard*)。

第三节 国际贸易法的渊源

国际贸易法的渊源是指国际贸易法的表现形式。国际贸易法的渊源既包括国际法,也包括国际贸易惯例,还应包括国内法。具体而言,包括以下几种。

一、国际贸易条约

国际贸易条约是指缔约国为确定相互贸易关系而缔结的书面协议,它是国际条约的一个分类。国际贸易条约是在19世纪后期以后才陆续出现的,国际贸易法的统一很大程度体现在国际贸易条约上。从形式上看,国际贸易条约可以是双边的或多边的,也可以是全球的或区域的。通常情况下,国际贸易条约的内容主要包括有关贸易关系全局、国际货物贸易、国际技术贸易、国际服务贸易、国际贸易争议处理方面的事项等。

(一)国际贸易条约与协定的差别

在实践中国际贸易条约的名称常见的有两种:一种叫贸易条约(Treaty),另一种叫贸易协定(Agreement)。二者的区别主要表现在两方面。

(1)贸易条约一般涉及缔约国之间经贸关系的各个方面,规定的内容具有重要的政治经济意义,执行期限较长。

(2)贸易协定主要是缔约国关于交换货物与支付货款等事项的规定。与贸易条约相比,其各项规定比较具体,有效期一般较短,缔结程序比较简单。

(二)国际贸易条约的类型

在实践中,国际贸易条约的类型主要有三种。

1.通商航海条约

通商航海条约是全面规定国家间经济贸易关系的国际条约,其内容比较广泛,常涉及缔约国之间经济和贸易关系的各方面问题。通商航海条约是双边贸易条约中十分重要的一种,一般发生在政治上相互友好的国家之间。例如,1961年生效的《中华人民共和国和阿尔巴尼亚人民共和国通商航海条约》、1963年生效的《中华人民共和国和越南民主共和国通商航海条约》。

2.支付协定

支付协定是国与国之间关于贸易和其他方面债权债务结算办法的书面协议。支付协定是国家实行外汇管制的产物,在实行外汇管制的条件下,一种货币不能自由兑换成另一种货币,对一国所拥有的债权不能用来抵偿第三国的债务,结算只能在双边基础上进行。因此,就需要通过缔结支付协定的办法来解决两国间的债权和债务。

在国际贸易实践中,经常还会出现清算协定。清算协定和支付协定的关系是:在国际清算中,一国有权选择它认为适合本国情况的清算办法,但须征得另一方同意,通常要签订国际协定加以确认。该协定对清算机构的名称、设立账户、清算范围、清算货币、信用摆动额、清算差额的处理等事项,均有具体规定。通常,不使用黄金、外汇的称为清算协定;而债务国到期或差额达到一定数额时须以黄金或外汇偿付的,称为支付协定。在当代国际贸易中,二者无严格界限,常常交互使用。例如,第二次世界大战后，西欧国家国际收支状况恶劣，外汇缺乏，贸易及外汇管制甚严，不得不签订支付协定进行两国间贸易，这种支付协定实际上是一种支付清算协定。

支付协定作为国家之间的法律文书，对签约国具有约束力，是缔约国主动安排国际间有计划的结算和实现支付规范化的一种方式。从实践效果来看，这种方式在不动用黄金和外汇而通过账户互相抵冲这一根本特点的基础上，发达国家可利用这种协定，在不付出外汇条件下，获取发展中国家的资源；发展中国家也可通过协定扩大对外贸易，缓解外汇资金短缺；发展中国家之间则可以通过协定来发展民族经济，建立新型的经济合作关系。到20世纪90年代，发展中国家之间签订的换货支付协定已相当普遍，日益成为有利于保证这些国家经济发展的一种有效合作方式。

3.国际商品协定

国际商品协定是指某项原料或食品的生产国（出口国）与消费国（进口国）间就该项商品的购进、销售与稳定价格等问题所缔结的政府间多边贸易协定。

签订国际商品协定的目的在于调节该商品的产销，以防止价格的剧烈波动。国际商品协定的主要内容包括限定商品的最高或最低价格、限制产销数量、分配产销数量、处理商品过剩或供应不足。

在国际贸易实践中，国际商品协定主要适用于一些初级产品，这些初级产品的出口国大多是发展中国家，主要进口国大多是发达国家。国际商品协定能有效防止初级产品国际市场价格的大幅度波动，保证重要的初级产品的合理分配，这不仅是发展中国家所期望的目标，也是发达国家所期望的目标。

二、国际贸易惯例

（一）国际贸易惯例的概念

国际贸易惯例（International Trade Custom）是指在国际贸易长期实践中逐渐形成的一些通用的习惯做法和通例。

国际惯例是国际贸易法中最古老最重要的法律渊源。客观地讲，在国际贸易交往领域，真正能构成国际贸易习惯的规则并不多见，因为各国分歧较大。例如，一般各国都认为，国家财产豁免原则是国际贸易领域的一项国际贸易惯例，但是对豁免的具体范围的主张因国而异。再比如，不少国家都承认国家有权采取国有化措施，认为这是一项国际经贸习惯，但是对国有化的补偿标准，各国却都各持己见。但国际贸易惯例是国际贸易法的一种国际法渊源却是不争的事实，被许多国家的学术界、政府、法院、仲裁机构所认同，有些国家的法律还规定，法院有权按照有关的贸易惯例来解释双方当事人的合同。

（二）国际贸易惯例的特点

第一，它是经过长期的反复实践而形成的，其形成的过程不受政府的控制和制约，它的形成文化一般是由商业自治团体自发地编纂而成的，这使它有别于依靠国家立法机关制定的国内法以及依靠各国之间的相互谈判、妥协而达成的国际条约；也正是这种非主权性，大大增强了国际贸易惯例的普遍适用性。

第二，它具有确定的内容并被相关行业的商人们普遍接受和采用，相信其具有法律约束力。偶然的实践不能成为国际贸易惯例，这是国际贸易惯例的客观特征。这里的普遍遵守和接受并不要求人人都已经理解和接受，而只要从事这一行业的大多数商人都已经知道和接受，就可以推定其他人理应知道这种惯例的存在。早期的国际贸易惯例一般形成于一些比较大的港口、码头，慢慢地他们的一些合理的做法就为同行业的其他人们所接受，如美国西海岸的码头工会为保护自身利益向集装箱货主收取近乎落地费性质的杂费，这种杂费就被各国的班轮公会列入班轮运价或者班轮条款，因而这种做法就成了同业者之间的国际贸易惯例。

第三，它是任意性的规范而不是强制性的规范，只有在当事人选择适用的时候才对当事人具有约束力。在实践中，当事人对国际贸易惯例的选择一般需要以明示的意思来表示，在特殊情况下也可以以默示的形式来推定。例如，当事人没有排除对其已知道或应该知道的某项惯例的适用，而该惯例在国际贸易中为同类合同的当事人所广泛知道并经常遵守，则应视为当事人已默示地同意采用该项惯例。

这里需要特别指出，国际贸易惯例最初都是以不成文的形式存在的。20世纪以来，在国际商会等民间国际机构的主持下，对一些重要的国际贸易惯例进行了系统的编撰，出现了国际贸易惯例形成文化的趋向，产生了许多有影响力的成文惯例，如《国际贸易术语解释通则》《托收统一规则》《跟单信用证统一惯例》等。此外，各类国际贸易协会或专业团体以及某些国际经济组织的标准合同与标准合同条款也被某些国家的法院、仲裁机构认为属于国际贸易惯例。

（三）国际贸易惯例与有关国内法的关系

一旦当事人明示或默示将此惯例纳入其合同之中，则它可成为合同的一部分，从而取得优于国内任意法的效力。

例如，在一张国外银行开来的信用证中已注明：除本信用证另有规定外，本信用证按国际商会《跟单信用证统一惯例》（UCP500）办理。如果受益人对此没有异议，这张信用证的所有各方当事人，包括开证申请人、开证行、受益人、通知行、付款行等各方的权利、义务，均受UCP500惯例的约束，此时UCP500惯例的效力优先于各方当事人本国的任意法。中国的《中华人民共和国民法典》(下文简称《民法典》)第十条也规定:“处理民事纠纷，应当依照法律;法律没有规定的，可以适用习惯，但是不得违背公序良俗。此处的‘习惯’，也包括了国际贸易惯例。”①但是国际贸易惯例的效力不能优先于国内法中的强制性规范，这既是基于国家主权的要求，也是各国的一项公共政策。

因此可以得出结论:国际贸易惯例的效力介于国内法中的任意性规范与强制性规范之间。

(四)国际贸易惯例与合同的关系

首先，国际贸易惯例常常被纳入各种国际贸易合同之中，成为合同的一部分。在这种情况下，该贸易惯例的规定就构成了合同条款的一部分，从而取得合同法上的效力。例如，许多国际货物买卖合同的价格条款往往采用的是贸易术语。

其次，即使未被合同所纳入，国际贸易惯例往往也可用来解释合同。

最后，在效力上，合同明示条款优于且可排除未被纳入合同的贸易惯例。

三、各国的国内法

各国的对外贸易法既有公法性质的规范，也有私法性质的规范。公法规范调整对外贸易管理关系，如国家对外贸易活动的进出口许可管理、海关与税收管理、商品检验管理等;私法规范则调整平等地位的对外贸易当事人在货物买卖、技术转让、服务贸易等贸易合作方面的权利义务关系。

各国的国内法适用于本国的对外贸易，这是确定的。但是，一个国家的国内法是否具有域外效力则是一直有争议的问题。下面通过“福鲁浩夫公司案”来分析，希望对大家有所启示。

1964年中法建交以后，两国之间的经济贸易关系迅速发展，而美国当时对中国采取孤立和禁运政策，美国《与敌国贸易法》的主要矛头之一就是禁止与中国进行贸易。有一家美国公司所属的法国子公司福鲁浩夫公司与法国最大的汽车制造商之一马沙蒂公司签订合同，向后者出售准备用于向中国出口的拖车和部件。交易进行过程中，美国政府声称此种交易违反美国《与敌国贸易法》及其实施规定，并下令美国公司及其法国子公司取消该项合同。马沙蒂公司拒绝福鲁浩夫公司的要求，并在法国控告

①车丕照.《民法典》颁行后国际条约与惯例在我国的适用[J].中国应用法学，2020(6):1.

福鲁浩夫公司违约,要求巨额赔偿。

面临受到重大经济损失甚至破产的威胁,福鲁浩夫公司中三名法国董事对五名美国董事和美国母公司提起诉讼,指控后者服从美国法律,撤销合同的行为危害了子公司的利益,要求法院为公司指定一名监管人,并命令继续履行合同。法国法院裁定,美国法律对法国境内的交易的适用是一种滥用法律权力的做法,并下令禁止福鲁浩夫公司服从美国法律。

从法理来看,该案体现了国家主权原则,根据该原则,任何国家都没有服从他国法律的义务。

四、国际组织的决议

国际组织决议是指国际组织在职权范围内根据国际法一般原则作出的涉及国际贸易问题的决议,如联合国大会 1974 年通过的《建立新的国际经济秩序宣言》《建立新的国际经济秩序行为纲领》和《各国经济权利与义务宪章》等,此类决议对国际经贸条约的制定起指导性作用,因而可以认为它们是国际贸易法的渊源之一。

五、跨国公司或同业公会制定的标准合同

跨国公司或同业公会制定的标准合同是指部分跨国公司或者同业公会为了专业化、定型化交易的需要而制定的标准合同。这种合同在实践中有利于节约交易成本,容易被交易双方认可,往往被当事人选择作为准据法。例如,国际货物运输保险中劳埃德保险人协会起草的大名鼎鼎的“劳氏船货保险条款”(Looyd's S.G.)就属于此类。

六、判例

判例(Prejudication)这种渊源目前在中国存在一定的争议。从形式来看,判例包括国际司法判例和国内司法判例两种。

(一)国际司法判例

从广义上说国际司法判例包括国际法院的判例,以及各种形式的国际仲裁法庭的裁决。这些国际判例没有创立法律的功能,也不能作为“先例”予以遵循。

但是,国际法院和仲裁庭在适用和解释国际法时要对国际法原则、规则和规章、制度加以认证和确定,而这种认证和确定往往在一般国际实践中受到尊重,因而它们是《国际法院规约》第三十八条所说的“确定法律原则之补助资料”,成为国际法的辅助性渊源,因此国际司法判例也是国际贸易法的辅助性渊源。

（二）国内司法判例

国内司法判例在国际法上也一般被认为是“确定法律原则之补助资料”。国内司法判例能否作为国际贸易法的国内渊源问题，取决于它们在国内“是否构成法律”。分歧表现在三方面。

1.英美判例法国家

法院判决作为“先例”起着法律的作用，对处理相同争议的下级法院有约束力。因此，在这些国家，判例如同国内立法一样，是国际贸易法的国内渊源。

2.德法大陆法系国家

判例不能作为“先例”被普遍适用，因而不能被看作是国际贸易法渊源，但它们事实上具有权威性，值得重视。

3.中国的态度

对于判例在中国是否能取得法的渊源的问题，一般认为中国是成文法国家，而不是判例法国家，故判例不属于正式的法律渊源（香港特别行政区例外）。但是司法判例对实际个案有重要的参考意义，在学术上有重要的研究作用。例如，最高人民法院发布的指导性案例，对于下级法院有参考作用，下级法院可以参考，但不能作为裁判依据。

第四节 国际贸易法的基本原则

一、国际贸易法基本原则的含义

法律原则是指集中反映法的一定内容的法律活动的指导原理和准则，体现了法所确认的一定社会生活和国家活动的规律性要求。① 因此，国际贸易法的基本原则是指贯穿于调整国际贸易关系的各类法律规范之中的主要精神和指导思想，是这些法律规范的基础和核心。

由于国际贸易法既调整处于平等主体地位的私人当事人之间的贸易行为，包括

---

①邹瑜，顾明.法学大辞典［M］.北京：中国政法大学出版社，1991：12.

建立在商业基础之上的国家之间的商业性质的贸易交往活动，这部分属于私法性质的内容；也调整国家管理国际贸易的活动，这部分属于公法性质的内容。因此在学理上，国际贸易法的基本原则可以分为国际贸易私法的基本原则和国际贸易公法的基本原则。

二、国际贸易私法的基本原则

（一）意思自治和契约自由原则

意思自治和契约自由原则是传统的合同法的基本原则，也是国际贸易法最重要的基本原则。它是指参加国际贸易活动的当事人在法律允许的范围内享有完全的自由，按照自己的自由意思决定缔结合同关系，为自己设定权利或对他人承担义务，任何机关，组织和个人不得非法干涉。

由于国际贸易私法规范的是私人间的行为，其大量的法律规范是任意性规范，意思自治和契约自由原则意味着在当事人有约定且约定内容与这些规范不相符合时，当事人的约定优先；在当事人没有约定时这些规范可以通过当事人的选择起补充适用的作用。

（二）诚实信用原则

诚实信用也称诚信，诚实即不虚假，信用即能够履行与人约定的事情而取得信任。诚实信用原则并没有固定的意义，但作为世界上大部分国家民法中最重要的“帝王原则”，其含义不能从语义的角度来理解，它属于一般条款，外延和内涵都不确定。诚实信用原则要求一切市场参加者在不损害他人利益和社会公益的前提下，追求自己的利益。可以说，诚实信用是市场交易的基本精神，是对绝对的契约自由的一种限制。

由于国际贸易的交易行为大部分发生在平等主体的商人之间，因此诚实信用原则是国际贸易交易中应遵循的一项重要的基本原则，一般各国法院都认为，法律绝不允许靠损害他人利益和社会利益的方式来获得利益。

（三）公平交易原则

公平交易原则是国际贸易交易中应遵循的又一重要原则，它与诚实信用原则相辅相成。该原则要求从事国际贸易的当事人应维护交易的公平，无论是何种形式的国际贸易交易，都应使双方当事人相互受益，以欺诈、胁迫等手段缔结的不公平的合同和进行的不公平的交易没有法律效力，因错误或其他原因使合同内容显失公平或交易显失公平的，在法律上也没有效力。

（四）强制性规则优先原则

在法理上，根据规则对人们行为规定和限定的范围和程度的不同，可以分强行性规则和任意性规则。

强行性规则是指内容规定具有强制性质，不允许人们随便加以更改的法律规则。而任意性规则是指规定在一定范围内，允许人们自行选择或者协商确定为与不为、为的方式以及法律关系中的权利义务内容的法律规则。

在法理上，强制性规则的法律效力是优先于当事人意思自治的任意性规则的，在国际贸易法中也不例外。下面，以《中华人民共和国民事诉讼法》（以下简称《民事诉讼法》）规定的专属管辖为例，来学习强制性规则的表现。

1.《民事诉讼法》规定的国内专属管辖的范围

《民事诉讼法》第三十三条规定："下列案件，由本条规定的人民法院专属管辖：①因不动产纠纷提起的诉讼，由不动产所在地人民法院管辖；②因港口作业中发生纠纷提起的诉讼，由港口所在地人民法院管辖；③因继承遗产纠纷提起的诉讼，由被继承人死亡时住所地或者主要遗产所在地人民法院管辖。"

2.《民事诉讼法》规定的涉外专属管辖的范围

《民事诉讼法》第二百六十六条规定："因在中华人民共和国履行中外合资经营企业合同、中外合作经营企业合同、中外合作勘探开发自然资源合同发生纠纷提起的诉讼，由中华人民共和国人民法院管辖。"

（五）公共秩序保留原则

1.公共秩序保留的概念

公共秩序保留（Reservation of Public Order）是我国法学界的称谓，在法国习惯称为公共秩序（Order Public），在德国称为保留条款（Vorbehaltsklausel），而英美法国家则惯用公共政策（Public Policy）。

公共秩序保留是指当一国法院在处理某国际民商事案件时，根据国内冲突规范的援引，本应适用被援引的外国法，但被援引的外国法违背了法院地国家的公共秩序，因而该国法院排除或拒绝适用被援引的外国法。

2.公共秩序保留的限制

公共秩序保留制度其积极作用在于它作为法院地法中的"安全阀"可以消除冲突规范中的危险性。

但是"公共秩序"的含义在国际上是不确定的，在不同国家的不同情况下，对它可能有不同解释，具有较强的政策性。这就使得公共秩序保留作为一种弹性制度，也必然存在着消极作用,即其给予了法官适用公共秩序条款广泛的自由裁量权而易导致公共秩序的滥用。法律既然没有详细规定在什么情况下可以援引公共秩序条款,而是将权力充分给予法官来行使,那么,很多时候法官因为某种理由希望排除外国法的适用,就可以利用自己的自由裁量权将公共秩序保留制度作为一种任意排除外国法适用的工具,而这样做势必导致规则滥用的后果。令人欣慰的是,近年来国际社会已注意到这个问题,各国在实践中对公共秩序保留的适用附加了一定程度的限制,这种限制已成为公共秩序保留制度发展的一种必然趋势。

3.公共秩序保留在中国

我国对公共秩序保留制度,一贯持肯定的态度,并在国内立法中予以体现,但是使用了“社会公共利益”这一称谓。常见的涉及国际贸易的代表性法律规则有以下几点。

(1)《民法典》第一百三十二条规定:“民事主体不得滥用民事权利损害国家利益、社会公共利益或者他人合法权益。”

(2)《民法典》第五百三十四条规定:“对当事人利用合同实施危害国家利益、社会公共利益行为的,市场监督管理和其他有关行政主管部门依照法律、行政法规的规定负责监督处理。”

(3)《民事诉讼法》第二百七十四条规定:“对中华人民共和国涉外仲裁机构作出的裁决,人民法院认定执行该裁决违背社会公共利益的,裁定不予执行。”

此外,结合我国近年来的审判实践和司法政策,在下列情形下均可能产生中国的法院基于“公共秩序保留”的理由而排除外国法的适用,当事人在国际贸易实务中务必引起注意或合理利用。

(1)如果适用外国法违反我国宪法的基本精神,违反四项基本原则,有损于国家统一和民族团结的。

(2)如果适用外国法有损于我国主权和安全的。

(3)如果适用外国法违反有关部门法的基本准则的。

(4)如果适用外国法违背我国缔结或参加的国际条约所承担的义务,或违反国际法上公认的公平正义原则的。

(5)如果某一外国法院对同我国有关的案件,无理拒绝承认我国法的效力,则根据对等原则,我国也可以公共秩序保留为由排除该外国法的适用。

三、国际贸易公法的基本原则

国际贸易公法是指为消除国家间贸易障碍、处理国家间贸易纠纷、确立国家间应遵循的多边贸易纪律的国际贸易规则。这些规则主要针对纵向的外贸管理活动,以及政府间或政府与国际组织间或国际组织相互之间因国际贸易而产生的公法性质的关系,因而与国际贸易私法有本质的区别。

国际贸易公法的基本原则,内容涉及整个世界的贸易秩序问题。各国要想推动全球自由贸易,平衡各国贸易利益,减少贸易摩擦及单边贸易报复和制裁行为的危害,避免国家间的贸易战争,顺利解决贸易纠纷,必须遵循这些基本原则。

(一)贸易自由化原则

自由贸易一直是人类追求的理想,人们希望通过自由贸易来实现世界资源的有效利用,提高生产效率和效益,扩大就业。但现实是各国为了本国经济的发展,尤其是本国幼稚产业的发展,维护本国的经济安全,维持国际收支平衡,又总是在一定程度上维持关税和非关税壁垒,限制外国商品的输入,实行一定的贸易保护政策。因此,打破不合理的贸易壁垒,追求贸易自由化成为国际社会的共识。

贸易自由化原则是指限制和取消一切妨碍和阻止国际间贸易开展的所有障碍,包括法律、法规、政策和措施等。这一原则由关税减让原则、互惠原则以及一般取消数量限制原则等组成。

1.关税减让原则

关税减让原则要求各国以互惠互利为基础,降低进出口关税的总体水平,尤其是降低阻碍商品进口的高关税,从而促进国际贸易的发展。

2.互惠原则

互惠原则是指两国相互给予对方贸易上的优惠待遇。该原则要求各国以对等减让关税以及相互之间提供互惠的方式来保持贸易的平衡,以谋求贸易自由化的实现。

3.一般取消数量限制原则

一般取消数量限制原则要求任何缔约国除征收捐税或其他费用外,不得设立或维持配额、进出口许可证或其他措施以限制或禁止其他缔约方领土的产品的输入,或限制向其他缔约方领土输出或销售出口产品。该原则旨在尽量减少甚至消除各种形式的非关税壁垒。

(二)非歧视原则

非歧视原则是世界贸易组织的基本法律原则之一,又称为无差别待遇原则。这一原则要求一国应公平、公正、平等地对待其他成员的包括货物、服务、服务提供者或企业、知识产权所有者或持有者等在内的与贸易有关的主体和客体,在实施某种限制或禁止措施时,不得对其他国家实施歧视待遇。

该原则在 WTO 法律文件中主要是通过最惠国待遇原则和国民待遇原则来实现的,前者要求缔约一方现在或将来给予任何第三方的优惠和豁免,也应无条件给予缔约方对方。后者要求缔约国一方给予另一方的自然人、法人和产品在本国境内享有与本国自然人、法人和产品同等的待遇。

在非歧视原则下,各成员本着互惠原则,对等地进行双边关税减让谈判,互惠得到的好处通过最惠国待遇原则无条件地适用于所有成员,使双边的互惠成为多边互惠,使一成员对各成员的进口产品均无歧视,国民待遇原则则保障了互惠的好处不受减损,使进口产品和国内产品同样在一国国内不受歧视。

非歧视原则要求各国应及时修改国内法中带有歧视性的规则。以中国为例,2008 年 1 月 1 日以前,我国的企业所得税按内资、外资企业分别立法。外资企业适用 1991 年第七届全国人大四次会议通过的《中华人民共和国外商投资企业和外国企业所得税法》,内资企业适用 1993 年发布的《中华人民共和国企业所得税暂行条例》。2001 年中国正式加入 WTO 后,这种内外有别的企业所得税饱受批评,被认为有违反非歧视原则之嫌。在此背景下,我国修改了相关法律,统一后的《中华人民共和国企业所得税法》于 2008 年 1 月 1 日起施行。新的企业所得税法体现了"非歧视"的要求:一是内外资企业统一实行新的企业所得税法;二是统一适用新的企业所得税率。

(三)透明度原则

透明度原则也是 WTO 的重要原则,对公平贸易和竞争的实现起到了十分重要的作用。透明度原则的含义是指 WTO 成员方应公布所制定和实施的贸易政策、法规等措施及其变化的情况(如修改、增补或废除等),不公布的不得执行,同时还应将这些贸易措施及其变化情况通知世界贸易组织。

根据该原则的要求,各国政府实施的与贸易有关的法律、法规、法令、条令、行政规章、决定、司法判决等都应当迅速公布,以便各国政府及贸易商知悉。一成员方政府与另一成员方政府所缔结的影响国家贸易的协定,也必须公布,以防止成员方之间不公平的贸易,从而造成对其他成员方的歧视。

此外,为提高成员方贸易政策的透明度,WTO 还要求,所有成员方的贸易政策都要定期接受审议,这已成为 WTO 的一种机制,即贸易政策审议机制。

就中国而言,我国加入 WTO 时已承诺履行世贸组织透明度的规定。可以说,这对我国政府提出了更高的要求,需通过完善相关制度,以确保透明度原则的实施。作为一个负责任的 WTO 成员方,中国不论是进行国际贸易还是吸收外商投资的所有政策和措施都将以法律、法规的形式予以对外公布,过去的那种内部文件将不得存在,内部的规定都必须公开,没有规定的要逐步制定法规。显然,这有利于提高政府办事效率,有利于净化贸易投资环境,有利于企业对政府的管理行为和执法情况进行监督,有利于各级政府依法行政,为企业创造公平竞争的市场环境。换一个角度来看,透明度原则的实施,对中国的企业而言,则要彻底放弃任何依赖有关内部政策、依赖地方保护等特殊关照寻求发展的心理和行为,取而代之的是学习掌握国家的各项法规、苦练内功,在世界贸易组织的统一原则要求下,按照国家的各项法规要求,在公平竞争的环境下从事经营活动。

(四)公平合理地解决国际贸易纠纷的原则

该原则要求,国家之间的贸易纠纷,必须依照公平合理的原则解决,反对“实力导向型”的争端解决方式。例如,根据 WTO 规则,世界贸易组织的成员方,只能依靠世界贸易组织的争端解决机制在多边的基础上解决贸易纠纷,反对贸易纠纷的单边报复或单边制裁,反对凭借其经济实力以自己的国内法的标准来处理其与他国的贸易争端,反对推行强权政治。

第二章　国际货物买卖法

第一节　国际货物买卖法概述

一、国际货物买卖的概念与特征

(一)国际货物买卖的概念

国际货物买卖,也被称为国际货物贸易,是指跨越国界的货物贸易。

跨越国界,通常从三个方面判断其国际性。①主体,当事人一方是外国人(含自然人、法人、其他组织等);②客体,买卖的货物位于国外;③签约或履约是在国外等。但是,究竟应当采用哪一种标准,或同时采用哪几种标准,各国国内法及国际条约的规定并不完全一致。

(二)国际货物买卖的特征

(1)买卖的货物一般由负责运输的承运人转交,很少直接交接。

(2)货物与货物有关的单据按照不同的程序处理,有时处分单据就是处分货物。

(3)国际货物买卖的风险大,周期长,程序复杂,双方一般会对货物进行保险。

(4)买卖双方一般处于不同的国家,直接付款的情况少,多由银行收款或者银行直接承担付款责任。银行一般会开设诸如托收、保理、信用证等业务来进行相应的支付服务。

(5)买卖双方都面临适用外国法的问题,适用法律的选择成为合同的重要问题。

(6)当事人可以自由选择争议的解决方法和地点。

二、国际货物买卖法的概念与渊源

（一）国际货物买卖法的概念

国际货物买卖法是调整跨越国界的货物贸易的法律规范的总称，也被称为国际货物贸易法。

国际货物买卖法是传统的国际贸易法的中心内容，主要涉及国际货物买卖合同、国际货物运输、国际货物运输保险、国际支付与结算等方面的法律。

（二）国际货物买卖法的渊源

国际货物买卖法的渊源包括各国的买卖法、有关的国际条约、国际惯例等。其中，国内法与国际条约是正式的法律渊源，国际惯例则属于非正式的法律渊源。

三、国际货物买卖的国内法律规制

（一）大陆法系国家

大陆法系国家又可以分成两种情形。

第一，在民商分立的国家中，民法中的一般原则和相关规定适用于商事活动，另有商法典对商事行为进行专门的规定，商法与民法是特别法与一般法的关系，商法优先适用，在商法没有规定的情况下，适用民法的规定，如《法国民法典》《法国商法典》《日本民法》《日本商法》等。

第二，在民商合一的国家中，由于没有单独的商法典，而是将有关商法的内容编入民法典中，国际货物买卖行为适用民法的相关规定，如《意大利民法典》《土耳其民法典》《泰国民法典》等。

（二）普通法系国家

普通法系国家即英美法系国家。以判例为主要法律渊源的普通法系国家没有民法与商法的区分，其买卖法由两个部分组成，一部分是由法院判例形式确立的法律原则；另一部分则是成文法，主要为单行法规，如《美国统一商法典》《英国 1893 年货物买卖法》等。

（三）中国的国内法规制问题

（1）中国没有专门的货物买卖法，《民法典》中的原则性规定作为一般法适用于货物买卖关系。

（2）《民法典》中的合同编对买卖合同进行了专门的规定，该编是调整我国货物买卖关系的主要国内立法，该编同时适用于国内的买卖关系和涉外的买卖关系。

(3)《电子签名法》,该法专门适用于以数据电文方式订立的货物买卖合同。

(4)最高人民法院《关于审理买卖合同纠纷案件适用法律问题的解释》[①],该司法解释是目前中国各级法院审理货物买卖案件重要的规则和裁判指引。

四、国际货物买卖的国际法律规制

(一)两个海牙公约

各国货物买卖法存在的分歧给国际贸易带来了消极的影响,为了解决这个问题,罗马国际统一私法协会在 1964 年海牙外交会议上正式通过了《关于国际货物买卖统一法公约》和《关于国际货物买卖合同成立统一法公约》,均于 1972 年生效。这两个公约在一般被称为“两个海牙公约”,是国际货物买卖法向统一化和法典化方向迈出的重要一步,在其生效和通过之后,在国际上引起极大的关注。

但是这两个公约被接受的效果不是很好,主要原因:①公约采用的基本上是欧洲大陆法系国家的合同法原则,未考虑普通法系和社会主义国家的合同法原则;②缺乏对发展中国家利益的考虑;③有些条文过于烦琐,有些则含义不清。因此参加两个海牙公约的国家较少,公约没有起到统一国际货物买卖法律的作用。

(二)联合国国际货物销售合同公约

《联合国国际货物销售合同公约》(*United Nations Convention on Contracts of International Sales of Goods*),也被称为《联合国买卖合同公约》或者《联合国销售合同公约》,由联合国国际贸易法委员会主持制定,1980 年在维也纳举行的外交会议上获得通过,于 1988 年 1 月 1 日正式生效。中国于 1986 年批准加入了该公约。

该公约为国际货物买卖合同的订立、买卖双方的权利和义务制定了统一的法律规则。该公约体现了大陆法系、英美法系和社会主义法系之间的平衡,考虑了发达国家与发展中国家的不同利益和要求。公约在内容上一共有一百零一条,分为四个部分:适用范围和总则、合同的成立、货物销售、最后条款。

公约是两大法系妥协的产物,是目前世界货物贸易中适用最广泛的公约,至少已经有 70 多个国家加入公约。

---

①2012 年 3 月 31 日由最高人民法院审判委员会第 1545 次会议通过,根据 2020 年 12 月 23 日最高人民法院审判委员会第 1823 次会议通过的《最高人民法院关于修改〈最高人民法院关于在民事审判工作中适用《中华人民共和国工会法》若干问题的解释〉等二十七件民事类司法解释的决定》修正。

1.公约适用的范围

(1)直接适用标准。货物买卖合同中卖方和买方的营业地均为公约缔约国的不同国家。这一标准有如下特点:①以营业地为标准判断当事人是否在不同国家。②卖方和买方的营业地必须均在公约缔约国境内。

该标准即“营业地标准”,在实践中要注意,该标准只考虑当事人的营业地位置,而不考虑当事人的国籍。例如,中国和日本都是《联合国国际货物销售合同公约》的缔约国。若营业地在中国的中国籍甲公司与营业地在日本的中国籍乙公司签订货物买卖合同,则该合同可以适用《联合国国际货物销售合同公约》。而营业地在中国广州的中国籍甲公司与营业地在中国上海的日本籍乙公司签订货物买卖合同,该合同非经当事人约定不能适用《联合国国际货物销售合同公约》。

(2)通过国际私法规则适用。国际私法规则导致适用公约某一缔约国法律。比如说国际私法中的反致①、转致②产生了公约的适用。

在理解该条规定时,应特别注意:如果当事人在买卖合同中选择了缔约国法律作为适用法,争议的解决是按照当事人选择的法律还是该条规定重新确定法律适用法?在国际贸易争端解决的实践中,有如下做法。

第一种做法,尊重当事人的意思自治,以当事人选择的法律作为法律适用法。

第二种做法,如果当事人选择的法律是缔约国法律,应直接适用公约,因为加入的公约是其国内法的一部分。例如,甲国是《联合国国际货物销售合同公约》的缔约国,乙国不是《联合国国际货物销售合同公约》的缔约国。营业地在甲国的A公司和营业地在乙国的B公司签订货物买卖合同,合同约定适用甲国法。根据合同法律适用的意思自治优先原则,合同选择甲国法为有效。但由于甲国是《联合国国际货物销售合同公约》的缔约国,双方的合同纠纷最终将适用《联合国国际货物销售合同公约》。

第三种做法,在买卖合同当事人选择了缔约国法律的情况下,如果选择的是具体的法律适用法,如“本合同适用《德国民法典》”,则排除公约的适用。

(3)当事人选择适用。在此种情形下,公约可以通过双方当事人的选择而得到适

---

①反致(Remission)是指某一涉外民事法律关系,依法院地国的冲突规范应适用某一外国法律,而根据该外国的冲突规范却应适用法院地法,法院即适用本国的实体法的法律适用方法。反致制度的真正目的在于排除外国的实体法而使本国实体法得到适用。

②转致(Transmission)是指对某一涉外民事关系,甲国法院根据本国的冲突规范应适用乙国的法律,根据乙国的冲突规范应适用丙国的法律,如果甲国法院根据乙国冲突规范的指定适用了丙国的实体法审理案件,则构成转致。

用(或排除),不论其实质条件是否符合公约的要求,公约也允许买卖合同的当事人在合同中排除或者减损、改变公约任何条款的效力。

2.不适用公约的情形

(1)供私人、家人或家庭所用的货物的销售,除非卖方在订立合同前或订立合同时不知道或不可能知道这些货物是做何种用途的。这种情形不适用是因为私人或者家用的货物一般数量少,价值低。

(2)经由拍卖的销售。这是因为拍卖在各国都是由专门的法律来规定,各国分歧较大,作为两大法系妥协的产物,公约对此种销售不予适用。

(3)根据法律执行令状或其他令状的销售。这些都是由各国的强行法来规定的,公约对此保持了尊重。事实上,在国际贸易的实践中也很少有这种买卖。

(4)公债、股票、投资证券、流通票据或货币的销售。这些都是由各国的专门法或者强行法来规定的,公约对此也保持了尊重。

(5)船舶、气垫船或飞机的销售。这些财产的价值巨大,都是由各国的专门法或者强行法来规定的,因此公约对此种情形也不适用。

(6)电力的销售。电力属于无形产品,各国法律规则的差距较大,公约也对此种交易不予适用。

3.公约的局限性

(1)不涉及合同的效力。(第四条)

(2)不涉及合同对销售货物的财产权可能产生的影响。(第四条)

(3)不涉及产品责任。(第五条)

这三种情形是由于在各国的民商法或者经济法中,规则和理念差异较大,所以公约采取了回避的态度,把这些情形留给了受理案件的法院或者仲裁机构去判断和决定。也正因为如此,在实践中最容易发生纠纷,在一个国家的法院判定是合法的行为,可能换个国家的法院就会判定为不合法的行为。尤其是一个国家法院的生效裁判到另一个国家去申请承认和执行的时候,往往因为规则和法官的理解差异而得不到承认和执行。

这里还需要说明的是,公约第五条规定:“本公约不适用于卖方对于货物对任何人所造成的死亡或伤害的责任。”①这意味着,公约仅仅是不适用于“对任何人所造成

①英文原文:This Convention does not apply to the liability of the seller for death or personal injury caused by the goods to any person.

的死亡或伤害的责任”，而对于瑕疵货物造成其他的损失，如财产损失，公约是可以适用的。例如，甲国A卖给乙国B一批电子仪器，由于产品有隐蔽缺陷，仪器自燃并毁坏了B车间中的一批财产。如果B既可以依据其国内法，也可以依据公约来追究卖方A交付有缺陷产品的责任，则B是否有选择权？很明显，在本案中，B受到的是财产损失，而非人身损失，故B可以选择其本国法或者公约来追究A的责任。

4.中国的保留问题

中国1986年批准公约的时候，对公约第一条第(一)款(b)项和第十一条的内容提出了两个保留，即我国不受这两项条款内容的约束。

第一，关于公约适用范围的保留。我国只承认公约适用于营业地处于不同缔约国当事人之间订立的货物买卖合同。这是因为国际私法规则会导致适用外国法，容易涉及敏感的主权问题，所以中国予以保留。

第二，关于书面形式的保留。根据该保留中国只认可书面形式的合同，但这一保留中国在2013年已撤回，为了与中国合同法的规定一致，即承认了口头合同的效力。

具体到中国国际贸易的实践而言，自1988年1月1日起，除了两项保留之外，我国各公司与公约缔约国公司达成的货物买卖合同如果不另做法律选择，则合同规定事项将自动适用公约的有关规定，发生纠纷或诉讼也得依据公约处理。但各公司也可以根据交易的性质、产品的特性以及国别等具体因素，与外商达成与公约条文不一致的合同条款，或在合同中明确排除适用公约，转而选择某一国的国内法为合同适用法律。

(三)有关国际货物贸易的惯例

国际货物买卖惯例是国际贸易惯例的一种，它也是在长期的国际货物买卖实践中形成的习惯做法，由一些国际组织整理并编辑成册，由当事人选择予以适用。这些国际货物买卖惯例经当事人选择后，对当事人产生法律效力。

例如，由国际统一私法协会制定的1932年《华沙—牛津规则》、由国际商会制定的2010年《国际贸易术语解释通则》、由国际统一私法协会完成的1994年《国际商事合同通则》等。其中《国际贸易术语解释通则》最具影响力，在国际贸易实践中得到广泛适用。

第二节　国际货物买卖合同的成立

一、国际货物买卖合同的概念

《联合国货物销售合同公约》对“货物买卖合同”或“国际货物买卖合同”(*Contracts for the International Sale of Goods*)并没有给予定义。根据公约第一条的规定:“本公约适用于营业地在不同国家当事人之间所订立的货物销售合同。”

基于此,依照公约的标准,国际货物买卖合同是指营业地处于不同国家的当事人所订立的货物买卖合同。

二、国际货物买卖合同的订立过程

国际货物买卖合同的订立是营业地在不同国家的当事人就货物买卖达成意思表示一致的过程,它通常是通过要约、承诺的方式达成的。

由于各国法律在要约、承诺的某些法律规则上存在着重大的分歧,公约对此采取了一些调和、折中措施,因此使得公约的要约、承诺规则具有一定的特殊性。例如,当事人的缔约能力等涉及合同效力的事项不在公约的调整范围之内,公约更加强调当事人意思的一致。

三、要约

(一)要约的概念

依照《联合国货物销售合同公约》的规定,向一个或一个以上特定的人提出的订立合同的建议,如果十分确定并且表明要约人在得到接受时承受约束的意旨,即构成要约(Offer)。

在中国的国际贸易实务中,要约也叫发盘、发价、报价、开价等。根据中国《民法典》第 472 条的规定,要约指的是希望和他人订立合同的意思。实际上和公约的规定是一致的。

(二)合格要约的要求

(1) 向一个或一个以上的特定的人发出。

(2) 内容十分确定。这里需要注意的是对“十分确定”的理解。依照《联合国货物销售合同公约》第十四条的规定,一个建议如果写明货物并且明示或暗示地规定数量和价格或规定如何确定数量和价格,即为十分确定。① 在一般情况下,只要要约中标的、数量、价格这三个要素是明确的,就可以认为要约的内容十分确定。

(3)要约人须有当其要约得到承诺时受其约束的意思。在中国的国际贸易实务中,合格的要约也叫实盘(Firm Offer),将对发盘人产生约束力,发盘人在实盘规定的有效期内不得将其撤销或加以变更,实盘内容即成为买卖合同的组成部分。实践中,一个完整的实盘应包括明确肯定的交易条件,如商品名称、规格、数量、价格、支付方式、装运期等,还应有实盘的有效期限②,并应明确发盘为实盘。

(三)要约邀请

1.要约邀请的概念

要约邀请是希望他人向自己发出要约的意思。实践中常见的要约邀请有寄送价目表、招股说明书、招标公告、拍卖公告、商业广告等。

2.特点

要约邀请的特点也是要约邀请与要约的区别,主要有三点。

(1)要约邀请向不特定的当事人发出。

(2)要约邀请内容并不十分确定。

(3)要约邀请表意人表明不受其约束。

在中国的国际贸易实务中,要约邀请也被称为虚盘(Non-firm Offer)。虚盘是发盘人有保留地表示愿意按一定条件达成交易,不受发盘内容约束,不作任何承诺,通常会使用“须经我方最后确认方有效”“我公司保留最终解释权、具体以最终签订的合同确认书为准”等语以示保留。

以下是一个关于要约邀请案例:

甲在饭店与朋友吃饭,称自己有一批一级羊毛现货5吨,80000港币/吨,乙正巧在旁边吃饭听到了甲的话,于是第二天乙向甲发出接受甲要价的传真,甲不接受。

---

①英文原文:A proposal is sufficiently definite if it indicates the goods and expressly or implicitly fixes or makes provision for determining the quantity and the price.

②作为一项实盘都有一个有效期限。在实践中有两种情形:一种是在实盘中明确具体地规定了收盘人接受的有效期限;另一种在实盘中无明确规定,而是根据惯例在合理时间内有效。考虑到对合理时间各国均无明确的解释。由于各国解释具有很大随意性,容易引起纠纷,因此在中国的国际贸易业务中最好避免采用这一形式。

问:双方合同是否成立?

答案是不成立,因为不符合要约的定义。要约要求:向一个或一个以上的特定的人发出,本案中甲并没有向乙发出要约。但是如果把这个案子变一下,改成如果甲接受了乙的传真,那么此时的理解应该是乙对甲发出了要约,甲接受,构成承诺,则甲在饭店谈话的信息可以被视为是要约邀请(广告)。

(四)要约生效的时间

公约的标准,也是大陆法系通说:要约到达受要约人时生效。

要约生效后,要约人即受到要约的约束,非依法不得撤销或进行变更等;但是对于受要约人来说,他可以接受也可以不接受,如果受要约人接受的话,即可以其承诺使合同得以成立。

(五)要约的撤回与撤销

1.要约的撤回

根据公约:一项要约,即使是不可撤销的要约,都可以撤回,只要撤回的通知能在该要约到达受要约人之前或者与其同时到达受要约人。

2.要约的撤销

根据公约:合同成立之前,要约得予撤销。

条件:撤销通知须于受要约人发出承诺之前到达受要约人。

例外:①要约写明接受要约的期限或以其他方式表示要约是不可撤销的;②受要约人有理由相信要约是不可撤销的,且已本着对该要约的信赖行事。

以下是一个关于要约撤销案件,在国际货物买卖的实践中具有代表性,当事人务必引起注意,防止造成不必要的损失。

2015年10月15日,中国A公司向中国香港B有限公司发出如下要约:彩色复印机5000台,每台交货价4000美元,即期装运,要约的有效期截止2015年12月30日。A公司发出要约后,又收到了日本某公司关于该种型号复印机的要约,报价高于A公司发给香港B有限公司的要约价格。由于当时香港B有限公司尚未对该要约作出承诺,故而A公司于12月15日向香港B公司发出撤销10月15日要约的通知,而后与日本公司签约。

但是,12月22日A公司收到香港B有限公司的承诺,同意A公司的要约条件,并随之向A公司开出了不可撤销的信用证,要求A公司履行合同。后因A公司未履约,香港B有限公司诉诸约定的仲裁庭,要求A公司赔偿损失。A公司的律师辩称,该公司于2015年10月15日发出的要约已于12月15日被该公司撤销,该要约已失去效力,因而B公司12月22日的承诺没有效力,购销合同没有成立。仲裁庭最终裁定A公司与B公司之间的买卖合同有效。

本案涉及要约撤销的问题,根据《联合国国际货物销售合同公约》第十六条的规定,要约是可以撤销的,要约撤销有一定限制,撤销通知须于受要约人作出承诺之前送达受要约人。根据《联合国国际货物销售合同公约》第十六条第二款的规定,在下列情况下,要约一旦生效,即不得撤销:①在要约中已载明了承诺的期限,或者以其他方式表明它的不可撤销性。②受要约人有理由信赖该项要约是不可撤销的,并已本着对该要约的信赖行事。本案中A公司的要约注明了有效期是2015年12月30日,故而是不可撤销的。B公司的承诺于有效期内到达,所以合同视为成立。

(六)要约的失效

(1)可撤销的要约因要约人撤销而失效。

(2)承诺期限届满而失效。

(3)受要约人拒绝而失效。

(4)"一段合理时间"后失效。①

在实践中要注意:这个合理时间是交给未来解决争议的法院或者仲裁机构结合个案的情况来判定的。为了避免产生不必要的争议,当事人在缔结合同时最好明确排除该种情形。

四、承诺

(一)承诺的概念

根据公约第十八条的规定,被发盘人声明或做出其他行为表示同意一项发盘,即是承诺(Acceptance)。简言之,承诺是受要约人接受要约的意思表示。

(二)合格承诺的条件

(1)由受要约人作出。

(2)与要约条件保持一致。在实践中,对要约的有条件接受原则上应视为对要约的拒绝。但是为了促成交易,公约第十九条也做出了变通性的规定,更加注重当事人

---

①公约第十八条规定了"一段合理时间"的内容,对应的英文原文:An acceptance of an offer becomes effective at the moment the indication of assent reaches the offeror. An acceptance is not effective if the indication of assent does not reach the offeror within the time he has fixed or, if no time is fixed, within a reasonable time, due account being taken of the circumstances of the transaction, including the rapidity of the means of communication employed by the offeror.

的意思自治。根据该条规定,受要约人对发价表示接受但载有添加或不同条件的答复,如所载的添加或不同条件在实质上并不变更该项发价的条件,除发价人在不过分迟延的期间内以口头或书面通知反对其间的差异外,仍构成接受。如果发价人不做出这种反对,合同的条件就以该项发价的条件以及接受通知内所载的更改为准。① 简言之,如果是非实质性变更外加要约人无异议,承诺仍然是有效的。但是,如果是实质性的变更,则视为反要约。一般情况下,对要约中的价格、付款、货物的质量与数量、交付的地点和时间、赔偿责任范围、解决争议的方式等进行了变更,都可视为是实质性变更。

(3)在要约有效期内作出。

(4)必须通知要约人。

以下是一个关于承诺的案件,本案中的教训值得当事人在实践中认真吸取,避免重蹈覆辙。

我国某公司应荷兰某公司请求,报出某农产品 200 吨,每吨鹿特丹到岸价格(CIF)人民币 1950 元,对方接到我方报盘后,没有表示承诺,而是再三请求我方增加数量,降低价格,并延长有效期。我方曾将数量增至 300 吨,价格每吨 CIF 鹿特丹减至人民币 1900 元,有效期两次延长,最后延至 7 月 25 日,荷兰某公司于 7 月 22 日来电接受该条件,但附加了包装条件为"需提供良好适合海洋运输的袋装",我方在接到对方承诺电报时复电称:"由于世界市场的变化,货物在接到承诺电报前已售出。"但对方不同意这一说法,认为承诺在要约有效期内作出,因而是有效的,坚持要求我方按要约的条件履行合同。本案最终我方以承认合同已成立而告结束,导致我方损失 23 万元。

本案的焦点问题在于荷兰某公司对我方公司的实盘附加了包装条件,这属于对要约的实质性变更。中方本应抓住这一点,以对方对承诺附加了实质性修改条件为由,否认承诺的有效性,主张反要约的构成,而中方对该反要约又未予以承诺,合同因此不能成立。但在该案中,由于中方人员缺乏外贸业务的法律知识,未能抓住要害和关键点。以市场价格变动为由撤回要约的理由缺乏说服力,自然就显得牵强乏力,导

①公约第十九条英文原文:However, a reply to an offer which purports to be an acceptance but contains additional or different terms which do not materially alter the terms of the offer constitutes an acceptance, unless the offeror, without undue delay, objects orally to the discrepancy or dispatches a notice to that effect. If he does not so object, the terms of the contract are the terms of the offer with the modifications contained in the acceptance.

致错失良机,在争议中处于被动地位,使财产遭受了不应该的损失。

(三)承诺生效的时间

公约原则上采取到达主义。公约要求:承诺人用口头通知对方或通过任何其他方法送交对方本人,或其营业地或通信地址,如无营业地或通信地址,则送交对方惯常居住地。

(四)承诺的方式

公约第十八条规定,受要约人可以两种方式表示其对要约的承诺:一种是采取向要约人发出声明的方式表示接受该要约,无论口头形式或书面形式均可;另一种则是通过某种行为来表示,如买方接受货物、第三方收取货物、签发信用证等。

(五)承诺的撤回

承诺的撤回是受要约人阻止其承诺发生法律效力的一种意思表示。

受要约人在发出接受通知之后,如果发现不妥,可以在该接受通知生效之前,赶紧发出撤回通知,只要该撤回通知能在到达要约方之前或与其同时送达要约方,即可将该项承诺予以撤回。

需要特别注意这个时间点:撤回通知能在到达要约方之前或与其同时送达要约方。因为一旦承诺送达生效,合同即告成立,受要约人就不得予以撤回,否则就等于违约。

(六)逾期承诺及效力

1.逾期承诺的概念

逾期承诺是指承诺的通知到达要约人的时间,已经超过了要约所规定的有效期。

2.逾期承诺的效力

逾期承诺的效力分为两种情况。第一种,发出迟延、不能正常到达的逾期承诺是无效承诺,为新要约,但是要约人及时通知有效除外;第二种,发出及时,被通信耽搁未按时到达的逾期承诺为有效承诺,但是要约人及时通知无效除外。

第三节 国际货物买卖合同的内容

一、合同的首部

合同的首部包括了合同的名称、订立时间、订立地点、当事人的名称住址等。另外,在合同序言部分常常写明双方订立合同的意愿、执行合同的意愿以及执行合同的保证等内容。

在国际货物买卖的实务中,首部的这些信息一定要明确,因为这影响到未来法律的适用、司法的管辖、诉讼时效、诉讼文书的送达等问题。所以在实务操作中,千万不要忽视合同首部的设计。

二、合同的正文

合同的正文是合同的主体部分,具体列明各项交易的条件或条款,通常有品名、品质规格、数量、单价、包装、交货时间与地点,运输与保险条件,支付方式以及商品检验,异议与索赔,不可抗力和仲裁等条款。

这些条款体现了双方当事人的权利和义务,为避免签订合同后买卖双方发生争执,应把这些条款规定得准确、详细而严密。

合同的正文一般包括但不限于以下条款。

(一)货物的品质条款

制定品质条款应包括以下内容:品名(Name of Commodity)、规格(Specification)、商标(Trade Mark or Brand Name)等。

在国际货物买卖的实践中,合同中常见的品质表示方法有七种。

1.凭样品买卖(Sale by Sample)

样品通常是指从一批商品中抽出来的或生产、使用部门设计、加工出来的,足以反映和代表整批商品质量的少量实物。凡以样品表示商品质量并以此作为交货依据的,称为凭样品买卖。

2.凭规格买卖(Sale by Specification)

商品规格(Specification of Goods)是指一些足以反映商品质量的主要指标,如化学成分、含量、纯度、性能、容量、长短、粗细等。在国际贸易中,买卖双方洽谈交易时,对于适于凭规格买卖的商品,应提供具体规格来说明商品的基本品质状况,并在合同中订明。

3.凭等级买卖(Sale by Grade of Goods)

商品等级(Grade of Goods)是指同一类商品按其规格上的差异分为品质优劣各不相同的若干等级。它通常是由制造商或出口商根据其长期生产和了解该商品的经验,在掌握其品质规格的基础上制定出来的。它有助于满足各种不同的需要,也有利于根据不同需要来安排生产和加工整理。这种表示方法,对简化手续,促进成交和体现按质论价等方面都有一定的作用。

4.凭标准买卖(Sale by Standard)

商品的标准是指将商品的规格和等级予以标准化,一般是由国家或有关部门规定并公布实施的标准化品质指标。按照此标准进行交易称为凭标准买卖。

5.凭文字说明书和图样买卖(Sale by Description and Illustrations)

对于商品的品质,以说明书并附以图样、照片、设计、图纸、分析表等各种数据来说明其具体性能和结构特点。按此方式进行交易,称为凭文字说明书和图样买卖。这种买卖主要涉及部分机器、电器和仪表等技术密集型产品。

6.凭商标或品牌买卖(Sale by Trade Mark or Brand)

商标(Trade Mark)是指生产者或商号用来说明其所生产或出售的商品的标志,它可以由一个或几个具有特色的单词、字母、数字、图形、图片等组成,一般是注册商标。品牌(Brand Name)是指工商企业给其制造或销售的商品所冠的名称,以便与其他企业的同类产品区别开来。

商标和品牌的区别:商标是一个法律概念,受商标法保护,品牌只是一个经济学概念。商标权人只要注册了商标,就享有商标专用权,其他人未经允许是不可以再注册使用的。对于企业来说,品牌通常只有少数几个,但商标只可以选择注册一系列商标。在实践中,企业通常将品牌注册为一系列商标之一,因此一个企业品牌和商标可以相同,所以人们才常常把品牌和商标等同起来,事实上品牌的外延比商标更宽泛。

凭商标或品牌的买卖,一般适用于一些品质稳定的工业制成品或经过科学加工的初级产品。

7.凭产地买卖(Sale by Origin)

在国际货物买卖中,有些产品,因产区的自然条件、传统加工工艺等因素的影响,在品质方面具有其他产区的产品所不具有的独特风格和特色,对于这类产品,合同中一般可以用产地名称(Name of Origin)来表示其品质。

(二)货物的数量条款

数量条款一般包括计量单位、计量方法和具体数量等内容。

制定数量条款时应注意以下问题:明确计量单位和度量衡制度,尽量选择公制或国际单位,避免选择某一当事人所在国的单位。同时,一定要严格依照约定的条款履行义务。

(三)货物的包装条款

包装条款主要包括商品包装的方式、材料、包装费用和运输标志等内容。例如,木箱装,每箱装30匹,每匹40码(To be packed in wooden cases, 30 pieces per case of 40 yd each);铁桶装,每桶净重25千克(In iron drum of 25kg net each)。

如果货物需要运输的,也需要对包装有特别要求。例如,用聚丙烯编制包装袋,每包重50公斤,以毛重作净重,包装袋质量良好,适于海运,包装袋上用英语写上品名、重量、原产国别和包装日期(To be packed in polypropylene woven bags, 50 kg each, gross for net. The bags should be fairy good in quality and suitable for ocean transportation, on which the name of the goods, weight, country of origin and package date should be written / marked in English)。

在国际贸易的实践中,货物的包装有时具有特殊的法律意义。例如,菲律宾的某客户与上海某自行车厂洽谈进口"永久牌"自行车10000辆,但要求我方改用"剑"牌商标,并在包装上不得注明"Made in China"字样。买方为何提出这种要求,是因为自行车是美国、欧盟等对我国实施反倾销的商品,对原产地有严格的要求,以防转口贸易。

(四)货物的价格条款

价格条款中要包括计价单位、货币名称、单位价格金额和价格术语。

在实践中,制定价格条款应注意在合同中明确货物的作价方法和结算货币,防止外汇管制带来的风险。

(五)货物的装运条款

装运条款一般包括装运港和目的港、装运期、是否允许分批装运与转船、装运通知、装卸时间、装卸率、滞期和速遣等多个单项条款。

制订装运条款应注意装运日期是否明确且留有余地。合同中如订有选择港,应订明增加的运费、附加费用应当由谁承担。

(六)货物的保险条款

在国际货物买卖中,大部分是FOB、CIF和CFR合同,故保险责任与费用的分担由当事人选择的贸易术语来决定。在 FOB 和 CFR 中,买方自行投保,自付费用;而在 CIF 合同中,则是由卖方替买方投保并把支付的保险费加在货价上。

制订保险条款应注意:在合同中,投保何种险别以及买方有何特殊要求都应在合同中订明。

(七)货物的支付条款

支付条款用于规定支付方式、时间、地点、信用、单据等问题。

鉴于国际贸易中需要使用外汇,各国都有相应的监管制度和措施,一般都要求通过银行进行结算以便于监管。因此,当前国际贸易中常见的付款方式有两种。

(1)双方不由银行提供信用,但通过银行代为办理,如汇付、托收等。

(2)银行提供信用,如信用证、国际保理等。

(八)货物的检验条款

检验条款一般应包括检验检疫机构、检验权与复验权、检验与复验的时间地点、检验标准与方法、商检证书的取得等。

就中国当前的国际货物买卖而言,建议中国当事人在合同中选择以中国进出口商品检验局签发的品质及数量检验证书为准。建议的条款表述:双方同意以装运港中国进出口商品检验局签发的品质及数量检验证书为最后依据对双方具有约束力。(It is mutually agreed that the goods are subject to the Inspection Certificate of Quality and Inspection Certificate of Quantity issued by China Import and Export at the port of shipment. The Certificate shall be binding on both parties.)

(九)违约救济与索赔条款

违约救济与索赔条款一般应包括违约责任的认定、救济的方式、赔偿的范围、索赔的方法等。

(十)不可抗力条款

不可抗力是指合同订立以后发生的当事人订立合同时不能预见、不能避免、人力不可控制的意外事故,导致合同不能履行或不能按期履行。遭受不可抗力一方由此可以免除责任,而对方无权要求赔偿。

不可抗力条款主要包括不可抗力的含义、范围以及不可抗力引起的法律后果、当事人的权利义务等。需要注意的是,对不可抗力事故的范围规定是该条款的中心,考虑到各国对不可抗力理解的差异,当事人一定要在合同中予以明确规定。

(十一)争议解决条款

争议解决条款是指当事人选择解决争议的地点、方式和法律适用法。一般要明确规定以下两点。

(1)在争议解决方式方面,可以选择协商、调解、诉讼、仲裁等方式,但不能同时选择诉讼和仲裁。

(2)法律适用方面,当事人应在条款中明确规定发生争议后适用什么法律规范来解决争议。

三、合同的尾部

这是合同文本后的结尾部分,在该部分一般包括合同当事人的签名、合同文本的份数、不同文字文本的效力等。

四、谨慎对待格式合同(范本)

就当前国际货物买卖缔约的实践而言,大量的交易会使用格式合同,尤其是一些知名公司的格式合同(范本)得到了普遍的尊重和认可。使用格式合同(范本)大大节约了交易时间和缔约成本,且这些格式合同(范本)一般都经过专业律师的起草,并经过了贸易实践的检验,确有可取之处。但是在业务中,也不可完全受制于格式合同(范本),应因地制宜地设计合同条款,避免可能的风险。

以下通过几个案例来揭示国际货物买卖合同中因设计不周而产生的后果。

第一个是外贸实务中常见的涉嫌诈骗的案例。

1997 年 10 月,中国香港某商行向内地一企业按 FOB 条件订购 5000 吨铸铁井盖,合同总金额为 305 万美元。货物由买方提供图样进行生产。该合同品质条款规定:铸件表面应光洁;铸件不得有裂纹、气孔、砂眼、缩孔、夹渣和其他铸造缺陷。

合同规定:①订约后 10 天内卖方须向买方预付约人民币 25 万元的“反保证金”,交第一批货物后 5 天内退还保证金。②货物装运前,卖方应通知买方前往产地抽样检验,并签署质量合格确认书;若质量不符合同要求,买方有权拒收货物。

本案是一起典型的买卖一方利用合同中的品质条款进行诈骗的案例。因为铸件表面“光洁”是一个十分含糊的概念,没有具体标准和程度,而“不得有裂纹、气孔等铸造缺陷”存在的隐患更大,极易使卖方陷入被动,对方的实际目标是 25 万反保证金。这类合同的特点是价格诱人、工艺简单、技术标准含糊,并设有陷阱,买方预收保证金后逃之夭夭,或者反咬一口,被欺诈对象多为合同管理不严、缺乏外贸经验、急功近利的中小企业。

第二个是在海关监管中常见的案例。

我国某粮油食品进出口公司出口一批驴肉到日本。合同规定，该批货物共25吨，装1500箱，每箱净重16.6千克。如按规定装货，则总重量应为24.9吨，余下100千克可以不再补交。

当货物运抵日本港口后，日本海关人员在抽查该批货物时，发现每箱净重不是16.6千克而是20千克，即每箱多装了3.4千克。因此该批货物实际装了30吨。但在所有单据上都注明了24.9吨。议付货款时也按24.9吨计算，等于白送5.1吨驴肉给客户。此外，由于货物单据上的净重与实际重量不符，日本海关还认为中方有少报重量有帮助客户逃税的嫌疑，向中方提出意见。经中方解释才未予深究。但多装的5.1吨驴肉，不再退还，也不补付货款。

这个案件的教训是非常深刻的。世界各国的海关一般对货物进口都实行严格的监管，如进口商申报进口货物的数量与到货数量不符，进口商必然受到调查，如实际到货数量超过报关数量，就有走私舞弊之嫌。海关不仅可以扣留或没收货物，还可追究进口商的刑事责任。本案中，由于中方的失误，不仅给自己造成损失还给进口商带来麻烦。

第三个案例更是值得中国外贸企业引以为戒。

荷兰进口商从中国进口了一批茶叶在当地超级市场上销售，当事人在合同中对茶叶的包装、文字说明等均未有约定。于是中国出口商就依照中国国内市场上该产品的常见包装出口。依照国内包装，这批茶叶包装采用了黄色竹制罐装，罐的一面刻有中文“中国茶叶”四字，另一面刻有我国古装仕女图，看上去精致美观，颇具民族特色，但国外消费者少有问津。

为什么会出现这种情形呢？问题主要出在文字说明方面。一般情况下，商品的销售包装上应有必要的文字说明，如商标、牌名、品名、产地、数量、规格、成分、用途和使用方法等，使用的文字必须简明扼要，并让顾客能看懂，必要时也可中外文并用。具体到本案，当地人除了对仕女图注意外，不知罐内装何物。即使消费者知道内装为茶叶，但是红茶还是绿茶，分量多少，质量如何，还是无从知晓。因此，上述包装不便于消费者了解商品，不了解何谈购买。由于茶叶在当地市场销售不佳，对中国出口商和产品的声誉造成了损害，也影响了茶叶日后的出口。可见，当事人在国际货物买卖合同中对于上述信息进行明确规定是多么的重要，这不仅是法律问题，也是经济问题。

当前，在中国的部分企业中，相关人员责任心缺失，在外贸业务中迷信上级部门制定的所谓格式合同（范本），这样一来合同日后容易被上级部门审批通过，二来出了问题责任较小。还有部分企业不经考察和风险评估,在外贸业务中盲目接受所谓国际知名公司或组织的格式合同(范本),殊不知这些范本中许多条款是极不公平的,也不符合中国的国情,如对产品附加了环境、劳工标准、市场经济成分等要求。因此,相关主体在国际货物买卖合同的缔结活动中,应谨慎对待格式合同(范本),扬长避短地发挥范本的作用。

第四节　国际货物买卖合同履行中卖方的义务

一、交付货物

交付货物是指卖方自愿地移交货物,即将货物交由买方或第三人占有和支配的行为。

(一)交付货物的地点

第一,卖方有义务在特定地点交货的,在该地点交货。

第二,卖方无义务在特定地点交货的,其交货义务如下。

(1)在卖方营业地交付货物。

(2)涉及运输时,把货物移交给第一承运人。

(3)不涉及货物运输时,在货物所在地交付货物,如特定货物存货地、货物待制造地或待生产地等。

(二)交货的时间

第一,如果合同规定有日期或从合同可以确定日期,则卖方应在该日期交货。

第二,如果合同规定有一段时间或从合同可以确定一段时间,除非情况表明应由买方选定一个日期外,应在该段时间内任何时候交货。也就是说,此种情况下卖方有权决定交货日期,除非当事人明确约定,否则买方无权决定交货日期。

第三,在其他情况下,应在订立合同后一段合理时间内交货。这适用于无论根据合同还是当事人间的任何惯例或习惯做法都无法确定一个明确的交货时间的情形,至于合理时间,应根据交易的具体情况来确定。依照一般的国际实践,是作为事实由法院根据货物的性质和合同的其他规定来确定的。

二、交付单据

在国际货物买卖中，装运单据具有十分重要的作用。它们是买方提取货物、办理报关手续、转售货物以及向承运人或保险公司请求赔偿所必不可少的文件。卖方交付单据的义务通常是在合同中约定的，而当事人的习惯做法以及惯例等也可能为卖方设定此项义务，在使用国际贸易术语进行的买卖中更是如此。例如，在 FOB 术语下卖方必须提供商业发票等，而 CIF 术语下卖方要提供运输单据等，而当双方约定以信用证方式支付的情况下，所提交的单据还要符合信用证的规定。

（一）公约的规定

根据 CISG 公约第三十四条的规定，如果卖方有义务移交与货物有关的单据，那么，其义务如下。

（1）必须按照合同规定的时间、地点和方式移交这些单据。

（2）如果卖方在合同规定的时间以前已经移交了这些单据，卖方可以在合同规定时间到达前，纠正所提交单据中的任何不符合同规定的情形（Cure any Lack of Conformity）。但是，该权利的行使不得使买方遭受不合理的不便（Unreasonable Inconvenience）或承担不合理的开支（Unreasonable Expense）。

要特别注意第二项义务的情形，实践中有时会存在卖方提前交单且交单不符的情形，依照公约的规定，如果这种行为给买方造成损失的话，卖方应该承担赔偿责任。例如，甲、乙两国都是 CISG 的缔约国，甲国 A 公司（卖方）与乙国 B 公司（买方）签订货物买卖合同，合同中的单据条款要求卖方提供商业发票、提单、保险单和货物的原产地证书（买方可据此享受进口优惠关税）。买方在合同约定的交单日期前 15 天收到全套单据，经检查发现没有原产地证书。此时买方无权直接追究卖方交单不符的违约责任，因为交单时间尚未届满。本案中卖方有在交单日期届满前补交原产地证书的权利，但由此给买方导致的损失和额外产生的费用，均应由卖方承担。

（二）卖方交单要求

第一，卖方应该保证单据的完整和符合合同及公约的规定。实务中，提交的单据包括提单、保险单、发票、商检证、进出口许可证、领事签证、原产地证书等。

第二，卖方应在合同约定的时间、地点移交单据。

三、品质担保

品质担保又被称为货物相符的义务或者瑕疵担保的义务，是指卖方对其所售货物的质量、特性或适用性承担的责任。实际上,各国的买卖法在卖方对其所售货物承担担保义务方面都有明确规定。公约的规定内容如下。

(一)明示担保

卖方交付的货物必须与合同所规定的数量(Quantity)、质量(Quality)和规格(Specification)相符,且须按照合同所规定的方式装箱或包装。

根据该项义务,卖方交付的货物必须严格依照合同约定,否则构成违约。例如,如果交货的一批塑料中一种特定物质的含量低于合同的明确规定,并且导致用其生产的百叶窗无法有效遮挡阳光,则认为该货物不符合合同规定。

(二)默示担保

默示担保包括以下四个方面,但是,如果买方在订立合同时知道或者不可能不知道货物不符合同,卖方就无须承担责任。

(1)货物适用于同一规格货物(Goods of the Same Description)通常使用(Ordinarily Be Used)的目的。

(2)货物适用于订立合同时曾明示或默示地通知卖方的任何特定目的,除非情况表明买方并不依赖卖方的技能和判断力,或者这种依赖对卖方是不合理的。

(3)货物的质量与卖方向买方提供的货物样品或样式相同。

(4)货物按照同类货物通用的方式装箱或包装,如果没有此种通用方式,则按照足以保全和保护货物的方式装箱或包装。

(三)品质担保的时间

原则上以风险转移时间为标准。例外情况如下。

(1)货物不符合合同要求的情况在风险转移于买方一段时间后始能发现或显露。这种情形就是实践中所谓的货物存在质量的隐形瑕疵,这种瑕疵在交付时没有显露出来或者没有被检测出来,但是在交付一段时间以后,瑕疵才逐渐显露。例如,卖方交付的一批汽车的刹车存在问题,但是这种问题是在一年后才暴露出来,就属于此种情况。

(2)存在其他违约的情形。公约对其他违约的界定包括违反关于在一段时间内货物将继续适用于其通常使用的目的或某种特定目的,或将保持某种特定质量或性质的任何保证。例如,合同规定卖方提供的货物的保质期为五个月,在货物交付后两个月时发现该货物已经开始变质,尽管货物风险此时早已转移到买方,但由于货物仍在约定的保质期内,因此,卖方仍应承担责任。

(四)品质担保的限制

如果买方在订立合同时知道或者不可能不知道货物不符合合同,卖方就无须承担品质担保的义务。这种情形是指买方明知或推定知道此种情形。

例如,买方进口了一批某知名品牌的运动鞋,这些鞋的价格明显低于正常价格,属于“山寨产品”,但是买方为了图便宜而仍然进口,则卖方将来就可能不用承担品质担保的义务。同理,如果再换一种情形,假定买方所在地的国家有严格的产品质量法或者消费者权益保护法,规定了高额的惩罚性赔偿。买方买了这些山寨的运动鞋然后提起诉讼,也就是所谓的“知假买假”,为了获得惩罚性赔偿。此时,卖方极有可能会抗辩称买方作为专业的运动鞋进口商,应该熟知此品牌运动鞋的正常售价,现在以明显的低价进口了这批鞋子,怎么可能不知道这是假冒产品呢?如果这种抗辩成立,卖方也不用承担品质担保的责任。

买方对不符合合同的货物,必须在发现或理应发现此种情况后的一段合理时间内(一般为两年)通知卖方,说明不符合合同情形的性质,否则丧失声称货物不符合合同的权利,除非这一时限与合同规定的保质期不符。

四、权利担保

(一)货物物权担保

1.一般担保的内容

(1)卖方保证有权出售货物。

(2)卖方保证出售货物未侵犯任何第三人的任何权利。

(3)卖方保证任何第三人都不会就该货物向买方提出请求。

例如,货物在目的地被第三人以违反排他销售协议为由,向法院起诉并获得了禁止继续卸货的禁令。尽管该禁令后被取消,但是卖方仍然需要向买方承担责任,因为有第三人就该货物向买方提出了请求。[①]

2.例外

在下列情形下卖方不担保的物权。

(1)买方明知货物存在第三人的权利或要求仍同意接收货物。

(2)买方知道第三人的权利或要求后未在合理时间内通知卖方。

---

①典型的案件是 Louis Dreyfus v. Reliance 案。本案中原告 Louis Dreyfus 贸易有限公司向被告 Reliance 贸易有限公司购买了一批蔗糖,订约时后者知道前者会将货物转售。原告支付了货款,但是,货物正在目的国卸货时,第三人以违反排他销售协议为由,在冈比亚法院获得了禁止继续卸货的禁令。该禁令一个月后被取消,英国法院仍然判决被告应向原告作出赔偿。理由是被告作为卖方,违反了让原告安静地(安安稳稳地)拥有货物的担保义务。

例如，卖方德国某公司与买方荷兰某公司之间进行汽车买卖，汽车运抵荷兰后因被怀疑系从法国盗得的而遭到了荷兰警方的扣押，遭受损失的荷兰买方便向德国卖方提起了索赔之诉。德国法院判决荷兰买方败诉，理由是该买方在知悉货物存在权利瑕疵之后的合理时间内没有就权利瑕疵问题向买方发出通知。

（二）货物工业产权或知识产权担保

1.卖方保证

第三方不能向买方针对货物提出任何工业产权或知识产权方面的权利或要求。如果第三方提出了上述权利或要求，卖方要向买方负责。

2.第三方的权利或要求应具备的条件

第一，卖方订立合同时已经知道或理应知道的权利或要求；第二，根据订立合同时卖方已知道的转售国、使用国或买方营业地法律提出。在实践中，大家可以这样理解以上两条的意思，即卖方不仅要保证在买受人所在国不侵权，而且还要担保在约定转售的第三国不侵权。

例如，中国和法国都是《联合国国际货物销售合同公约》的缔约国。则营业地在中国的甲公司与营业地在法国的乙公司签订合同出口货物，当合同中约定货物将转售意大利时，假定有三种情形：①该批货物在法国通关时，第三方指控该批货物侵犯了其在法国注册的商标权，则甲公司应赔偿乙公司因此受到的损失，因为法国是买方营业地。②法国乙公司收到货物后将该批货物转售意大利丙公司。该批货物在意大利通关时，被第三方指控该批货物侵犯了其在意大利注册的商标权，甲公司也应赔偿乙公司因此受到的损失，因为意大利是合同预期的转售目的国。③法国乙公司收到货物后将货物转售英国。该批货物在英国通关时，被第三方指控该批货物侵犯了其在英国注册的商标权，则甲公司无须赔偿乙公司因此受到的损失，因为甲公司知识产权担保的地域范围不包括英国。

从实践来看，因卖方的工业产权或知识产权担保而引发的争议是比较常见的一类纠纷，尤其是在货物进口后再次销售时更易引发争议。下面以一个典型案例来说明。

我国江西省 A 公司与美国 B 公司于 1994 年签订进口商标为“M”牌运动鞋的合同。货物进口不久，A 公司即将该批运动鞋转售给甘肃省的 C 公司。A 公司将货物发给 C 公司不久，便接到 C 公司的通知，称“M”牌运动鞋已经由美国客户于 1993 年授权给该省的 D 公司以 D 公司的名义在中国注册该商标。现 D 公司提出 C 公司侵权，并要求 C 公司停止在中国境内销售“M”牌的运动鞋，否则将追究其侵权责任。则

C公司是否侵权?该案应该如何处理?

在本案中,由于“M”牌运动鞋已经由美国客户于1993年就授权给该省的D公司以D公司的名义在中国注册该商标,因此,D公司在中国境内对该商标拥有专用权,C公司的行为显然构成对D公司的商标侵权,D公司有权要求C公司承担侵权责任。而C公司在承担责任后可以向其供货商A公司追偿。A公司有权根据《联合国国际货物销售合同公约》第四十二条关于权利担保的规定向美国B公司追偿。因为在该案中,正是由于美国B公司没有对A公司保证其出售产品在中国不会侵犯他人权利,才导致这一纠纷的发生。

3.卖方不担保第三方工业产权或知识产权的情形。

(1)订立合同时卖方不可能知道存在第三人的权利或要求。

(2)订立合同时买方已经知道或不可能不知道的第三人权利或要求。

(3)卖方按照买方提供的技术图样而引起的第三人权利或要求。

(4)买方知道第三人的权利或要求后未在合理时间内通知卖方。

例如,在法国某公司与西班牙某公司纠纷案中,当事人之间买卖的家具侵犯了第三人的版权,从而导致法国的买方支付了赔偿费。该买方便向西班牙卖方提起了索赔之诉。法国的法院认为买方不能寻求《公约》第四十二条下的知识产权规则的保护。法院的判决理由:依照“专业能力”,买方不可能不知道这项侵权行为的存在。

第五节 国际货物买卖合同履行中买方的义务

依据《公约》第五十三条的规定,买方的主要义务是按照合同约定与公约的规定支付货款和收取货物,但如果当事人合同约定以不同于公约规定的方式履约,则应以双方达成的协议为准。而且,在实践中当事人的合同、惯例以及《公约》等也可以为买方设定其他的一些义务。以下来讲解一下《公约》中规定买方的义务。

一、支付价款

买方支付价款的义务包括履行必要的付款手续,在合理的地点、时间付款等。当然,合同条款以及当事人之间的习惯和惯例等可以减损或改变《公约》的这些规定。

(一)付款的条件

(1)卖方交货或交单。

(2)买方在未有机会检验货物前,无义务支付价款,除非这种机会与双方当事人议定的交货或支付程序相抵触。

显然,根据公约的上述规定,检验货物是买方支付价款的前提条件,构成了买方支付价款义务的限制,在实践中很容易被买方所滥用。因此公约第三十八条也对买方检验货物有以下的要求。

(1)买方必须在按情况实际可行的最短时间内检验货物或由他人检验货物。

(2)如果合同涉及货物的运输,检验可推迟到货物到达目的地后进行。

(3)如果货物在运输途中改运或买方须再发运货物,没有合理机会加以检验,而卖方在订立合同时已知道或理应知道这种改运或再发运的可能性,检验可推迟到货物到达新目的地后进行。

例如,中法两国都是公约的缔约国,营业地在中国的甲公司向营业地在法国的乙公司出口货物,约定采用 CIF 术语。由于 CIF 术语下卖方义务涉及运输,因此乙公司有权在货物到达法国目的港后实际可行的最短时间内检验货物。如果该批货物还将从法国转运意大利,而订立合同时乙公司已告知甲公司该批货物将转运,则乙公司可在该批货物到达转运目的港后实际可行的最短时间内检验货物。

(二)价款的确定

一般情况下,国际货物买卖合同中通常都会有关于合同价款的约定,买方应按照其约定履行支付价款的义务。但如果合同中没有约定价格或规定如何确定价格的,《公约》第五十五条规定了一个确定合同价格的规则:“如果合同已有效地订立,但没有明示或暗示地规定价格或规定如何确定价格,在没有任何相反表示的情况下,双方当事人应视为已默示地引用订立合同时此种货物在有关贸易的类似情况下销售的通常价格。”

不过,在双方当事人已经确定价格或使之可确定的时候,以及双方当事人已经决定他们的合同以随后的价格合意为准的时候,《公约》第五十五条不能适用。

在实务中要特别注意的是,《公约》第五十五条仅适用于合同已有效地订立,但没有明示或暗示地规定价格或规定如何确定价格,而且也没有任何相反表示的情形下,这样《公约》认为双方当事人应视为已默示地引用订立合同时此种货物在有关贸易的类似情况下销售的通常价格。因此,此时应以订立合同时货物的通常价格来计算合同的价款。但是需要说明的是,由于各国的国内法中关于合同成立的规定有所不同,这里面有法律空子可以钻,一些有经验的律师在此种情况下会直接质疑合同是否已经成立,以缺乏价格条款为由,认为当事人之间在价款上缺乏合意,所以合同不成立。

此外,按照《公约》第五十六条的规定,如果上述未被确定的价格是按货物的重量来规定的,如有疑问,那么应按照扣除包装重量后余下的重量即净重来确定。当然其前提是,在双方当事人之间有合同规定、习惯或惯例做法。

(三)支付价款的预备步骤和手续

《公约》第五十四条规定,买方支付价款的义务包括采取合同或任何法律、规章所要求的步骤和手续,以便使价款得以支付。

这些步骤和手续主要包括根据买卖合同的规定申请开立信用证或银行保函,为划拨资金获取必要的行政授权,以及在一些实行外汇管制的国家按有关法律或规章的规定申请为付款所必需的外汇等。买方必须依据合同或法律规定办理付款预备手续,而且办理上述手续产生的费用通常由买方负责。买方不办理必需的付款预备手续的,即构成违反合同。

(四)支付价款的地点

如果买方没有义务在任何其他特定地点支付价款,那么按照《公约》第五十七条第一款第(a)项的规定,支付价款的地点应在卖方的营业地。支付价款的义务是一项付款上门的义务,所以买方要承担相应的费用和风险。

不过,如果凭移交货物或单据支付价款的,按照《公约》第五十七条第一款第(b)项的规定,则支付地点为移交货物或单据的地点。这也是同时履行义务原则的体现。例如,约定将货物移交给买方的下家并同时支付货款的,即应在移交货物的地点支付价款。但是在涉及一些需要运输的货物或者库存货物时,如何确定支付地存在困难,一般认为此时应在卖方的营业地支付价款,因为很难要求买卖双方在非双方所在地的第三个地点碰面并交换履行。

同时,为了防止卖方营业地变更给买方支付带来的损失。例如,卖方由一个外汇管制宽松的国家搬迁到一个管制严格的国家,买方付款上门可能增加了不少的支付和费用。《公约》第五十七条又规定:“卖方必须承担因其营业地在订立合同后发生变动而增加的支付方面的有关费用”,来保护买方的权益。

(五)支付价款的时间

《公约》第五十八条第一款规定,如果买方没有义务在任何其他特定时间内支付价款,他必须于卖方按照合同和《公约》规定将货物或控制货物处置权的单据交给买方处置时支付价款。

这就确立了货物或控制货物处置权的单据的移交与价款支付同时进行的原则：如果买方当时不支付价款，卖方可拒绝向买方移交货物或控制货物处置权的单据。反过来讲，在货物或控制货物处置权的单据移交前，买方没有义务支付价款，这其实就是我们中国人常说的“一手交钱，一手交货”。

二、收取货物

依据《公约》第六十条的规定，买方收取货物的义务如下：第一，采取一切理应采取的行动，以期卖方能交付货物；第二，接收货物。

据此，买方应首先承担合作的职责，即买方必须“采取一切理应采取的行动，以期卖方能交付货物”。例如，办理必需的进口手续；完成买方安装工作所需的先期准备工作；在采用 FOB 术语的贸易中将船只的名称、装运港和装运日期通知卖方使其能顺利交货等。其次，买方应承担接收货物的义务。在实践中，尤其要注意对买方接收货物的理解，以及接收货物后买方行使退货权将产生何种影响。

（一）接收货物的理解

1.买方在卖方应交货的地点接管货物

例如，当交货义务为在卖方营业地将货物交由买方处置时，买方必须搬走或责成他自己选择的第三方搬走货物。若买方不及时提货，卖方可能要多支付仓储费或向承运人支付滞期费及其他费用，对此应由买方负责承担。

2.是接收而非接受

接收行为并不代表买方对货物质量的认可，不影响买方其他的索赔的权利。例如，在 CIF 贸易术语项下，不能简单地认为，货物到港即可视为买方接受货物。若买方验货后向卖方明确指出对货物质量、数量的异议，可与卖方探讨后续补救方案。很明显，在这样的情形下，买方虽然已被动地“接收货物”，但因其并没有认可运抵的货物与合同约定相符，而是明确提出了异议，因而并没有“接受货物”。因为在法律意义上，接收货物只是表明货物占有权的转移，接收货物后拥有退货权。而接受货物则表明货物的所有权转移，接受货物后则丧失了退货权。

需要注意的是，实践中在判定究竟是接收还是接受货物的情形时，需要根据案件的具体情况来进行判定。一般情况下，以下几种情形属于对货物的接受：①买方发出未否定货物的通知，如“货物尚好，望继续合作”类的措辞；②买方作出了与卖方所有权相抵触的行为,如使用、转售、抵押等;③在合理时间后买方未发出退货通知。[①]

国际贸易实践中,可以这样理解:"接受"是指买方认同货物符合双方签署买卖合同项下要求的意思表示或行为表示。通过电邮或者通信工具明确表示接受的,可以理解为一种"明示"。任由质量异议期经过未作表示,或者直接以货主的身份做出与其所有权相抵触的行为,可理解为一种"默示"。在买方做出上述"明示"或"默示"之后,买方不得再主张退货权。以下是一个典型的案例。

日本甲公司向中国香港乙公司出售一批电视机,乙公司又把该批货物转手卖给泰国丙公司。电视机运到香港后,乙公司发现电视机质量有问题,但急于向丙公司交货,就把电视机转船运往泰国。丙公司发现电视机的质量不符后,将电视机退回给香港乙公司,乙公司又把电视机退给日本甲公司,遭到甲公司的拒绝,为此,甲乙双方发生争议。本案中,乙公司并未及时向甲公司主张权利,而是将货物转售丙公司,可推定为乙公司接受了货物。

(二)买方行使退货权

在实践中,虽然买方接收了货物,但是有时会出现因卖方违约或者其他情形而导致买方行使退货权。在不同的情形下,退货对买方而言将产生不同的结果,以下分三种形态来分析。

(1)合同签订后如果货物的价格下跌,买方自然要承受价格跌落的损失。但买方解除合同并退货后,得以当前较低的价格重新购买货物,因此就把价格跌落的损失转嫁给了卖方。

(2)合同签订后如果价格上涨,买方有机会赚取较高的市场利润。但是,买方退货后不得不以较高价格重新购买货物,买方可就高价损失向卖方索赔。如买方未重新购买货物,则有权就因价格上涨使货物升值的损失进行索赔。

(3)一般情况下,国际贸易公约、惯例及各国国内法都规定:买方承担运输风险造成的货物损失。但买方解除合同、退回货物后,运输风险将随货物一起退回给卖方承担。

---

①这里需要说明的是,就如何理解"合理时间"的问题在国际贸易的实践中发生过许多案例。国际通行的规范及共识是,买方不能无限制地拖延接受货物。一般而言,法院在裁判之时会综合考量以下三点:其一,在转卖的场景下,应当允许买方在转卖之前有合理的机会对货物进行检验,以发现货物的隐藏缺陷;其二,买方应当尽快明确是否接受货物,不得有任何不合理的拖延,否则将丧失对货物的拒收权;其三,如果在买方检验以前,货物的条件状态已经变化(如生鲜变质),则买方丧失对货物拒收权,不得再就货物情况不符合合同要求向卖方主张赔偿。

综上所述，相较于买方的支付价款义务，在国际贸易实践中，收取货物义务的存在感似乎不是很强。但作为卖方应当清楚地意识到，收取货物义务是买方的一项主要义务，买方违反该项义务将可能构成根本违约，赋予卖方以解除合同的权利。因此，就法律意义来看，买方应当履行收取货物义务对应的是卖方的相关权利，卖方可以凭此督促买方严格履行协助义务、接收货物。尤其是在买方主张卖方违约之时，卖方还可以从"收取货物是买方的义务"的角度出发予以抗辩。

例如，自2020年开始的全球性新冠病毒疫情以来，新冠病毒被某些西方国家和政客恶意地称为"Chinese Virus"，使得许多中国外贸企业的出口货物都面临着国外买方拒收的困境。就此问题国内卖方可以考虑从"收取货物是买方的义务"的角度出发来进行抗辩和维权。

第六节　货物风险的转移

在国际货物买卖中，货物可能会发生遗失或毁损灭失等风险，应由谁来承担这些风险造成的损失是一个必须确定的问题，各国国内法以及《公约》《国际贸易术语解释通则》等也都对此作出了明确规定。在国际货物买卖的法律规则上，由于风险转移与货物所有权的转移并不是一个问题，而且按照《公约》等文件确定的一般原则，风险转移与所有权的转移无须同时发生，更无须顾及是卖方还是买方拥有货物的所有权或者谁负责安排运输或保险等事宜。因此，货物风险的转移就成为实践中容易引发争议的问题之一。

一、货物风险转移的理解

（一）货物的风险

货物的风险是指货物遭受的各种意外损失的不确定性或可能性。从法律的角度来看，这种损失是不可归责买卖双方的原因造成的，如意外火灾、搁浅、雨淋、沉船等突发情况所导致的货物的全部灭失或部分灭失损坏。

需要说明的是《公约》并没有明确界定货物的风险，但是从《公约》第六十六条的规定和实践中合同的约定来看，货物的风险主要包括遗失或损坏。其中货物遗失包括货物找不到、被盗或被转让给另一个人等情形,货物损坏则包括在运输或储存期间货物完全损毁、实际损坏、变质和短缩等情形。但是,对于诸如交货迟延、国家主权原因(如主管当局扣押)等造成的损失是否属于货物的风险并不十分确定,往往容易引发争议,当事人最好在合同中予以明确规定。

(二)货物风险转移

货物风险转移是指从何时起,货物的风险从卖方转移给买方承受。

(三)转移的后果

按照风险转移的规则,对于风险转移前货物遗失或损坏造成的损失应由卖方承担,而风险转移后则由买方承担。《公约》第六十六条规定,风险由卖方转移至买方后,货物遗失或损坏,买方仍要付款,除非这种遗失或损坏是由卖方造成的。

因此,在一般情况下,对出口方而言,风险转移的时间越早越好,对进口方而言,风险转移的时间越晚越好。在实践中,有的卖家宁愿多付运输费,也不愿意送货上门,其中就有考量风险转移的原因。

二、风险转移的时间

风险转移的中心问题在于风险转移的时间。关于这个问题,国际上主要有两种不同做法。

(一)物主承担风险的原则

根据该原则,风险转移与所有权转移相一致,风险随所有权的转移而转移。英国就是采用该项原则的典型。

例如,英国甲公司与德国乙公司签订一个家具买卖合同,卖方乙公司保留货物所有权,直至买方分三次将货款全部付清后,所有权方才转移,而货物在买方付款两次后因火灾灭失。那么根据英国法,货物灭失的损失应由乙公司来承担。

(二)所有权转移与风险转移相分离的原则

依照该原则,货物的所有权转移与风险转移是分开的,是两种不同的法律关系。目前美国、中国、德国等大多数国家都采用该项原则,这些国家的法律规定原则上货物的风险在交货时转移,即“交付主义”。以中国的《民法典》第六〇四条规定为例:“标的物毁损、灭失的风险,在标的物交付之前由出卖人承担,交付之后由买受人承担。”例如,在上述分析的家具买卖案例中,在分期交付货款而保留货物所有权的合同中,买方在货款尚未付清前,虽然货物所有权仍然保留在卖方手中,但是因为货物已经交付给买方,因而货物的风险则已转移给买方,在这种情形下,所有权不转移不影响货物风险的转移。再如,在某些买卖中,虽然约定合同订立时所有权即转移给买方,但交付则是随后某一特定时间发生的,风险则只能在交付时才转移。

三、《公约》规定的风险转移原则

(一)以交货时间确定风险转移

《公约》严格将货物所有权与风险转移相分离,以交货时间来确定风险转移,依据这一原则,卖方即使保留了货物的所有权,也不影响风险的转移。

(二)卖方无违约责任

风险在交货时转移的第一个前提是卖方无违约责任。如果货物在风险转移到买方后遗失或损坏,而且是由卖方的作为或不作为导致,则风险仍未转移给买方。

(三)货物已被清楚的确定在合同项下

风险发生转移的第二个前提条件是货物已被清楚的确定在合同项下,即货物已经特定化。货物未特定化前,风险不发生转移。在实践中,一般要求卖方在货物交付时间到来以前,将货物的数量、存放地点等信息以书面形式通知买方,并在准备交付的货物上打上标志(如买方的单位名称等),将货物特定化。

(四)国际惯例优先

《公约》规定,双方当事人业已同意的任何惯例和他们之间确立的任何习惯做法,对双方当事人均有约束力。因此,如果当事人在合同中选择了国际贸易术语,则术语规定的风险分担原则优先于公约的规定。

四、《公约》规定的风险转移情形

(一)涉及运输的风险转移

第一,当卖方的交货义务涉及运输时,卖方只要把货物交给第一承运人就算履行了交货义务。这里的风险转移可以分为两种情况,一是卖方没有义务在指定地点交货,此时风险自货交第一承运人时转移给买方;二是卖方必须在某一特定地点交货,此时风险以在该地点货交承运人时起转移给买方。

第二,卖方保留控制货物处置权的单据,不影响风险的转移。例如,中国甲公司向日本乙公司出口一批服装,货物装船后,卖方取得已装船的清洁提单尚未到银行议付货款,货物即在运输途中遭遇火灾灭失,这时风险由谁承担?根据公约的规定,应由乙公司来承担。

(二)在途货物的风险转移

国际贸易中常有卖方先将货物装上开往某目的地的船舶,再寻找买主的做法,对于订约时已在运输途中的货物的买卖，一般称为在途货物买卖（Floating Cargo），中国的国际贸易实践中把这种买卖也叫“路货买卖”。

《公约》对于在途货物风险转移的规定是原则上从订立合同时起，风险转移到买方承担。因为这种运输中销售的货物，不存在交付承运人的问题，此时货物已在承运人的控制下了，所以从合同成立时就转移了风险。

例如，日本某公司与我国某公司于2015年10月9日签订进口服装合同，11月2日货物出运，11月4日日本公司与德国公司又签订合同，将该批货物转卖，此时货物仍在运输途中。此案中，由于日本公司于11月4日和德国公司签订合同将货物转卖，因此货物风险从该日转移给德国公司承担。

但是在实践中要注意以下两种情形。第一，如果卖方是通过向买方转移运输单据作为交货依据时，则从货物交付给签发载有运输合同单据的承运人时起，风险就由买方承担；第二，如果卖方在订立合同时已知道或理应知道货物已经遗失或损坏，而他又不将这一事实告知买方，则上述风险转移的原则不予适用，这种损失或损坏仍应由卖方负责。

（三）不涉及运输的风险转移

不涉及运输的交货也有两种情况。

一是在卖方营业地交货，此时风险从买方接收货物时转移给买方。如果买方不在适当时间内接收货物，即货物交给买方处置但遭其无理拒绝时，从其违反合同时起转移给买方。

二是在卖方营业地以外地点交货，但交货时间已到而买方知道货物已在该地点交他处置时，风险才开始转移给买方。例如，买卖双方约定的交货地点为第三方仓库，卖方按时将货物存放于第三方仓库并取得提货单后，将提货单交给买方并通知买方提货，此时风险转移给买方。

货物交买方处置是指卖方已将货物划拨合同项下，完成交货的准备工作并向买方发出通知等一系列行为。卖方完成上述行为即为将货物已交给买方处置。

五、根本违反合同的例外

《公约》第七十条规定，如果卖方已经根本违反合同，致使货物发生灭失或损坏，即使货物的风险已按《公约》的规定转移给买方，买方仍然有权采取解除合同、要求交付替代物或要求赔偿损失等补救措施。

这段话的意思是如果卖方根本违反合同，那么即使风险已经由卖方承担转移到买方承担,也不应由买方来承担风险造成的损失。

例如,在一国际货物销售合同中,双方未约定风险转移条款,卖方根据合同应向买方出口 100 万元的精品小麦,但卖方实际交付的却是价值 80 万元的次等小麦(假设已构成根本违约),该批小麦在运输途中由于不可抗力受到损失,虽然货物的风险已经转移至买方,但是损失应由卖方来承担。

但是在实践中,本条又是最容易引发争议的,因为该条适用的条件是卖方的行为已经构成根本违约,倘若卖方交货仅仅只是有少许瑕疵,并不足以构成根本违约时,则本条不能适用。而对于“根本违约”的界定,各国法院、仲裁机构的观点并不一致,严重影响了该条的适用效果。因此,为了减少不必要的争议,当事人最好在合同中明确约定“根本违约”的内容。

六、《公约》风险转移的规定对中国《民法典》影响

我国《民法典》中对于货物风险转移的规定,大量吸收了《公约》的规定,两部规则规定的共同点有以下几点。

(1)都承认双方当事人可以通过协议来划分双方承担风险的界限,而且承认这种效力高于法律规定。

(2)都规定以交货时间决定风险转移的时间。

(3)都规定卖方在特定地点交货的,风险自买方接收货物时起转移给买方承担,如果买方违反约定没有收取的,货物毁损、灭失的风险自违反约定之日起由买方承担。

(4)对于卖方根本违反合同的行为,买方可以采取的补救措施及风险的承担等规定基本相同。

第七节 违约的救济

违约行为是指合同当事人违反合同义务的行为。在国际贸易中,当事人之间的合同、习惯做法、惯例以及各国国内法都会涉及对违约责任的认定与救济等内容,《公约》同样也对违约责任以及买卖双方的违约补救方法做了详细规定,这些规定不但深

刻影响着许多国家的国内合同法和格式合同的内容，也影响着一些国家的法院或者仲裁庭的裁判思路和理由，尽管在缔约实践中当事人之间的合同、习惯做法、惯例仍然可以改变或减损《公约》的这些规定。

一、违约的分类

依照《公约》的规定，可以分为根本违约与预期违约。

（一）根本违约

根本违约也被称为根本违反合同，是指合同一方当事人违反合同的行为，致使该合同的目的不能实现。《公约》第二十五条规定，如果一方当事人违反合同，使另一方当事人蒙受损失，以至于实际上剥夺了他根据合同有权期待得到的东西，即属于根本违反合同。除非违反合同一方并不预知而且一个同等资格、通情达理的人处于相同情况中也没有理由预知会发生这种结果。

依照《公约》，一旦构成根本违约，非违约方便可以根据《公约》第四十九条、七十二条或七十三条等的规定宣告合同无效，实即解除合同，可见其法律后果是相当严重的。而其他实际违反合同的行为即为非根本违反合同，受害的当事人只能采取其他合法的救济方法而不能要求解除合同。

从《公约》的规定来看，要认定为根本违约的条件是比较严格的，不但要具备违反合同使对方蒙受损失且被剥夺了期待利益这一客观条件，而且还要具备一定的主观条件，如果满足“违约人不能预见后果+第三人不能预见后果”的情形，则不构成根本违约。

（二）预期违约

1.预期违约的概念

预期违约是指在合同规定的履行期限前，某些情况已经显示出当事人在合同规定的期限内将不能履行他的主要的合同义务，这一情形被称为预期违约。简言之，预期违约是一种能够预见到的很有可能发生的将来违约，是违约事实还没有实际发生的违约。

2.预期违约的分类

预期违约可以分为两种情形。

第一种，一般预期违约，是指将来违约的可能性，将来的救济方式为中止履行合同。

第二种，根本预期违约，是指将来违约的必然性，将来的救济方式为解除合同。

3.实际违约与预期违约的区别

(1)预期违约发生在合同规定的履行期限之前，而实际违约发生在合同规定的履行期限之后。

(2)预期违约是将来违约的可能性，而实际违约是已发生的违约事实。

(3)预期违约下，对方当事人补救措施只能是中止履行合同，预期根本违约下，才能宣告合同无效。实际违约下对方所采取的补救措施是除中止履行合同以外的其他补救措施，可见，两种违约下所采取的补救措施是不同的。

在实践中需要特别注意的是，主张对方预期违约的一方，需要承担举证责任，如举证不充分就采取救济措施的话，反而有可能使自身构成实际违约。

二、违约的救济方法

(一)实际履行

实际履行是指守约方要求违约方继续按照合同约定履行义务，而不允许违约方采用金钱赔偿方式来代替合同义务的履行。

《公约》把实际履行排在救济方法的第一位，《公约》规定的实际履行措施有如下特点，在实践中要特别注意。

(1)法院没有义务一定判决支持实际履行请求，而是根据该国国内法决定是否作出要求违约方实际履行的判决。

(2)如果买方已经采取了与实际履行要求相抵触的某些补救办法时，法院不能判决实际履行。

(二)交付替代物与修理货物

1.买方要求卖方交付替代物必须符合的条件

(1)卖方所交货物与合同不符并构成根本违反合同。

(2)买方必须在提出不符点的同时或之后的合理时间内提出交付替代物的请求。

(3)买方必须能够原状返还货物。《公约》第八十二条(1)规定："如果买方不可能按实际收到货物的原状归还货物，他就丧失宣告合同无效或要求卖方交付替代货物的权利。"

2.买方要求卖方修理货物必须符合的条件

(1)卖方交货与合同不符。

(2)买方必须在提出不符点的同时或之后的合理时间内提出修理货物的请求。

(三)给予履约宽限期

在合同履行过程中，买方或卖方都可以规定一段合理时限的额外时间，让对方履行义务。除非收到对方的通知,声称他将不在所规定的时间内履行义务,给予宽限期的一方不得在这段时间内对违反合同采取任何补救办法。但是,给予宽限期的一方并不因此丧失他对迟延履行义务可能享有的要求损害赔偿的任何权利。

买卖双方签订了一份 FOB 合同,出售一批油菜籽。合同规定:2015 年 3 月份装船。如果买方未能按期派船接运货物,卖方同意保留 28 天,但买方应该负担仓租、利息和保险费。合同订立后,买方未能在 3 月份派船接运货物,卖方发出警告:如果买方未能在 4 月 28 日前派船接运货物,卖方将解除合同并保留索赔权。结果买方于 5 月 5 日才派船接运货物,卖方拒绝交货并提出索赔。本案中买方未能在 3 月份派船接运货物,已经构成违约。对此,卖方给予宽限期,但在宽限期届满时,买方仍未派船接运货物。据此,卖方有权解除合同,并在买方派船接运货物时拒绝交货并提出索赔。

(四)解除合同

解除合同也被称为宣告合同无效。根据《公约》的规定,买方和卖方解除合同条件有以下三点。

(1)卖方或买方不履行其在合同或《公约》中的任何义务,等于根本违反合同。

(2)如果卖方不交货,且不在买方规定的额外时间内交付货物或声明将不在所规定的时间内交付货物;或者买方不付款或收货,且不在卖方规定的额外时间内履行支付价款的义务或收取货物,或声明他将不在所规定的时间内这样做,另一方可以解除合同。

(3)拟解除合同一方必须向违约方发出解除合同的通知。根据《公约》第七十二条的规定:"如果时间许可,打算宣告合同无效的一方当事人必须向另一方当事人发出合理的通知,使他可以对履行义务提供充分保证。"

需要说明的是,宣告合同无效只是解除了双方在合同中的义务,但应负责的任何损害赔偿仍应负责。宣告合同无效不影响合同关于解决争端的任何规定,也不影响合同中关于双方在宣告合同无效后权利和义务的任何其他规定。已全部或局部履行合同的一方,可以要求另一方归还他按照合同供应的货物或支付的价款,如果双方都须归还,他们必须同时这样做。

(五)损害赔偿

损害补偿是指当事人一方因对方的违约行为造成损失的,即有权要求对方予以赔偿。

1.损害赔偿与其他救济措施的关系

根据《公约》规定,守约方享有的要求损害赔偿的权利,不因其行使采取其他救济办法的权利而丧失。可以看出，损害补偿与其他补偿方式，如实际履行、解除合同等并不冲突，完全可以同时适用。

2.损害赔偿额的确定

依照《公约》规定："一方当事人违反合同应负的损害赔偿额，应与另一方当事人因他违反合同而遭受的包括利润在内的损失额相等。这种损害赔偿不得超过违反合同一方在订立合同时，依照他当时已知道或理应知道的事实和情况，对违反合同预料到或理应预料到的可能损失。"

一家磨坊的机轴破裂了，磨坊主把坏轴交给承运人，委托他找一家工坊重做一个新的机轴，但承运人未及时办理，因而使磨坊停工的时间超过了必要的时间。磨坊主要求承运人赔偿由于迟延交付机轴所造成的利润损失。但由于磨坊主并未预先告知承运人若不能及时把机轴送到，会造成利润损失，法院判决承运人对迟交期间的利润损失不承担赔偿责任。法院认为，由于磨坊主并未预先把迟交机轴可能产生的后果告知承运人，后者无从合理地预见到会产生因为迟延交付而导致利润损失这样的后果，可能认为磨坊有备用机轴，不会因迟交新机轴而停工。因此，承运人对由于迟延交货所造成的利润损失不承担责任。但是，如果违约的一方可以预见到他的违约行为将引起利润损失，则受损害的一方对于违约者可以要求赔偿利润损失。

（六）中止履行合同

根据《公约》第七十一条（1）规定，如果订立合同后，另一方当事人由于下列原因显然将不履行其大部分重要义务，一方当事人可以中止履行义务：（a）他履行义务的能力或他的信用有严重缺陷；或（b）他在准备履行合同或履行合同中的行为。

这里要特别注意的是，采取中止履行合同作为救济的，中止的当事人有通知的义务。根据公约第七十一条（3）规定，中止履行义务的一方当事人不论是在货物发运前还是发运后，都必须立即通知另一方当事人，如经另一方当事人对履行义务提供充分保证，则他必须继续履行义务。

加拿大公司（卖方）与泰国公司（买方）订立了一份出口精密仪器的合同。合同规定：泰国公司应在仪器制造过程中按进度预付款。合同订立后，泰国公司获悉加拿大公司供应的仪器质量不稳定，于是立即通知加拿大公司：据悉你公司供货质量不稳定，故我方暂时中止履行合同。加拿大公司收到通知后，立即向泰国公司提供书面保证：如不能履行义务，将由指定的银行偿付泰国公司支付的款项。但泰国公司收到此通知后，仍然坚持中止履行合同。本案中，泰国公司的做法是错误的，因为根据《公约》第七十一条的规定，加拿大公司在收到泰国公司的通知后，立即向泰国公司提供了充分的银行保证,因此泰国公司只能继续履行合同,不能暂时中止履行合同。

(七)减低价格

减低价格是指卖方交货不符合同规定时,买方提出的要求把合同价格减低,并按新价格计算价款后收取货物的一种救济方法。通过该种救济方法,买方达到了与请求赔偿损失同样的索赔目标。从适用效果来看,减低价格的救济方法不仅补偿了买方因卖方违约遭受的损失,同时,因卖方也不必向本国主管机关申请准许赔偿的汇款手续,所以今后的交易能够顺利进行,不受任何影响。

《公约》规定,如果货物与合同不符,不论价款是否已付,买方都可以要求减低价格。买方减低价格,必须符合以下条件。

(1)货物不符合合同。

(2)提出减低价格的要求和是否已经支付价款没有必然联系。

(3)减价按实际交付的货物在交货时的价值与符合合同的货物在当时的价值两者之间的比例计算。

(4)如果卖方对不履行义务做出补救,或买方做出补救,则买方不能要求减低价格。

(八)分批交货下的解除合同

《公约》对分批交货下的解除权利的行使规定了三种情况,分别是解除违约部分、解除未履行部分、解除全部合同。具体的规定如下。

(1)对于分批交付货物的合同,如果一方当事人不履行对任何一批货物的义务,便对该批货物构成根本违反合同,则另一方当事人可以宣告合同对该批货物无效。

(2)一方当事人不履行其中任何一批货物的义务,对方当事人有充分理由断定今后各批货物亦将会发生根本违约,则他可以解除合同对今后各批货物的效力,但对此前已经履行义务的各批货物不能予以撤销。

(3)当买方宣告合同对某一批交货无效时,如果合同项下的各批货物是相互依存的,不能单独用于双方当事人订立合同时设想的目的,则买方可以宣告整个合同无效。

意大利某公司(卖方)与我国某公司签订了大理石加工成套机械设备买卖合同,合同规定分四批交货。在交付的前两批货物中都存在不同程度的质量问题,在第三批货物交付时,买方发现货物品质仍然不符合合同要求,所以向卖方意大利公司提出解除全部合同。本案中,因我国公司所购货物是加工生产大理石的成套机械设备,任何一批货物存在质量问题,都会导致该套设备的无法使用,即各批货物是相互依存的。而实际情况是,意大利公司交付的三批货物均存在质量问题,而且也有理由推定最后一批货物的质量也难保证。因此,我方可以解除全部合同。

三、违约后的货物保全

能够支配货物的一方应当承担货物保全的义务,这是国际货物买卖法的一个基本规则,它在发生违约等情形下仍应得以适用。

(一)卖方保全货物的义务

根据《公约》第八十五条的规定,如果买方违约,而卖方仍拥有这些货物或仍能控制这些货物的处置权,则卖方必须按情况采取合理措施,以保全货物。他有权保有这些货物,直至买方把他所付的合理费用偿还给他为止。

甲国公司和乙国公司签订一份出售大米合同。合同规定,按照卖方仓库交货条件买卖,买方提货时间是8月。合同订立后卖方于8月5日将提货单交给买方,买方据此付清了全部货款。后由于买方未在8月底前提货,卖方遂将该批货物移放到另外的仓库。一直到9月10日,买方前来提货时发现,该批货物已经部分腐烂变质,双方为此损失由谁承担发生争议。本案中,即使买方未按时提货,卖方也应该妥善保管货物。显然,卖方并未尽到此种义务,应承担其造成的损失。

(二)买方保全货物的义务

根据《公约》第八十六条的规定,如果卖方违约,则买方必须按情况采取措施,以保全货物。他有权保有这些货物,直至卖方把他所付的合理费用偿还给他为止。

由此可见,买卖双方在承担货物保全义务的同时,还享有对货物保全产生的费用主张补偿的权利。直至对方把他所付的合理费用偿还他为止,他有权留置该批货物。

(三)保全货物的方法

1.存入仓库

根据《公约》第八十七条的规定,有义务采取措施以保全货物的一方当事人,可以把货物寄放在第三方的仓库,由另一方当事人担负费用,但该项费用必须合理。

2.出售货物

根据《公约》第八十八条的规定,如果另一方当事人在收取货物或收回货物或支付价款或保全货物费用方面有不合理的迟延,或者货物易于迅速变坏,或者货物的保全牵涉到不合理的费用,则有义务保全货物的一方当事人,可以采取任何适当办法,把货物出售,但必须事前向另一方当事人发出合理的意向通知。

出售货物的一方当事人,有权从销售所得收入中扣除为保全货物和销售货物而付的合理费用。他必须向另一方当事人说明所余款项。

第三章 国际贸易术语

第一节 国际贸易术语概述

在国际贸易中,买卖双方所承担的义务,会影响到商品的价格。在长期的国际贸易实践中,逐渐形成了把某些和价格密切相关的贸易条件与价格直接联系在一起的若干种报价的模式。每一模式都规定了买卖双方在某些贸易条件中所承担的义务。用来说明这种义务的术语,称之为国际贸易术语。国际贸易术语是重要的国际货物买卖的惯例,在实践中得到了广泛的运用。

一、国际货物买卖惯例的形成文化

(一)惯例的缺陷

第一,惯例通常是不成文的,缺乏规范所应具有的明确性和稳定性。

第二,世界不同地方的惯例,内容上也存在分歧。

第三,即使惯例的内容相同,不同国家的人们对其理解和解释也不统一。

由于惯例存在的这些缺陷,严重影响了惯例在国际贸易实践和司法裁判中的适用。在此种背景下,如何将惯例形成文化和统一化成为国际贸易中一项重要的任务和目标,一些国际民间组织为此做出了巨大的贡献。

(二)国际民间组织的工作和贡献

第一,将国际贸易惯例加以收集和整理,进行编纂,使之成文。例如,大名鼎鼎的《国际贸易术语解释通则》就是国际商会编纂的,《1932 年华沙—牛津规则》是国际法协会编纂的。

第二,对成文惯例做出解释。这些解释在国际上得到了法院和仲裁机构的尊重。

第三,澄清了惯例中含混不清之处,增强了惯例的条理性、明确性,避免了内容上的矛盾和抵触。

二、国际货物买卖惯例的法律性质

编纂而成的国际货物买卖惯例,即使形式和成文法一样,它的法律性质依然是惯例,而不是成文法。其原因在于:惯例不是主权国家通过立法程序制定的,也不是国家之间签订的条约确定的。因此,惯例是任意性规范,只有当事人选择才适用,且各个惯例之间没有效力的优劣。

这里需要指出的是,“合同优先于惯例”的规则,即出现当事人选择的惯例和合同的规定存在矛盾时,应以合同约定为准。例如,按照 Incoterms® 2010 的规定,FOB 条件下卖方承担的风险是在装运港货物越过船舷之后就转移给买方。然而,我国一贸易公司在按 FOB 条件从国外进口机器设备时,为了促使卖方在装运港装货时注意操作安全,以免货物在装载时受损,特别在进口合同中加订“货物越过船舷、进入船舱、脱离吊钩并安全卸抵舱底、风险才转移”的条款。按照“合同优先于惯例”原则,履约时,仍以买卖合同的规定为准。

三、国际贸易术语的概念和属性

(一)国际贸易术语的概念

在国际货物买卖中,买卖双方的营业地位于不同的国家,货物在运输、装卸、存储过程中,当事人需要办理承租运输工具、申请出口许可证和报关、纳税、保险等手续。相应地,当事人也需要支付运费、装卸费、仓储费、保险费以及各种税费。因此,当事人必须明确各自的权利义务关系。而国际贸易术语正是出于这种交易便利的需要,以不同的交货地点为标准,用简短的概念或英文缩写来表示当事人之间的权利义务关系。

简言之,国际贸易术语,是以不同的交货地点为标准,用简短的英文缩写字母表示商品的价格构成、买卖双方在交易中的费用、责任与风险的划分的国际贸易惯例。

例如,出口运动短裤的报价为“短裤每打 50 美元 CIF 柏林”,如果选择的是 Incoterms® 2010,则贸易术语 CIF 表示了以下有关信息:①每打 50 美元的价格构成了包含了运至柏林的运费及货运保险费;②由卖方自负风险和费用办理货物的运输、保险以及货物的出口手续;③卖方承担货物在装运港装上船之前的一切风险和费用;④买卖双方是凭单交货、凭单付款。

(二)国际贸易术语的属性

国际贸易术语作为国际贸易惯例的一种,具有经济和法律双重性质。从经济上看,它是国际货物买卖中确定合同标的物单位价格的计价条件,表明了标的物的价格构成。在法律上,它表示买卖双方应承担的责任、风险和费用,也是确定货物所有权转移的依据。

尤其是就法律属性而言,选择国际贸易术语是交易当事人意思一致的结果。因此,国际贸易术语可以理解为是国际货物买卖中常用的标准合同。由于贸易术语对买卖双方的权利义务做了详细规定,当事人一旦选择某一术语,其有关权利义务关系随之确定,对当事人具有法律约束力。

四、国际贸易术语的作用

(一)有利于买卖双方洽商交易和订立合同

由于每种贸易术语都有其特定的含义,因此,买卖双方只要商定按何种贸易术语成交,即可明确彼此在交接货物方面所应承担的责任、费用和风险。这就简化了交易手续,缩短了洽商交易的时间,从而有利于买卖双方迅速达成交易和订立合同。

(二)有利于买卖双方核算价格和成本

由于贸易术语表示价格构成因素,所以买卖双方在确定成交价格时,必然要考虑采用的贸易术语中包含哪些从属费用,这就有利于买卖双方进行比价和加强成本核算。

(三)有利于解决履约当中的争议

买卖双方商订合同时,如对合同条款考虑欠周,使某些事项规定不明确或不完备,致使履约当中产生的争议不能依据合同的规定解决。在此情况下,可以援引有关贸易术语的一般解释来处理。因为,贸易术语的一般解释已成为国际惯例,它是大家所遵循的一种类似行为规范的准则。

(四)有利于其他有关主体开展业务活动

在国际货物买卖中,离不开船公司、保险公司、银行等机构,而贸易术语及有关解释贸易术语的国际惯例的相继出现,为这些机构开展业务活动和处理业务实践中的问题提供了客观依据和有利条件。

(五)有助于消除贸易制度障碍

作为贸易惯例,国际贸易术语可以推动国际贸易法统一化进程,促进各国国内贸易法规的趋同化,消除贸易制度障碍。

(六)对国际贸易规则起补充作用

这主要体现在国际贸易术语对合同、法律和公约有一定的补充作用。例如,《联合国销售合同公约》第九条规定:“双方当事人业已同意的任何惯例和他们之间确定的任何习惯做法,对双方当事人均有约束力;除非另有协议,双方当事人应视为已经默示同意对他们合同或合同订立适用双方当事人已经知道或理应知道的惯例。”而这种惯例,在国际贸易上,已经为有关特定贸易所涉同类合同的当事人所广泛知道,并为他们所经常遵守。

此外,在司法实务中,当合同、法律和公约没有明确的规定时,权威性的国际贸易术语,如《国际贸易术语解释通则》的规定会用在裁判说理中。

五、《国际贸易术语解释通则》

(一)概述

《国际贸易术语解释通则》,英文全称 *International Commercial Terms*,一般缩写为 *Incoterms*。

通则是国际商会(The International Chamber of Commerce)于 1936 年编订的,此后至少在 1953 年、1967 年、1976 年、1980 年、1990 年、2000 年、2010 年分别补充和修订,最新的《国际贸易术语解释通则 2020》已经在 2020 年 1 月 1 日生效。此通则是当前国际上普遍采用的形成文化国际贸易惯例。

国际贸易惯例本身不是法律,对国际贸易当事人不产生必然的强制性约束力。国际贸易惯例在适用的时间效力上并不存在“新法取代旧法”的说法。即使 2020 通则实施之后,并非以前的通则就自动废止,每个通则的效力是一样的,当事人在订立贸易合同时仍然可以选择适用各个版本的通则。这一点实践中务必注意。

目前中国的当事人在国际贸易中选择较多的是《国际贸易术语解释通则 2010》,由于该通则已经被注册为商标,所以一般表述为带注册商标标志的 Incoterms® 2010。当前中国国内大部分教材多选择 Incoterms® 2010 进行研究。因此在本章的学习中,也选择 Incoterms® 2010 来进行讲解。

(二)通则的作用

第一,为国际贸易中最普遍使用的贸易术语提供一套解释的国际规则,以避免因各国不同解释而出现的不确定性,或至少在相当程度上减少这种不确定性。

第二,从经济上看,它是国际货物买卖中确定合同标的物单位价格的计价条件,表明了标的物的价格构成。

第三,在法律上,它表示买卖双方应承担的责任、风险和费用,也是确定货物所有权转移的依据。

六、Incoterms® 2010 术语分类和内容

(一)术语分类

2010 通则将根据运输方式不同将十一种术语分成了两类。

第一类,适用于任何运输方式,包括多式运输的七种术语。分别是 EXW,FCA,CPT,CIP,DAT,DAP 和 DDP。

第二类,FAS,FOB,CFR,CIF。这些是比较传统的只适用于海运或内河运输的四种术语。需要注意,这类术语条件下,卖方交货点和货物运至买方的地点均是港口,所以"唯水运不可"就是这类术语的特征。

(二)术语内容

1.第一类(任何运输方式)

EXW(ex works)	工厂交货
FCA(free carrier)	货交承运人
CPT(carriage paid to)	运费付至目的地
CIP(carriage and insurance paid to)	运费/保险费付至目的地
DAT(delivered at terminal)	目的地或目的港的集散站交货
DAP(delivered at place)	目的地交货
DDP(delivered duty paid)	完税后交货

2.第二类(水运方式)

FAS(free alongside ship)	装运港船边交货
FOB(free on board)	装运港船上交货
CFR(cost and freight)	成本加运费
CIF(cost insurance and freight)	成本、保险费加运费

在接下来的课程中,为了便于大家在实务中理解和掌握,并结合国际贸易的实务工作,本章将分装运港交货的贸易术语、向承运人交货的贸易术语、在出口国交货的贸易术语、在进口国交货的贸易术语几个部分来进行讲解。

第二节　装运港交货的贸易术语

一、FOB

(一)FOB 的基本含义

根据 Incoterms® 2010 的规定,FOB 是指当货物在指定的装运港装上船,卖方即完成交货。这意味着买方必须从该点起承担货物灭失或损坏的一切风险。

所以,在中国的国际贸易实务中,FOB 也叫"离岸价格",但是严格来讲,这种叫法不准确,因为在轮船不能直接靠岸的情况下,FOB 不是离岸价格。在实务中,请务必注意此种情形。

(二)FOB 买卖双方的责任划分

1.卖方责任

(1)在合同规定的时间和装运港口,将合同规定的货物交到买方指派的船上,并及时通知买方。

(2)承担货物在装运港装上船之前的一切风险和费用。

(3)自负风险和费用,取得出口许可证或其他官方批准证件,并且办理货物出口所需的一切海关手续。

(4)提交商业发票和自费提供证明卖方已按规定交货的清洁单据,或具有同等作用的电子信息。

2.买方责任

(1)订立从指定装运港口运输货物的合同,支付运费,并将船名、装货地点和要求交货的时间及时通知卖方。

(2)根据买卖合同的规定受领货物并支付货款。

(3)承担受领货物之后所发生的一切风险和费用,即承担货物在装运港装上船之后的一切风险和费用。

(4)自负风险和费用,取得进口许可证或其他官方证件,并办理货物进口所需的海关手续。

需要注意的是，在使用FOB术语的情况下，虽然投保并支付保险费并非买方的义务，但是为了回避货物在运输途中的风险，在实务中，买方一般都要为了自己的利益进行投保。也建议我国的相关主体在实务中这样操作，尽量减少风险。这是因为我国的国际贸易中有很大一部分的客人来自中东、南亚、非洲、美洲等地区，他们往往以中国的货运险费率过高为由，坚持按FOB成交，而实际操作中他们又往往不按规定去办理货运保险，而是待货物到港后直接赎单提货，以躲避保险费用的支出，而一旦货物在运输途中发生任何损失，皆由出口人来承担。根据国际海洋货物运输的惯例与规则，承运人对其所承运的货物在运输过程中所产生的短少和灭失，仅承担有限的赔偿。在这种情况下出口货物一旦发生海损，出口人将要承受的风险是可想而知的。

（三）使用FOB时应注意的问题

1.关于风险划分界限问题

依照Incoterms® 2010要求：货物在装运港被装上船为界。但是在实务中一般都是要做到将货物安全装上船为止，并取得“已装船清洁提单”。但是由于买方未按照规定通知卖方，或其指定的船只未按时到达，或未接受货物，或提早停止装货，则自约定交货日期或交货期限届满之日起，买方承担货物灭失或损坏的一切风险，但以该项货物已正式划归合同项下为限。（此种情形下风险提前转移）

2.关于船货衔接问题

（1）“货等船”：买方没有按时派船，买方承担由此产生的风险和费用。

（2）“船等货”：卖方没有按时备妥货物，卖方承担由此产生的风险和费用。

例如，1996年11月，我国某省粮油进出口公司与巴西某公司签订一份出口油菜籽的合同。合同采用FOB价格术语，买方需于1997年3月前派船到厦门港接货。合同还规定：“如果在此期间内不能派船接货，卖方同意保留28天，但仓储、利息、保险等费用皆由买方承担。”3月1日，卖方在货物备妥后电告买方应尽快派船接货。但是，一直到4月5日，买方仍未派船接货，于是卖方向买方提出警告，声称将撤销合同并保留索赔权。买方在没有与卖方进行任何联系的情况下，直到1997年5月5日才将船只派到厦门港，这时卖方拒绝交货并提出损失赔偿，买方则以未订到船只为由拒绝赔偿损失，双方发生争议，卖方起诉到法院。

法院经取证调查，认为买方确实未按合同规定的时间派船接货，因此法院判决为卖方有权拒绝交货，并提出赔偿请求。后经双方协商，卖方交货，但由买方赔偿仓储、利息、保险等费用。

本案例是涉及 FOB 价格术语下船货衔接的问题。按照 FOB 术语成交的合同属于装运合同,这类合同中卖方的一项基本义务是按照规定的时间和地点完成装运。然而,由于 FOB 条件下是由买方负责安排租船订舱,所以就存在船货衔接问题,处理不当就会影响到合同的顺利执行。本案中买方未按合同规定时间派船,理应赔偿所造成的一切损失。

3.关于租船订舱问题

(1)应该由买方负责租船订舱。

(2)但是有时买方委托卖方办理租船订舱,该行为在法律上属于代办性质,其风险和费用仍由买方承担。

例如,中方某公司以 FOB 条件出口一批冻鸡,合同签订后接到国外买方来电,称租船较为困难,委托中方公司代为租船,有关费用由买方负担。为了方便履行合同,中方公司接受了对方的要求,但时近装运期满,中方公司在规定装运港无法租到合适的船,且买方又不同意改变装运港。因此,到装运期满时货仍未装船,买方因销售季节即将结束,便来函以中方公司未按期租船履行交货义务为由撤销合同。

本案中,买方的要求是没有法律依据的,中方公司应拒绝买方撤销合同的无理要求。因为按 FOB 条件成交的合同,应由买方负责租船订舱,卖方可以接受买方的委托代为租船订舱,但卖方不承担租不到船的责任。就本案情形而言,因卖方代为租船没有租到,买方又不同意改变装运港,因此,卖方不承担因自己未租到船而延误装运的责任,买方也不能因此要求撤销合同。

4. FOB 的变形问题

在实务中,涉及货物装船费的问题,出现了 FOB 的变形的情况,常见的有以下几种。

①FOB Liner Terms (班轮条件,买方承担)

②FOB Under Tackle (吊钩下交货,买方承担)

③FOB Stowed (卖方+理舱费在内)

④FOB Trimmed (卖方+平舱费在内)

⑤FOB ST (卖方+理舱费和平舱费在内)

建议当事人在实践中注意,为了防止发生争议,最好在合同中明确规定上述变形仅是为了表明装船费用的负担问题,并不改变 FOB 合同的性质。

5.FOB 的美国解释问题

在《1941 年美国对外贸易定义修订本》中,FOB 的使用范围很广,既可以使用于内陆交货,也可以使用于装运港交货,甚至可以使用于进口地交货。它将 FOB 细分为六种,其中只有第五种是指在装运港船上交货,表示为 FOB Vessel。

美国 FOB 与 Incoterms® 2010 中 FOB 的区别在责任和费用负担上,美国 FOB 规定由买方提供相应出口证明和缴纳相关的出口关税及费用,买方的责任更重。因此,在与美国以及其他美洲国家交易时要特别注意这种差别。

例如,中国某公司从美国进口零件 5000 件,外商报价为每件 10 美元 FOB Vessel New York,适用的贸易术语依据的国际贸易惯例是《1941 年美国对外贸易定义修订本》。合同签订后,中方如期将金额为 50000 美元的不可撤销即期信用证开抵卖方,但美商要求将信用证金额增加至 50800 美元,否则有关的出口关税及签证费用将由我方另行电汇。本案中美商的要求是合理的,因为根据《1941 年美国对外贸易定义修订本》中 FOB Vessel 的定义,买方有义务支付卖方协助提供出口单证的费用以及出口税和因出口产生的其他费用,而中方开出的信用证中未包含此项费用。因此,美商有权要求增加信用证的额度。

6.FOB 的适用问题

(1)FOB 之后要注明装运港名称,如 FOB 宁波。

(2)FOB 只适用于海洋运输和内河运输。

(3)在采用滚装船或集装箱运输的情况下,不宜使用 FOB,使用 FCA 更为合适。

二、CIF

(一)CIF 的基本含义

根据 Incoterms® 2010 的规定,CIF 是指在装运港当货物装上船,卖方即完成交货。卖方必须支付将货物运至指定目的港所需的运费,但交货后货物灭失或损坏的风险以及由于各种事件造成的任何额外费用即由卖方转移给买方。卖方还必须办理买方货物在运输途中灭失或损坏风险的海运保险。在中国的国际贸易实务中,CIF 也叫“到岸价格”。

(二)CIF 买卖双方的责任划分

1.卖方责任

(1)签订从指定装运港承运货物的合同,在合同规定的时间和港口,将合同要求的货物装上船并支付至目的港的运费,装船后须及时通知买方。

(2)承担货物在装运港装上船之前的一切风险和费用。

(3)按照买卖合同的约定,自负费用办理水上运输保险。

(4)自负风险和费用，取得出口许可证或其他官方批准证件，并且办理货物出口所需的一切海关手续。

(5)提交商业发票和在目的港提货所用的通常的运输单据，或具有同等作用的电子信息，并且自费向买方提供保险单据。

2.买方责任

(1)接受卖方提供的有关单据，受领货物，并按照合同规定支付货款。

(2)承担货物装上船之后的一切风险和除正常的运费和保险费以外的其他费用开支。

(3)自负风险和费用，取得进口许可证或其他官方证件，并办理货物进口所需的海关手续。

例如，有一份选择了 CIF 术语的贸易合同，货物已在合同规定的时间和装运港装船，受载船只在离港 4 小时后触礁沉没。第二天当卖方凭手中持有的提单、保险单、发票等装运单据要求买方付款时，买方以货物已全部损失为理由，拒绝接受单据和付款。

本案中，买方的主张是错误的。因为根据 Incoterms® 2010 的规定，只要卖方按合同规定的时间在装运港把货物装上往目的港的船只，并付清运费和保险费，提供合同规定的提单、保险单、发票和有关单据，卖方就履行了他的义务。至于货物在装船以后的一切风险和额外费用，均与卖方无关。尽管货物在离港后四小时触礁沉没，卖方也不用负任何责任。只要卖方持有符合合同规定的单据，买方就必须凭卖方提供的单据付款。

(三)使用 CIF 时应注意的问题

1.关于风险划分界限问题

与 FOB 相同，即“货物在装运港被装上船为界”。

2.关于保险问题

(1)由卖方投保，货物发生承保范围内损失时，由买方向保险公司索赔。

(2)在合同的保险条款中，双方应明确规定保险险别、保险金额等内容。

(3)如果合同中没有明确规定，按照 Incoterms® 2010 的规定，卖方只需投保最低的险别，并且一般按 CIF 价的 110%投保。

3.关于租船订舱问题

按照 Incoterms® 2010 的规定，卖方只是负责按通常条件下习惯的航线、租用适当船舶将货物装运至指定目的港。

这就意味着,卖方只要依照上述条件完成租船订舱的义务后,由于承运人的原因或者其他因素导致的货物损失,卖方是免责的。

例如,我国某出口公司与外商按 CIF 某港口、即期信用证方式付款的条件达成交易,出口合同和收到的信用证均规定不准转运。我方在信用证有效期内将货物装上直驶目的港的班轮,并以直运提单办理了议付,国外开证行也凭议付行提交的直运提单付了款。承运船只驶离我国途经某港时,船公司为接载其他货物,擅自将我方托运的货物卸下,换装其他船舶继续运往目的港,由于中途耽搁,加上换装的船舶设备陈旧,使抵达目的港的时间比正常直达船的时间晚了两个多月,影响了买方对货物的使用。为此,买方向我方出口公司索赔,理由是我方提交的是直运提单,而实际是转船运输,是弄虚作假行为。我方有关业务员认为,合同用的是"到岸价",船舶的舱位是我方租订的,船方私自转船的风险理应由我方承担。因此按对方要求进行了理赔。

这种做法是错误的,我方其实根本不应理赔。原因在于:①我方已按合同和信用证的规定将货物如期装上直达班轮并提供了直达班轮提单,卖方的租船订舱义务已经履行。②按 CIF 条件成交,货物在装运港装上驶往目的港的船舶时风险即转移。货物何时到达目的港,是否到达目的港,包括船公司中途擅自转船的风险概由买方承担,而与卖方无关。③我方提供的是直达提单。至于货物在运输途中承运人援引提单上所谓的"自由转船条款"而将货物换装他船时,是无须征得托运人的同意的,所以买方指责卖方弄虚作假的理由根本不能成立。④承运人援用"自由转船条款",不应该是无条件的,而应该是有条件的,也就是说,其条件必须合理,否则不能援用。例如,船在中途某港发生故障,不能继续航行时,船方可将货物转船。如仅仅为了承运人自身的利益而将货物转船,造成货损、货差、迟交等损失,则承运人就要承担不可推卸的责任。

4.CIF 的变形问题

在实务中,涉及卸货费的问题,出现了 CIF 的变形的情况,常见的有以下几种。

① CIF　Liner Terms　(班轮条件)

② CIF　Landed　(卸至岸上)

③ CIF　Ex Tackle　(吊钩下交货)

④ CIF　Ex Ship's Hold　(舱底交接)

需要注意:以上四种 CIF 的变形规定了卖方卸货费的承担情形,为了防止发生争议,最好在合同中明确上述变形仅是为了表明卸货费用的负担问题,并不改变 CIF 合同的性质。

例如,我某出口公司与外商按 CIF Landed 伦敦条件成交出口一批货物,合同规定,商品的数量为 500 箱,以信用证方式付款,5 月份装运。买方按合同规定的开证时间将信用证开抵卖方。货物顺利装运完毕后,卖方在信用证规定的交单期内办好了议付手续并收回货款。不久,卖方收到买方寄来的货物在伦敦港的卸货费和进口报关费的收据,要求我方按收据金额将款项支付给买方。

本案中,我方应负担卸货费用,但不需要负担进口报关费。因为 CIF Landed 要求卸至岸上成交,故卖方要负担卸货费。但在以这种变形 CIF 贸易术语成交的情况下,进口手续和进口报关费由买方负担。因此,我方应负担卸货费而不应负担进口报关费。

5.关于象征性交货问题

象征性交货也叫单据买卖,其特点就是卖方只要提交全套合格单据,就算完成交货义务,买方凭单付款,卖方凭单索款。有别于传统的钱货两清的实际交货模式,CIF 是一种典型的象征性交货,只要卖方提交的单据合格,即使货物中途灭失损坏,也算卖方履行交货义务,买方见单后必须付款。

例如,有一份 CIF 合同,出售一级咖啡豆 50 吨。合同规定:"CIF 纽约每吨 500 美元,6 月份装船,卖方在纽约提供单据,由买方支付现金。"货物于 6 月 15 日装船,但卖方一直拖延到 7 月 20 日才把单据提交给买方。由于当时咖啡豆国际市场价格下跌,买方拒绝接受单据,除非卖方赔偿差价损失。试问在上述情况下,买方有无拒绝接受单据的权利?

答案是买方有权拒绝接受单据。理由在于:CIF 术语交易是象征性交货,买卖与货物有关的单据,甚至比买卖货物本身更重要。一方面买方以付款换取卖方的单据,另一方面在货物到达之前,他又能以单据换取第三者的付款。因此,按 CIF 条件买卖,在货物到达目的港以前,代表货物所有权的单据可能几易其主。这使 CIF 合同给商人带来极大的便利。因此,卖方提供的单据必须是有效和正确的,不致给买方带来转让单据的不便。在本案中,卖方提交的提单是 6 月 15 日装船的,而提交单据的时间却是 7 月 20 日,这份提单就是过期提单,加上咖啡豆市场价格下跌,这就给买方带来重大损失。因此,买方有权以过期提单为理由,拒绝接受单据和付款。

6.关于 CIF 的合同性质问题

CIF 合同是装运合同,所以严格来讲,CIF 不是到岸价格。基于此,在实务中,建议避免在 CIF 合同中规定在目的港交货的日期,如"不迟于某月某日到达纽约",因为这样的规定不但让卖方承担了"货物在装运港被装上船为界"后的风险,而且把象征性交货变为实际上的货到付款，背离了 CIF 的本意。所以，如果买方希望能在具体时间实际抵达目的地，则应采用 D 组术语。

例如，2018 年我国某出口公司对加拿大魁北克某进口商出口 500 吨核桃仁，合同规定价格为每吨 4800 加元 CIF 魁北克，装运期不得晚于 10 月 31 日，不得分批和转运并规定货物应于 11 月 30 日前到达目的地，否则买方有权拒收，支付方式为 90 天远期信用证。对方于 9 月 25 日开来信用证。我方于 10 月 5 日装船完毕，但船到加拿大东岸时已是 11 月 25 日，此时魁北克已开始结冰。承运人担心船舶驶往魁北克后出不来，便根据自由转船条款指示船长将货物全部卸在哈利法克斯，然后从该港改装火车运往魁北克，待这批核桃仁运到魁北克已是 12 月 2 日。于是进口商以货物晚到为由拒绝提货，提出除非降价 20% 以弥补其损失。几经交涉，最终以我方降价 15% 结案，我方公司共损失 36 万加元。

事实上，本案中的合同已非真正的 CIF 合同。因为 CIF 合同是装运合同，卖方只负责在装运港将货物装上船。装上船之后的一切风险、责任和费用均由买方承担。本案在合同中规定了货物到达目的港的时限条款，改变了合同的性质，使装运合同变成了到达合同，即卖方须承担货物不能按期到达目的港的风险。本案中应该吸取的教训有①在 CIF 合同中添加到货期等限制性条款将会改变合同性质。②像核桃仁等季节性很强的商品，进口方往往要求限定到货时间，卖方应采取措施减少风险。③卖方对货轮在途时间估算不足，对魁北克冰冻期的情况不了解。

7.CIF 的适用问题

(1)CIF 之后要注明目的港名称，如 CIF 大阪。

(2)CIF 只适用于海洋运输和内河运输。

(3)在采用滚装船或集装箱运输的情况下，不宜使用 CIF，使用 CIP 更为合适。

三、CFR

(一)CFR 的基本含义

根据 Incoterms® 2010 的规定，CFR 是指货物在装运港装上船，卖方即完成交货，卖方必须支付将货物运至指定目的港所需的运费。但交货后货物灭失或损坏的风险，以及由于各种事件造成的任何额外费用，即由卖方转移给买方。

因此，可以看出，CFR 和 CIF 的差别在于卖方少了一项购买保险的责任，其他二者都一样。

(二)使用 CFR 时应注意的问题

除了和前面讲的 CIF 一样的外，主要是关于装船通知问题，要注意以下几点。

(1)卖方必须及时发出装船通知,以便于买方投保。

(2)如果卖方没有及时发出装船通知,则卖方要承担由此产生的风险和费用。

(3)在实际业务中,卖方一般用电传、传真等方式发出装船通知。

例如,德国某公司与我国某公司签订一份 CFR 合同,由德国公司向我国公司出口化工原料。合同规定德国公司应在 2005 年 4 月交货,德国公司按合同规定时间交货后,载货船于当天起航驶往目的港青岛。5 月 10 日,德国公司向我公司发出传真,通知货已装船,我公司于当天向保险公司投保。但货到目的港后,经我公司检验发现,货物于 5 月 8 日在海上运输途中已经发生损失。则上述期间发生的损失由哪一方承担?

由于本案选择的是 CFR 术语,因此卖方负有在货物装船后给予买方货物已装船的充分通知。该义务直接关系到买方能否及时就运输的货物投保海上运输保险。如果卖方怠于通知,使得买方未能及时投保,由此造成的损失应该由卖方承担。本案即属此种情况。德国一方在 4 月即已经将货物装船,本应该在 4 月份就向买方发出装船通知,而实际情况是,到 5 月 10 日才发出装船通知,造成买方不能对货物在装船后至 5 月 9 日期间可能发生的风险进行投保,即造成买方投保的延误,该风险损失只能由卖方德国公司承担。

第三节　向承运人交货的贸易术语

一、FCA

(一)FCA 的基本含义

根据 Incoterms® 2010 的规定,FCA 是指卖方只要将货物在指定地点交给由买方指定的承运人,并办理了出口清关手续,即完成交货。买方承担交货之后的一切风险和费用。

(二)FCA 买卖双方的责任划分

1.卖方责任

(1)在合同规定的时间和地点,将合同规定的货物置于买方指定的承运人控制下,并及时通知买方。

(2)承担将货物交给承运人控制之前的一切费用和风险。

(3)自负风险和费用,取得出口许可证或其他官方批准证件,并且办理货物出口所需的一切海关手续。

(4)提交商业发票,或具有同等作用的电子信息,并自费提供通常的交货凭证。

2.买方责任

(1)签订从指定地点承运货物的合同,支付有关的运费,并将承运人名称及有关情况及时通知卖方。

(2)根据买卖合同的规定受领货物并支付货款。

(3)承担受领货物之后所发生的一切风险和费用。

(4)自负风险和费用,取得进口许可证或其他官方证件,并办理货物进口所需的海关手续。

例如,我方某公司出口一批手表到印度,按 FCA Shanghai Airport 签约,交货期为8月。出口企业8月31日将该手表运到上海虹桥机场,由买方指定的航空公司收货开具航空运单,并完成出口清关手续。我方即电传印度发出装运通知,9月2日手表抵达孟买,将到货通知连同发票和航空运单送交孟买 XX 银行。该银行即通知印商提货、付款,但印商以延迟交货为由拒绝。

本案中,印商的拒绝是没有依据的。因为 FCA 术语是指卖方只要将货物在指定的地点交给买方指定的承运人,并办理了出口清关手续,即完成交货。只要卖方在约定的时间内(8月31日前,包括8月31日)将货交买方指定的承运人并完成出口清关手续,卖方即完成交货,买方须按约付费。印商所谓的延迟交货不成立,买方应立即支付所有款项。

实践中需要注意:在 FCA 术语中虽然投保并支付保险费并非买方的义务,但是为了回避货物在运输途中的风险,买方一般都要为了自己的利益投保。

(三)使用 FCA 时应注意的问题

1.关于风险划分界限问题

FCA 术语中风险划分以"货交承运人"为界,即在 FCA 术语条件下,买卖双方的风险界点在指定地点货交承运人控制,卖方承担货物交给承运人控制之前的风险,买方承担将货物交给承运人控制之后的风险。

2.不同交货地点的交货条件问题

(1)如果指定地点是卖方所在地,则当货物被装上买方指定的承运人或其他人提供的运输工具时完成交货,即卖方应负责装货。

(2)如果指定地点是其他任何地点,则当货物在卖方的运输工具尚未卸货而交给买方指定的承运人或其他人处置时完成交货,即卖方不负责卸货。

例如,中国A公司与马来西亚B公司订立FCA合同,购买500吨白糖,合同约定提货地为B公司所在地。2000年7月3日,A公司派代理人到B公司提货,B公司已将白糖装箱完毕并放置在临时敞篷中,A公司代理人由于人手不够,要求B公司帮助装货,B公司认为已履行完应尽义务,故拒绝帮助装货。A公司代理人无奈返回,3日后A公司再次到B公司所在地提走货物。但是,在货物堆放的3天里,因遇湿热台风天气,货物部分受损,造成10%的脏包。

问:该损失应由哪一方承担?很显然,根据FCA术语的要求,当交货地在卖方所在地时,卖方应负责装货。在本案中,B公司将货物装箱并存放后,并未履行完交货义务,B公司应负责装货。A公司在3日后自行派人将货物装车并提走,可以视为放弃了要求B公司装货的权利,但在此之前的货物灭失或损坏的一切风险仍应由B公司来承担。

3.关于订立运输合同的问题

(1)应该由买方负责指定承运人并订立运输合同。

(2)但是,有时根据商业惯例或买方委托,由卖方指定承运人并订立运输合同,属于代办性质,其风险和费用仍由买方承担。

例如,我方某公司按FCA条件进口一批化工原料,合同中规定由卖方代办运输事项。结果在装运期满时,国外卖方来函通知,无法租到船,不能按期交货,导致我公司向国内生产厂家支付了10万元违约金,对于我公司的这10万元损失,可否向国外的卖方索赔?

答案是我方的10万元延期交货违约金,不能向国外公司索赔,应由自己承担。因为根据FCA术语,买方应负责订立运输契约,指定承运人到装运地点接货,买方可以委托卖方代办运输事项,但此项活动的风险和费用均由买方承担。具体到本案而言,本应由我公司负责租船订舱,但我公司在自己承担风险的责任下由卖方代办运输,所以卖方租不到船、订不到舱的风险应由我公司承担,由此而导致的对国内企业的违约金的损失也应由我公司承担。

4.FCA的适用问题

(1)适用于各种运输方式,包括多式联运。

(2)交货地点可以是出口国内陆城市,也可以是出口国港口。

(3)承运人既包括实际履行运输义务的承运人,也包括代为签订运输合同的运输代理人。

二、CPT

(一)CPT 的基本含义

根据 Incoterms® 2010 的规定,CPT 是指卖方向其指定的承运人交货,但卖方还必须支付将货物运至指定目的地的运费。买方承担交货之后的一切风险和其他费用。

(二)CPT 买卖双方的责任划分

1.卖方责任

(1)订立将货物运往指定目的地的运输合同,并支付有关运费。

(2)在合同规定的时间和地点,将合同规定的货物置于买方指定的承运人控制下,并及时通知买方。

(3)承担将货物交给承运人控制之前的一切费用和风险。

(4)自负风险和费用,取得出口许可证或其他官方批准证件,并且办理货物出口所需的一切海关手续。

(5)提交商业发票和自费向买方提供在约定目的地提货所需的通常的运输单据,或具有同等作用的电子信息。

2.买方责任

(1)接受卖方提供的有关单据,受领货物,并按合同规定支付货款。

(2)承担受领货物之后所发生的一切风险和费用。

(3)自负风险和费用,取得进口许可证或其他官方证件,并办理货物进口所需的海关手续。

需要注意:在 CPT 术语下,虽然投保并支付保险费并非买方的义务,但是为了回避货物在运输途中的风险,买方一般都要为了自己的利益投保。

(三)使用 CPT 时应注意的问题

1.关于风险划分界限的问题

在 CPT 术语下,风险划分以"货交承运人"为界。

2.关于运输的问题

卖方必须自付费用,按照通常条件订立运输合同,以通常路线及习惯方式,将货物运至指定目的地的约定地点。卖方将货物交给承运人之后,应向买方及时发出货已交付的通知,以便于买方办理保险、受领货物。如果双方未能确定目的地具体地点,卖方可以在目的地选择最适合的地点。

在实践中有时双方还会对装卸费产生争议,一般情况下如果按 CPT 术语成交,货物的装卸费可以包括在运费中,统一由卖方负担,也可以由双方在合同中另行规定。

3.CPT 的适用问题

(1)适用于各种运输方式,包括多式联运。

(2)指定的交货地点可以是出口国内陆城市,也可以是出口国港口。

(3)承运人既包括实际履行运输义务的承运人,也包括代为签订运输合同的运输代理人。

4.CPT 与 CFR 的异同点

相同点:①都是风险转移在先,责任费用转移在后。②价格构成中包括正常的运费。③都是装运合同。

不同点:①风险划分界限不同。②运输方式、交货地点不同。③所有权转移方式不同。

三、CIP

(一)CIP 的基本含义

根据 Incoterms® 2010 的规定,CIP 是指卖方向其指定的承运人交货,但卖方还必须支付将货物运至指定目的地的运费,买方承担卖方交货之后的一切风险和其他费用。但是,卖方还必须办理买方货物在运输途中灭失或损坏的保险。

(二)CIP 买卖双方的责任划分

1.卖方责任

(1)订立将货物运往指定目的地的运输合同,并支付有关运费。

(2)在合同规定的时间和地点,将合同规定的货物置于买方指定的承运人控制下,并及时通知买方。

(3)承担将货物交给承运人控制之前的一切费用和风险。

(4)按照买卖合同的约定,自负费用投保货物运输险。

(5)自负风险和费用,取得出口许可证或其他官方批准证件,并且办理货物出口所需的一切海关手续。

(6)提交商业发票和在约定目的地提货所需的通常的运输单据,或具有同等作用的电子信息,并向买方提供保险单据。

2.买方责任

(1)接受卖方提供的有关单据,受领货物,并按合同规定支付货款。

(2)承担受领货物之后所发生的一切风险和费用。

(3)自负风险和费用,取得进口许可证或其他官方证件,并办理货物进口所需的海关手续。

(三)使用 CIP 时应注意的问题

1.关于风险划分界限问题

在 CIP 术语下,风险划分以"货交承运人"为界。

2.关于运输的问题

卖方必须自付费用,按照通常条件订立运输合同,以通常路线及习惯方式,将货物运至指定目的地的约定地点。

例如,我方按 CIP 南京条件进口 50 公吨化肥,其经海上运输,抵达上海港后转为公路运输运至南京。我方受领货物后,卖方要求我方支付货款和公路运费,请问卖方行为是否合理?

答案是不合理。因为 CIP 南京,卖方负责办理运输,并支付运费到南京,因此我方只需支付货款即可。

3.关于保险的问题

(1)与 CIF 类似,由卖方投保。货物发生承保范围内损失时,由买方向保险公司索赔。

(2)在合同的保险条款中,双方应明确规定保险险别、保险金额等内容。

(3)如果合同中没有明确规定,按照 Incoterms® 2010 的规定,卖方只需投保最低的险别,并且一般按合同金额的 110%投保。

例如,我国 A 公司向俄罗斯某公司出口一批木制家具,成交条件为 CIP 莫斯科,采用铁路运输。双方签订的合同中没有详细规定投保的险别。于是,我国 A 公司向中国某保险公司投保了陆运一切险,并与某铁路运输公司签订了运输合同。后 A 公司按时将货物交至承运人,但在运输途中不幸遇到某地区铁路工人罢工,列车和货物只好被停靠在该车站。当天突然大雨,承运人因人手有限而未来得及防护,致使全部木制家具遭受雨水浸泡,严重掉漆变形。我方将包括保险单据在内的全套单据提交给俄罗斯进口公司要求其付款,但是对方以未投罢工险为由拒绝付款。则俄罗斯进口公司是否该付款呢?

答案是俄罗斯进口公司应该付款。原因在于:首先,根据 Incoterms® 2010 的规定,在 CIP 条件下,若买卖双方未在合同中具体规定投保险别,卖方仅需投保最低险别。而我方投保了高于最低险别的陆运一切险,罢工险明显不属于最低险别,已经完成卖方义务。其次，本例中的损失是由于货物不能被运输和承运人人手有限而造成，并不是罢工直接引起的，不属于罢工险的承保范围。最后，在CIP条件下，由买方承担货物交给承运人之后的风险。因此，在本案中罢工带来的风险也应该是由俄罗斯进口商承担。所以，在我方履行了卖方责任和义务并且提供全套单据的情况下，俄罗斯进口商应当付款。

4.CIP的适用问题

(1)适用于各种运输方式，包括多式联运。

(2)指定交货地点可以是出口国内陆城市，也可以是出口国港口。

(3)承运人既包括实际履行运输义务的承运人，也包括代为签订运输合同的运输代理人。

5.注意CIP与CIF的异同点

相同点：①都是风险转移在先，责任费用转移在后。②价格构成中包括正常的运费和约定的保险费。③都是装运合同。

不同点：①风险划分界限不同。②运输方式、交货地点不同。③所有权转移方式不同。④保险内容不同。

在中国的国际贸易实务中，如何选择CIP与CIF是一个经常被讨论的问题。实际上，CIP术语比CIF术语更适合内陆出口业务。这是因为以下原因。

第一，从适用的运输方式看，CIP比CIF更灵活，更适合内陆地区出口。CIF只适用于水上运输方式(海运、内河航运)，而CIP却适合任何运输方式。对于内陆地区而言，选择CIP术语出口时运输方式有多种可选，如出口到美国、东南亚地区一般是陆海联运，而出口到欧洲，一般是陆运。

第二，从出口方责任看，使用CIP术语时出口方风险与货物的实际控制权同步转移，责任可以及早减轻。在CIF术语下出口方是在装运港交货，买卖双方是以货物装上船为界划分风险，在货物装上船之前，不管货物处于何方的实际处置之下，卖方都要向买方承担货损等责任。而在CIP术语下则比较灵活，由双方约定，可以是港口，也可以是在内陆地区。但无论在哪里，出口方责任以货交承运人处置时止，出口方只负责将货物安全移交承运人即完成自己的销售合同和运输合同项下的交货任务，此后货物发生的一切损失均与出口方无关。

第三，从使用的运输单据看，使用CIP术语有利于内陆出口业务在当地交单结汇。CIP涉及的通常运输单据范围要大于CIF，因具体运输方式不同可以是CIF使用的单据，又可以是陆运运单、空运单、多式联运单据。承运人签发后，出口方即可据以结汇。这样就缩短了结汇和退税时间,大大提高了出口方的资金周转速度。以下是一个典型的案例。

我国某日用瓷器出口企业在接到加拿大买家的订单通知不久后,就收到了不可撤销的跟单信用证,价格术语为CIF,信用证中规定出口方需要提供清洁已装船提单等有效单证。该企业位于内陆,离最近的港口还有不少距离,因此除备货外,业务员随即与国内某物流公司联系,签订了运输合同。货物备妥后,装上了物流公司即承运人派来的货车发往港口,途中由于驾驶员的过失发生车祸,不仅错过了信用证规定的装船时间,其中两箱货物还因为震荡而被损坏。买方得知后,要求受震荡的两箱货物降价2.5%,其余部分降价1.5%,出口企业作出让步,最终合计损失共15万美元。同时,企业找到承运人就有关损失提出索赔,但承运人坚称货价损失与己无关,几经周折,承运人最终同意赔偿5.5万美元,出口企业仍遭受了9.5万美元的损失。

实际上,就本案而言,企业如果能将术语调整为CIP,则风险转移时间点可提前至货物交给承运人之时,不仅有效规避一段风险区间,且在信用证项下可以更早交单议付、提前结汇。可惜该企业墨守成规地采用了CIF,实际上承担了风险转移与实际控制权转移相比滞后的风险。因此,我国内陆出口企业在选择贸易术语时,一定要从本地区、本行业和所经营产品的实际出发来适当选择,千万不要迷信“出口CIF”的定式思维。

第四节 在出口国交货的贸易术语

一、EXW

(一)EXW的基本含义

根据Incoterms® 2010的规定,EXW是指当卖方在其所在地或其他指定的地点(如工厂或仓库等)将货物交给买方处置时,即完成交货,卖方不办理出口清关手续或者将货物装上任何运输工具。

(二)EXW买卖双方的责任划分

1.卖方责任

(1)在合同规定的时间、地点,将符合合同规定的货物置于买方处置之下。

(2)承担将货物交给买方处置之前的一切风险和费用。

(3)提交商业发票或具有同等作用的电子信息。

2.买方责任

(1)在合同规定的时间、地点,受领卖方提交的货物,并按合同规定支付货款。

(2)承担受领货物之后的一切风险和费用。

(3)自负费用和风险,取得出口和进口许可证或其他官方批准证件,并办理货物出口和进口的一切海关手续。

(三)使用 EXW 时应注意的问题

1.关于风险的划分界限问题

风险划分以“货交买方处置”为界,即卖方在其所在地或其他指定的地点(如工厂或仓库等)将货物交给买方处置时,风险转移给买方。

例如,2001 年 4 月在广州春交会上汕头市 B 公司与香港 A 公司签订了一份出口尼龙跑步衫上装 3000 打的合同。合同规定每打 15 美元 EXW 汕头,纸箱装,每箱 5 打,6 月 15 日之前交货,支付方式为经 A 验货合格后电汇。6 月 9 日 B 通知港商货已备妥速来验收。6 月 10 日港商 A 派代表来汕头,由 B 陪同赴汕头市 C 服装厂验货。11 日该批货全部验收合格后并在港商代表的监督指导下,按照港商出具的标志一一装箱。随即该代表向港商 A 发出电传,称货已验收完毕,B 方等货款汇到后即可提供商业发票和其他有关的单证。12 日 B 方收到港商汇来的货款 45000 美元,随即 B 方将有关票证交付港方代表。

这时该代表向 B 提出货物暂放 C 厂,等其与汕头某货运代理联系集装箱和出口报关事宜妥当后便来工厂提货,B 当即与 C 厂联系,C 回答该批货物已单独存放,随时可供提取。13 日下午港方代表来电话称,货代要到 14 日上午才能安排车来 C 厂拉货,不料在 14 日凌晨 C 厂因附近一家化工厂爆炸,致使 C 厂突遭火灾,全部厂房及物资均化为乌有。港商 A 闻讯后立即来汕头要求 B 退还货款,理由是他并未提货,货物被焚应由 B 方负责。B 拒不同意,理由是着火属不可抗力,而且他已按时履行了交货手续,该损失应由 A 方自己承担。A 却认为 C 工厂并未开具货物出厂证,货物所有权仍在 B 方。双方各执一词,最后港商 A 向汕头市人民法院控告 B 方未履行交货义务,理应退还货款。

在 EXW 贸易术语下,交货的概念是当卖方在其所在地或其他指定的地点(如工厂、工场或仓库等)将货物交给买方处置时,即完成交货,风险也发生转移。

本案中 B 公司已在指定的地点 C 工厂交货给 A 公司,A 公司也完成了对 B 公司的付款,从法律意义上讲,双方已经完成货款交割。A 提出暂时把货物存放在 C 厂,实质上是委托 C 厂代管这批货,其行为与 B 无涉。因此,B 公司已履行交货义务,不应退还货款。

2.关于货物的交接问题

(1)买卖双方在订约时,应对交货的时间和地点作出规定。

(2)如果双方约定,买方有权确定在何时、何地受领货物时,买方应及时通知卖方,以免延误交货或引起其他差错。

3.关于货物的装运问题

(1)一般情况下,卖方不承担将货物装上运输工具的责任及费用。

(2)但是,如果双方约定,由卖方负责将货物装上买方安排的运输工具并承担相关费用时,应作出明确规定。

4.关于特定化措施问题

(1)由于在 EXW 术语下,卖方无装运义务,因而常常不注意将货物特定化。

(2)对于非特定化货物,风险不能提前转移。

5.关于货物的包装问题

按照许多国家的习惯做法,采用 EXW 术语时,卖方只提供惯常包装。如果买方要求卖方提供适宜的出口包装时,应在订约时在合同中作出明确的规定。

6.EXW 的适用问题

(1)适用于各种运输方式,但主要适用于两国间有陆地接壤的买卖交易,以公路、铁路为主。

(2)在术语后应注明“工厂”的具体地点。

(3)在买方无法直接或间接办理货物出口结关手续时,不宜使用,可用 FCA 代替。

(4)对卖方来说类似于国内贸易,承担责任、费用和风险最小,价格最低,因而价格对买方也具有一定的吸引力。

在实践中,EXW 最适宜应用于易损货物的贸易。因为在国际贸易运输中,货物可能发生损失,特别是对于陶瓷制品,玻璃制品,家用电器等货物,更易在运输过程中发生货损。因此,对于此类易损货物的出口商来说,为了尽早转移风险,可以使用 EXW 术语。

二、FAS

(一) FAS 基本含义

根据 Incoterms® 2010 的规定,FAS 是指卖方在指定的装运港将货物交到船边,即完成交货。买方必须承担自那时起货物灭失或损坏的一切风险。

(二) FAS 买卖双方的责任划分

1.卖方责任

(1)在合同规定的时间和装运港口,将合同规定的货物交到买方所指派的船只旁边,并及时通知买方。

(2)承担货物交至装运港船边之前的一切风险和费用。

(3)自负费用和风险,取得出口许可证或其他官方批准证件,并办理货物出口的一切海关手续。

(4)提交商业发票或具有同等作用的电子信息,并且自负费用提供通常的交货凭证。

2.买方责任

(1)订立从指定装运港口运输货物的合同,支付运费,并将船名、装货地点和要求交货的时间及时通知卖方。

(2)在合同规定的时间和地点,受领卖方提交的货物,并按合同规定支付货款。

(3)承担受领货物之后所发生的一切风险和费用。

(4)自负费用和风险,取得进口许可证或其他官方批准证件,并办理货物进口的一切海关手续。

(三) 使用 FAS 时应注意的问题

1.关于风险划分界限问题

风险划分以"装运港船边"为界。即卖方在装运港将货物放置码头或驳船上靠船边,即履行了交货义务。买方必须自该时刻起,负担一切费用和货物灭失或损坏的一切风险。

2.关于船货衔接问题

在船货衔接问题上,FAS 与 FOB 类似,可以分为两种情形。

(1)"货等船":买方没有按时派船,买方承担由此产生的风险和费用。

(2)"船等货":卖方没有按时备妥货物,卖方承担由此产生的风险和费用。

3.FAS 的美国解释问题

在《1941 年美国对外贸易定义修订本》中,FAS 的使用范围很广,既可以使用于内陆交货,也可以使用于装运港交货。只有 FAS Vessel 才表示“船边交货”。

在与美国以及其他美洲国家交易时要注意该种差别。

4.FAS 的适用问题

(1)仅适用于海洋运输和内河运输。

(2)术语后接指定的装运港。

(3)如果买方指定的船只不能靠岸,卖方需自负风险和费用将货物运至船边。

例如,中国某公司按照 FAS 条件进口一批木材,在装运完成后,国外卖方来电要求我方支付货款,并要求支付装船时的驳船费,对卖方的要求我方应如何处理?

在采用 FAS 术语成交时,买卖双方承担的风险和费用均以船边为界,即买方所指派的船的船边,在买方所派船只不能靠岸的情况下,卖方应负责用驳船将货物运至船边,驳船费用是在风险费用转移以前发生的,理应由卖方承担。故在本案例中,国外卖方要求我方承担驳船费用是不合理的,中方有权拒绝。

第五节 在进口国交货的贸易术语

一、DAT

(一)DAT 的基本含义

根据 Incoterms® 2010 的规定,DAT 是指卖方在指定的目的地或目的港的集散站(即运输终端)卸货后将货物交给买方处置即完成交货,卖方应承担将货物运至指定的目的地或目的港的集散站的一切风险和除进口费用外的费用。

(二)DAT 买卖双方的责任划分

1.卖方责任

(1)必须提供符合买卖合同约定的货物和商业发票,以及合同可能要求的其他与合同相符的证据。

(2)必须自负风险和费用,取得所有的出口许可和其他官方授权,办理货物出口和交货前从他国过境运输所需的一切海关手续。

(3)必须自付费用签订运输合同,将货物运至约定港口或目的地的集散站。如果集散站未予明确或者无法确定，卖方在指定终点港或目的地选择最适合交货目的的交货地。

(4)必须在货物到达目的地时卸货，并且应当在依照合同约定的终点地和交货日期将货物交由买方处置。

(5)承担完成交货前货物灭失或损坏的一切风险。

2.买方责任

(1)必须按照买卖合同约定支付价款。

(2)必须自负风险和费用，取得所有进口许可或其他官方授权，办理货物进口的一切海关手续。

(3)当货物按照合同约定交付时，买方必须收取。

(4)买方承担按照交货后货物灭失或损坏的一切风险。

(三)DAT 的适用

(1)适用于任何运输方式。

(2)“集散站”包括码头、仓库、集装箱堆场或公路、铁路、航空货运站等。

(3)如果希望卖方承担责任将货物从集散站运至其他地点，则可以使用 DAP 或 DDP。

下面，我们通过一个案例来加深对 DAT 的了解。

我国某公司与英国某公司以 DAT 的方式签订了一批 100 吨木材出口合同，承运船只到达目的港利物浦后，因港口工人举行罢工导致卸货费用上涨，双方对上涨的费用发生了争议。则本案如何处理？

根据 DAT 术语的要求，卖方要在指定的目的地或目的港的集散站卸货后将货物交给买方处置即完成交货，即卖方要承担卸货费用。就本案而言，如果没有提前约定例外情形的话，增加的卸货费由卖方中国公司承担。

这里还需要特别注意的是，近年来随着跨境电商平台贸易的发展，在 DAT 术语的实践中，出现了一些新的情况，要引起注意。下面是一个典型的案例。

中国某出口商和德国某进口商签的合同选择贸易术语是 DAT 保税仓。当中方的货物进入保税仓时，需要支付 50 欧元的提货费给保税仓。但是该德国进口企业并不是一次性全部把货提走，而是分多次。这样一来，按照该保税仓库的规定，每提货一次，就会产生一个 50 欧元的费用。现在保税仓要求中方公司每次支付德国公司提货产生的费用。中方认为此举很不合理，双方发生争议。

一般而言，在 DAT 贸易条件下，卖方需要负责将货物交至指定终端，但对指定终端没有进行明确的界定,可以是机场、码头、仓库、工厂等,具体要看实际业务情形。在不同的交货地点,涉及的费用也不同。通常比较明确的是在买方仓库、工厂等,只要将货物置于买方控制之下,其后的风险和费用就由买方负责。但是诸如本案所示的情况,在跨境电商平台贸易条件下很常见,买方与卖方约在保税仓交货,常常是为了利用保税仓的保税功能,通过电商平台分批销售货物,于是出现案例中所述没有一次提走全部货物情形。

就 DAT 贸易术语内容来看,总体来说其设计前提是基于一般贸易情形,对于跨境电商平台、保税仓业务的情形没有专门做出明确规定。就保税仓而言,很难界定何时货物才处于买方控制之下。因为在传统贸易情形下,货物要么是在卖方控制之下,要么是在买方控制之下,责任、费用容易界定。但是在保税仓交货地点,在卖方将货物放入仓库且买方提货前,保税仓库对货物拥有控制权,在此期间发生的费用,往往难以界定,从而导致争议。就本案例而言,我国的出口商在与德国进口商洽商时,不但要就进入保税仓后的仓储、提货等费用作出明确规定,而且还要注意分批提货的情形。一般来说,跨境电商贸易条件下分批提货的批次、数量都不确定,建议我方出口商应明确规定只负责入库时的一次性提货费,如发生分批提货情形,相关费用由买方负担。

二、DAP

(一)DAP 的基本含义

根据 Incoterms® 2010 的规定,DAP 是指卖方在指定的目的地交货,只需做好卸货准备,无须卸货即完成交货。卖方应承担将货物运至指定的目的地的一切风险和除进口费用外的费用。

(二)DAP 买卖双方的责任划分

双方责任和 DAT 术语中基本一致。

DAP 和 DAT 的差别在于:DAP 中卖方不负责将货物从到达的运输工具上卸下,买方要负责在指定目的地将货物从到达的运输工具上卸下,但卖方要保证货物可供卸载。

(三)DAP 的适用问题

(1)适用于任何运输方式。

(2)卖方不负责卸货费和进口通关的费用。

(3)如果希望卖方办理进口结关手续,可以使用 DDP。

下面通过两个具体的案例,来分析 DAP 的适用。

案例一:中国清远公司出口一批货物,DAP 术语成交,不可撤销信用证付款,2 月 20 日交货。1 月下旬,中国清远公司的货物装船驶向目的港。此时买方要求货装船后卖方将全套提单空邮买方,以便买方及时办理进口通关手续,中国清远公司即以照办。由于海上风浪过大,船舶迟到几天才到达目的港,遭到买方降价要挟,经过争取对方才未予以追究。货物到达目的港后,对卸货费用由谁负担的问题双方发生了争议。最后,由中国清远公司负担卸货费用,但中国清远公司却蒙受了不小的损失。

按照 Incoterms® 2010 的规定,应该由买方承担卸货费用。清远公司本不该承担该费用,但最终却由中国清远公司承担,主要是该进口国的习惯做法是由出口方承担卸货费用,这与 Incoterms® 2010 的有关规定不太一致。从法律的角度来讲,清远公司可以向买方追偿该笔费用。

案例二:我国某外贸公司于 2015 年 9 月按照 DAP 满洲里条件与某俄罗斯商人签订了一笔矿产品的买卖合同。合同规定的数量为 6000 吨,可分批装运,交货期为当年 12 月底之前。签约后,卖方即开始备货,安排铁路运输,并于 12 月 30 日之前将 6000 吨产品分批发运出去。买方在满洲里铁路货运站接收货物,发现卖方未支付卸货费用,只得自行支付并收货。经检验发现有短量现象,同时发现有一部分货物是在 2016 年 1 月份到达满洲里的。于是,买方向卖方发电通知:①卖方未支付卸货费用,要求从货款中扣除。②指出卖方违反交货期和短交货物,并就此提出索赔。但卖方以铁路承运人出具的运输单据证明自己按时交了货,并以商检证和铁路运单上所载明的数量说明自己是按量交货的,因此拒绝赔偿。则在本案中买方的要求是否合理?

答案如下。

(1)买方的要求 1 不合理。卖方应该拒绝支付卸货费,因为 DAP 是目的地交货,指卖方在指定的目的地将处于抵达的运输工具之上,且已做好卸载准备的货物交由买方处置时,即为交货,卖方不负责卸货。

(2)买方的要求 2 合理。DAP 交货时间和风险划分以货交进口商为转移,卖方应承担交货前的费用和风险,本案中应该以货物到达满洲里的时间和到达满洲里时状况为准。因此,卖方延迟交货,同时数量短量,属于违约,应该赔偿买方的损失。

三、DDP

(一)DDP 的基本含义

根据 Incoterms® 2010 的规定,DDP 是指卖方在指定的目的地办理完进口清关手续,将在交货的运输工具上尚未卸下的货物交给买方处置,即完成交货。卖方必须承担将货物运至指定的目的地的一切风险和费用,包括在需要办理海关手续时在目的地应交纳的任何进口税费。

(二)DDP 买卖双方的责任划分

1.卖方责任

(1)卖方必须提供符合销售合同规定的货物和商业发票或有同等作用的电子信息,以及合同可能要求的、证明货物符合合同规定的其他凭证。

(2)卖方必须自担风险和费用,取得任何出口许可证和进口许可证或其他官方许可或其他文件,并在需要办理海关手续时办理货物出口和进口以及从他国过境所需的一切海关手续。

(3)卖方必须自付费用订立运输合同,将货物运至指定目的地。如未约定或按照惯例也无法确定具体交货点,则卖方可在目的地选择最适合其目的地的交货点。

(4)卖方承担保险费用。

(5)卖方必须在约定的日期或交货期限内,在指定的目的地将在交货运输工具上尚未卸下的货物交给买方或买方指定的其他人处置。

(6)卖方必须承担货物灭失或损坏的一切风险,直至已经按照合同规定交货为止。

2.买方责任

(1)买方必须按照销售合同规定支付价款。

(2)买方必须给予卖方一切协助,帮助卖方在需要办理海关手续时取得货物进口所需的进口许可证或其他官方许可。

(3)买方在卖方按照合同规定交货时受领货物。

(4)买方必须承担按照合同规定交货时起货物灭失或损坏的一切风险。

例如,中国源嘉利公司与位于美国加利福尼亚州洛杉矶的 RXB 公司达成了一份国际货物买卖合同。双方约定,源嘉利公司将一批价值 31804.8 美元的针织女上衣出售给 RXB 公司,交货时间为 2016 年 11 月 25 日前,交货地点为 RXB 公司仓库。双方采用的国际贸易术语是 DDP。因此,根据 Incoterms® 2010 关于对 DDP 的解释,涉案针织上衣在洛杉矶机场海关清关的义务方在于作为卖方的源嘉利公司,而不在于作为买方的 RXB 公司。但源嘉利公司委托鼎邮公司运输和清关时,并没有明确交代涉案针织上衣是 DDP 订单,导致清关代理请求 RXB 公司提供清关文件。遭到 RXB 公司拒绝后,清关代理才得知涉案针织上衣是 DDP 订单,随即请求源嘉利公司提供清关所必需的文件。因此清关启动流程延误的责任在于源嘉利公司。由于清关启动流程延误,导致 RXB 公司因未在约定时间收到涉案针织上衣而取消订单的责任亦在于源嘉利公司。

(三)DDP 的适用

(1)适用于任何运输方式。

(2)对卖方来说,承担的责任、费用和风险最大,价格最高。

(3)如果卖方不能直接或间接办理进口结关手续,则不宜使用该术语。

(四)使用 DDP 应注意的问题

由于卖方承担的风险和责任过大,同时它又适用于各种运输方式,因此对卖方而言,在贸易实务中不建议使用该术语。如果一定要使用,建议卖方为了避免运输途中由于自然灾害和意外事故造成货物损失,应该办理货运保险,其投保险别也应考虑到运输方式、货物的性质等因素。同时,应考虑到如果因为国际形势变化,两国发生了贸易摩擦,卖方不能直接或间接取得进口许可证,建议提前在合同中增加相关责任的免除条款。

第四章 国际货物运输法

第一节 国际海上货物运输法概述

一、国际海上货物运输

(一)概念

国际海上货物运输是指承运人使用船舶经海路将货物从一国的某一港口运输至另一国某一港口的运输。

这里需要特别注意“船舶”的概念,世界上许多国家会通过国内法的形式来规定“船舶”的概念,在实务中一定要注意到此种差别。例如,我国《中华人民共和国海商法》(以下简称《海商法》)第三条规定:“本法所称船舶,是指海船和其他海上移动式装置,但是用于军事的、政府公务的船舶和20总吨以下的小型船艇除外。前款所称船舶,包括船舶属具。”

在世界上,海运是目前最重要的国际货物运输方式,承担了全球85%左右的货物运输量。而在我国,90%以上的进出口货物通过海上运输完成。

(二)特点

海上货物运输作为人类最古老的、当代最重要的运输方式之一,与其他运输方式比较,具有若干显著特征:运量大、通过能力强、运费低廉、对货物的适应性强、具有较强的国防意义等。然而,海上货物运输也具有风险高、运输速度较慢等特点。

在国际上,正是这些因素产生了与普通商法差别显著的海商法。海商法中的许多特殊制度,如提单的功能、航海过失免责、共同海损理算及分摊、承运人责任限制等,只有置其于海上运输的国际大背景下,才能诠释其正当性和合理性。

二、海上货物运输的方式

(一)国际班轮货物运输

1.概念

国际班轮货物运输是指按照固定的船期表、固定的港口挂靠顺序有规律进行的海上货物运输。由于班轮运输多以传统的提单作为运输合同的凭证,因此,在实务中也被称为提单运输。

2.特征

(1)有固定航线,固定港口,固定船期,相对固定的运费费率。

(2)不受货物数量限制,只要舱位许可,即可接受承运。

(3)承运人管装管卸,装卸费用包含在运价内,承、托双方不计滞期、速遣费。

(4)承运人签发的提单是处理承、托双方权利、义务和责任豁免的依据,且无须签订租船合同。

(二)国际租船货物运输

1.航次租船运输

(1)概念:航次租船运输又称为“程租”。是指出租人就约定港口之间的航程提供船舶或部分舱位,承运约定的货物,而由承租人支付约定运费的运输方式。

(2)特征:第一,是任意性合同。与班轮运输承运人的法定最低责任不同,航次租船合同主要适用当事人意思自治原则。第二,是承揽合同。即由出租人提供船舶,负责船舶营运并承担营运费用,为委托人(货方)完成劳务,即将货物从一港运输至另一港。委托人在目的港接受货物,并支付劳务费或运费。第三,是书面要式合同。航次租船合同内容复杂,原则上应以书面形式订立,以防止出现不必要的争议。

例如,我国《海商法》第四十三条规定:“承运人或者托运人可以要求书面确认海上货物运输合同的成立。但是,航次租船合同应当书面订立。”

2.定期租船运输

(1)概念:定期租船运输又称为“期租”,是指船舶出租人向承租人提供约定的由出租人配备船员的船舶,由承租人在约定的期间内按照约定的用途使用,并支付租金的运输。

(2)特征:第一,完全的当事人意思自治。定期租船合同是更为“自由”的一类合同,即几乎没有什么强制性的法律规范适用于定期租船合同,甚至有关船舶适航性的内容也是完全依定期租船合同本身而定的。因此,定期租船合同项下双方当事人的权利义务关系完全要依据合同条款内容来进行解释。

第二,是承揽合同,并兼财产租赁性质。因为承租人根据定期租船合同在一定时期内取得对船舶的调动权和使用权。另外,承租人租赁船舶在多数情况下是为了承运第三人的货物,且合同中有许多条款是直接规定货物运输的,因此,它又具有运输合同的某些特征。

第三,是书面要式合同。在当前的国际租船市场上,定期租船合同均有相应的标准合同格式。目前,中国国际海运实践中常用的定期租船合同范本主要有:纽约土产交易所期租合同(New York Produce Exchange Time Charter)、统一定期租船合同(Uniform Time Charter)、中国定期租船合同标准格式(China National Chartering Corporation Time Charter Party)等。

(3)与“程租”的比较:第一,经营权不同。程租下船舶的日常经营由出租方控制,期租下则由承租方控制。也就是说,在期租下,船载何种货物,驶往何地,何时出发,走何种航线,船长船员不再是听命于船东,而要听命于承租人。

第二,船舶营运成本(燃油、物料、各种税费)不同。程租下由出租人(船方)负担;期租下由承租人负担,船员工资伙食、船舶的管理仍由出租人负担。

第三,时间损失不同。程租中船方是按航程长短和货量收费,时间方面的损失由出租方承担;而期租中船方是按时间收费,因此时间损失由承租方承担。

3.光船出租运输

(1)概念:光船出租运输是指船舶出租人向承租人提供不配备船员的船舶,在约定的期间内由承租人占有、使用和营运,并向出租人支付租金的运输。

(2)特征:第一,财产租赁。一方面,承租人支付租金,完全取得对船舶的占有权、使用权,出租人仅保有对出租船舶的有限处分权。另一方面,承租人应负担船舶经营的一切费用和开支,并承担船舶营运过程中所发生的风险和责任。

第二,债权的物权化。光船租船合同虽然属于债权债务关系,但其具有一定的物权功能,可以排斥出租人或其他人对租船合同的侵害。即使出租人将船舶让与第三人,租船合同对船舶受让人继续有效,所谓“买卖不破租赁”。此外,出租人不得在租期内擅自将船舶抵押。

第三,为租赁合同。在法律性质上,光船租船合同一般被认为是一种船舶租赁合同,而非运输合同。

三、国际海上货物运输合同

（一）概念

国际海上货物运输合同，是指承运人收取运费，负责将托运人托运的货物经海路自装货港运至卸货港，并交收货人的跨国货运合同。

（二）特征

1.跨国性

跨国性是指合同项下的货物从一国的港口运往另一国的港口，而不包括一国的不同港口之间的沿海运输。

2.承揽性

承揽性是指属于提供劳务而非物品的承揽合同。

3.涉他性

涉他性是指尽管合同的缔约双方为承运人和托运人，但会涉及实际承运人、提单持有人、收货人等多方利害关系人，法律关系相当复杂。

（三）海上货物运输合同的当事人

海上货物运输合同可能会涉及以下几种当事人。

1.承运人

承运人是指本人或者委托他人以本人名义与托运人订立海上货物运输合同的人。

2.实际承运人

实际承运人是指接受承运人委托，从事货物运输或者部分运输的人，包括接受转委托从事此项运输的其他人。

3.托运人

托运人包括两种情形：第一种，本人或者委托他人以本人名义或者委托他人为本人与承运人订立海上货物运输合同的人；第二种，本人或者委托他人以本人名义或者委托他人为本人将货物交给与海上货物运输合同有关的承运人的人。

4.收货人

收货人是指有权提取货物的人。

四、调整海上货物运输的国际规则

传统上调整海上货物运输的国际专门公约有三个：《海牙规则》《维斯比规则》

《汉堡规则》。此外,国际社会为统一上述三个公约的分歧,2008 年又由联合国主持制订了新的《鹿特丹规则》。

这些运输国际立法,虽然不直接调整国际贸易当事人之间的权利、义务,但其中有关运输单据的性质与功能、运输风险与费用的分担、货方对在途货物的处置权、承运人的责任限制与免责等规定,无疑会对货物买卖双方的合同安排及保险安排产生重要影响。

我国目前不是四个公约成员国。但是中国的海商法以《海牙规则》《维斯比规则》为基础,适当吸收了《汉堡规则》的规定。

第二节　提单制度

一、提单的概念和作用

(一)提单的概念

提单是指用以证明海上货物运输合同和货物已由承运人接受或装船,以及承运人保证据以交付货物的单据。

(二)提单的作用

根据我国《海商法》第七十一条的规定:“提单,是指用以证明海上货物运输合同和货物已经由承运人接收或者装船,以及承运人保证据以交付货物的单证。提单中载明的向记名人交付货物,或者按照指示人的指示交付货物,或者向提单持有人交付货物的条款,构成承运人据以交付货物的保证。”

因此,提单的作用主要有三条。

第一,提单是运输合同的证明。提单上印就的条款规定了承运人与托运人之间的权利、义务,而且提单也是法律承认的处理有关货物运输的依据。承运人签发提单可视为与托运人订立运输合同的证明,在没有其他相反证据的情况下,提单本身就是运输合同。

第二,提单是承运人收到承运货物的收据。对于将货物交给承运人运输的托运人,提单具有货物收据的功能。承运人不仅对于已装船货物负有签发提单的义务,而且根据托运人的要求，即使货物尚未装船，只要货物已在承运人掌管之下，承运人也有签发“收货待运提单”的义务。

第三，提单是货物所有权的凭证。对于合法取得提单的持有人，提单具有物权凭证的功能。提单的合法持有人有权在目的港以提单来提取货物，而承运人只要出于善意，凭提单发货，即使持有人不是真正货主，承运人也无责任。

二、提单和海运单

在国际贸易实践中，还存在一种叫做“海运单”的单据，非常容易和提单混淆，因此有必要区分海运单和提单的关系。

（一）海运单的概念

海运单，又称运单，是证明海上货物运输合同和货物由承运人接管或装船，以及承运人保证将货物交给指定的收货人的一种不可流通的单证。

（二）海运单和提单的差别

第一，海运单不具有物权凭证的作用，不能背书转让，也不是当然的提货凭证。如我国《海商法》第八十条规定：“承运人签发提单以外的单证用以证明收到待运货物的，此项单证即为订立海上货物运输合同和承运人接收该单证中所列货物的初步证据。承运人签发的此类单证不得转让。”

第二，海运单主要适用于无须转让在途货物所有权的运输以及短途运输。前者如公司内部或母子公司之间的货物运输或私人行李的托运等，后者如欧洲各国之间及欧美之间的北大西洋航线运输等。此外，在西太平洋航线，也有70%左右的班轮运输使用了海运单。

第三，海运单不具有流通性。因为海运单不是货物所有权的凭证，所以无法像提单那样进行流转，一般在海运单上也标注有“不可流通”的字样。由于无法流转，所以不能据海运单来提货，不过这样的好处是在实践中能解决因提单遗失或被窃而使船方或货主受损的问题。正是海运单这种“识人不识单”的快速提货方式，解决了快速、短程运输中船舶先于提单抵达目的港而引发的货物滞留问题。

因此，通过以上三个差别，可以看出海运单正是因为不具有物权功能，也无法流转，所以无法取代提单。

三、提单的分类

（一）根据货物是否已装船，可区分为已装船提单和收货待运提单

1.已装船提单

已装船提单是指货物装船后由承运人或其授权代理人根据大副收据签发给托运人的提单。如果承运人签发了已装船提单，就是确认他已将货物装在船上。这种提单除载明一般事项外，通常还必须注明装载货物的船舶名称和装船日期。

2.收货待运提单

收货待运提单又称备运提单、待装提单，或简称待运提单。它是指承运人在收到托运人交来的货物但还没有装船时，应托运人的要求而签发的提单。签发这种提单时，说明承运人确认货物已交由承运人保管并存在其所控制的仓库或场地，但还未装船。所以，这种提单未载明所装船名和装船时间，在跟单信用证支付方式下，银行一般不接受这种提单。但当货物装船，承运人在这种提单上加注装运船名和装船日期并签字盖章后，待运提单即成为已装船提单。同样，托运人也可以用待运提单向承运人换取已装船提单。

（二）根据提单收货人的抬头，可区分为记名提单、不记名提单和指示提单

1.记名提单

记名提单是指列明收货人姓名的提单。我国《海商法》规定记名提单不得转让，承运人必须向提单载明的收货人交付货物。

2.不记名提单

不记名提单是指提单收货人栏内不列明姓名的提单。此类提单无须背书即可转让，承运人凭单放货。

3.指示提单

指示提单是指按提单载明的指示人的指示交付货物的提单。指示提单是当前国际贸易中通常使用的提单，在国际海上运输中，如承运人签发的提单中的收货人一栏没有具体的收货人名称，而是载明“凭指示”的字样，那么该提单即为指示提单，该提单的转让必须经过背书。

（三）根据承运人是否对提单货物的外表状况加列批注，可区分为清洁提单和不清洁提单

1.清洁提单

在装船时，货物外表状况良好，承运人在签发提单时，未在提单上加注任何有关货物残损、包装不良、件数、重量和体积，或其他妨碍结汇的批注的提单称为清洁提单。

使用清洁提单在国际贸易实践中非常重要，买方要想收到完好无损的货物，就必须要求卖方在装船时保持货物外观良好,并要求卖方提供清洁提单。在以跟单信用证为付款方式的贸易中,通常卖方只有向银行提交清洁提单才能取得货款。清洁提单也是收货人转让提单时必须具备的条件,同时也是履行货物买卖合同规定的交货义务的必要条件。承运人一旦签发了清洁提单,货物在卸货港卸下后,如发现有残损,除非是由承运人可以免责的原因所致,否则承运人必须负责赔偿。

2.不清洁提单

在货物装船时,承运人若发现货物有包装不牢、破残、渗漏、玷污、标志不清等现象时,大副将在收货单上对此加以批注,并将此批注转移到提单上,这种提单称为不清洁提单。

实践中承运人接收货物时,如果货物外表状况不良,一般先在大副收据上作出记载,在正式签发提单时,再把这种记载转移到提单上。在国际贸易的实践中,银行是拒绝出口商以不清洁提单办理结汇的。为此,托运人应对损坏或外表状况有缺陷的货物进行修补或更换。习惯上的变通办法是由托运人出具保函,要求承运人不要将大副收据上所作的有关货物外表状况不良的批注转批到提单上,而根据保函签发清洁提单,以使出口商能顺利完成结汇。但是,承运人因未将大副收据上的批注转移到提单上,承运人可能承担对收货人的赔偿责任,承运人因此遭受的损失,应由托运人赔偿。

但是在现实中,当承运人向托运人追偿时,往往难以得到法律的保护,反而要承担很大的风险。承运人与收货人之间的权利、义务是提单条款的规定,而不是保函的保证。所以,承运人不能凭保函拒赔,保函对收货人是无效的,如果承、托双方的做法损害了第三者收货人的利益,有违民事活动的诚实守信的基本原则,容易构成与托运人的串通,以及对收货人进行欺诈的行为,甚至是刑事犯罪。

(四)根据提单条款的自足性,可区分为租船提单与班轮提单

1.租船提单

租船提单是指船方(承运人)根据租船合同签发的提单。这种提单一般是一种略式提单,只列入货名、数量、船名、装货港和目的港等必要项目,而没有类似全式提单背面的详细条款,但在提单内一般加批“根据××租船合同出立”的字样。

就法律性质而言,租船提单不是一个独立的文件,该提单要受租船合同契约约束,故缺乏相应的自足性。在实践中,采用信用证支付时,银行不接受这种提单。

2.班轮提单

通过班轮运输签发的提单为班轮提单。

在法律性质上，班轮提单是独立的文件，不受任何契约的约束。因此，班轮提单有很强的自足性，提单上会详细记载有关承运人、托运人、收货人的责任和义务的事项，该提单是双方当事人解决责任纠纷的依据。

（五）按运输方式的不同，可区分为直达提单、转船提单、联运提单和多式联运提单

1.直达提单

直达提单，又称直运提单，是指货物从装货港装船后，中途不经转船，直接运至目的港卸船交与收货人的提单。一般情况下，直达提单上不得有“转船”或“在某港转船”的批注。

2.转船提单

转船提单是指货物从起运港装载的船舶不直接驶往目的港，需要在中途港口换装其他船舶转运至目的港卸货，承运人签发这种提单称为转船提单。一般情况下，在提单上会注明“转运”或“在某某港转船”字样，转船提单往往由第一程船的承运人签发。由于货物中途转船，会增加转船费用和风险，并影响到货时间，故在实践中一般信用证内均规定不允许转船，但直达船少或没有直达船的港口，买方也只好同意可以转船。

3.联运提单

联运提单是指货物须经两种或两种以上运输方式，如海陆、海河、海空、海海等联合运输所使用的提单。

在实践中，一般是由第一承运人收取全程运费后，在起运地签发到目的港的全程运输提单。联运提单虽然包括全程运输，但各程承运人只对自己运输的一段航程中所发生的货损负责。也就是说，签发联运提单的第一承运人，只对第一程运输负承运人的责任，当货物运达转运地时，第一承运人只代发货人将货物交与下一段运程的承运人，但不负担下一运程中的责任。因此，实践中也会出现为分清责任，各程承运人分别签发分程提单，作为内部责任划分基础与凭证的情况。

4.多式联运提单

多式联运提单主要用于集装箱运输。它是指一批货物需要经过两种以上不同运输方式，其中一种是海上运输方式，由一个承运人负责全程运输，负责将货物从接收地运至目的地交付收货人，并收取全程运费所签发的提单。提单内的项目不仅包括起运港和目的港，而且列明一程二程等运输路线，以及收货地和交货地。

四、提单的条款

提单的条款，国际上没有统一的规定，由各国航运公司根据国际规则、航运惯例和国内立法自行制定，并事先印好。

目前国际上普遍使用的提单条款，多以《海牙规则》为基础，包括正面和背面条款两部分。一般正面条款记载提单的可变内容，背面为印刷的格式条款，规定了提单当事人各方的权利、义务。

（一）正面条款

正面条款是最基本而又最重要的关于货物状况的记载。《海牙规则》规定了3项，即货物的主要标志、货物的数量或重量和货物的表面状况，《汉堡规则》规定了15项。我国《海商法》第七十三条第一款列举了11项。下面，我们以中国海商法为例，来看看这些内容。

①货物的品名、标志、包数或者件数、重量或者体积，以及运输危险货物时对危险货物的说明；②承运人的名称和主营业所；③船舶的名称；④托运人的名称；⑤收货人的名称；⑥装货港和在装货港接收货物的日期；⑦卸货港；⑧多式联运提单增列接收货物地点和交付货物地点；⑨提单的签发日期、地点和份数；⑩运费的支付；⑪承运人或其代表的签字。

同时，海商法还规定，只要能实现《海商法》第七十一条所确定的提单功能，缺少上述内容的一项或几项，不影响提单的性质。

（二）背面条款

提单背面印刷条款属于承运人提供的格式条款。如果其中有关承运人责任的内容违反了相应的国际或国内强制性立法，则相应的条款无效；对条款的解释存在歧义的，一般应取对承运人不利的解释。各船公司提单格式条款的数量或内容可能有所差别。通常包括以下几个方面。

（1）首要条款。它是指明确指出提单适用哪一项国际公约或国内法的条款。

（2）管辖权条款。订立该条款是为了明确争议在何地解决。

（3）承运人责任条款。包括承运人对货物承担责任的起止时间以及具体责任内容。

（4）承运人的免责条款。

（5）承运人的责任限制条款。即承运人对其所承担责任的最高数额的限制。

（6）托运人、收货人对托运货物的责任和义务条款。如承担运费和相关费用、承担驳船费用。

(7)索赔通知和诉讼时效条款。

(8)有关特殊货物的运输规定条款。如冷藏货物、集装箱货物、活动物和甲板货。

(9)其他条款。即当事人认为还需要规定的事项。如留置权、共同海损与救助、双方有责碰撞等。

五、提单的签发

在法律上,承运人不仅负有签发提单的义务,而且负有依法、如实签发提单的责任。提单的签发是指托运人将货物交与承运人或承运人的代理人后,承运人或其代理人按托运人要求,签发提单给托运人的行为。我国《海商法》第七十二条规定:"货物由承运人接收或者装船后,应托运人的要求,承运人应当签发提单。提单可以由承运人授权的人签发。提单由载货船舶的船长签发的,视为代表承运人签发。"

(一)承运人必须依法签发提单

依法签发提单包括以下内容。

(1)依法定程序签发。

(2)按法定格式签发。

(3)依法和按航运惯例签发。

(二)承运人必须如实签发提单

我国《海商法》第七十五条赋予了承运人在提单上批注的权利,但这项权利的行使必须依据事实,并在以下三种情况下才能行使。

(1)明确知道提单的记载与实际接收或装船的货物不符。

(2)有合理的根据怀疑提单的记载与实际接收或装船的货物不符。

(3)没有适当的方法核对提单的记载。

承运人在行使批注权时,应当说明不符之处和怀疑的根据或说明无法核对。

六、提单的证明效力

提单的证明效力取决于其所在的法律关系,在不同当事人之间具有不同的法律效力。

(1)在托运人和承运人之间是初步证据、相对证据。

(2)在承运人和收货人之间是最终证据、绝对证据。

以我国《海商法》第七十七条的规定为例,承运人或者代其签发提单的人签发的提单,是承运人已经按照提单所载状况收到货物或者货物已经装船的初步证据;承运人向善意受让提单的包括收货人在内的第三人提出的与提单所载状况不同的证据,不予承认。

接下来通过一个具体的案例来展示提单的证明效力。

托运人将一批货物交承运人,承运人于 3 月 5 日装船完毕后签发了已装船清洁提单。在承运轮船启航前一天,船长发现货物有破包,且包内货物已发霉变质,随即暂停运输,要求托运人交还原来签发的提单,双方争议诉至法院,托运人主张交货时货物完好,有提单为证。承运人则通过检验机构证明货物在装船前已变质,原提单记载不属实,法院是否可采纳承运人的观点?

答案是可以采纳承运人的观点,因为提单在托运人和承运人之间是初步证据、相对证据。可以用相反的证据来推翻。

假如在本案中,承运人在起运前没有发现货物的真实状况,到目的港向持有提单的收货人交货时,发现货物有问题,承运人能否通过上述检验方式对抗收货人的索赔呢?答案是不可以,因为提单在承运人和收货人之间是最终证据、绝对证据。

第三节　提单欺诈

提单欺诈是实践中常见的海运欺诈的一种,是指利用倒签提单和预借提单等方式进行的海运欺诈行为。随着国际贸易的日渐繁荣,海洋运输的地位越来越重要,随之而来的提单欺诈案件也逐渐增多,提单欺诈已经严重影响到国际贸易活动的正常开展。由于各国法律对提单没有严格统一的格式要求,各航运公司对空白提单的管理一般也不是很严格,这就给违法分子利用提单欺诈提供了可能性和便利条件,使这种欺诈行为比较易于实施。本节将讲解常见的几种提单欺诈的形式,当事人在实务中要提高警惕,认真识别风险。

一、倒签提单和预借提单

(一)倒签提单

倒签提单是指货物的实际装船日期晚于提单记载的装船日期的提单。

例如,承运人实际上是2019年5月20日才将货物全部装上了船,但船长应托运人的要求在货物装船后签发的提单上记载的装船日期为2019年5月15日。

(二)预借提单

预借提单是指提单在货物尚未全部装船时,或者货物虽然已经由承运人接管但尚未开始装船的情况下签发。

在实务中,预借提单一般会发生在货物尚未装船,而信用证规定的有效期即将届满的情形下,此时托运人出具保函要求船方签发的符合信用证规定装船日期的已装船提单。例如,信用证要求货物必须在2018年12月11日前装船完毕,货物在2018年12月10日才交给承运人,货物明显不能按期完成装船,承运人此时应托运人的要求签发已装船提单。

显然,从上述倒签提单和预借提单的概念中可以看出,预借提单对收货人的危害更大,欺诈恶意更重,往往会让收货人遭受沉重的损失。例如,卖方用预借提单满足信用证的要求并得到银行结汇,而提单上记载的载货船名和装船日期等都是虚构的。货物后来装在另一艘船上并因火灾而受到了全损。后买方依据保险单索赔,但是保险人拒绝赔付,因为保险单下的航程是提单注明的航程,而该航程并未发生,因此承保的风险从未开始,货物不在保险范围内。

(三)倒签、预借提单的原因

在实践中产生倒签、预借提单的原因,主要在于合同的约定和支付工具的要求,最典型的是采用信用证支付方式下的"单证相符、单单相符"的审单原则。使得托运人为了满足该要求而要求承运人签发预借提单和倒签提单。

(四)倒签、预借提单行为的后果

倒签、预借提单两者都掩盖了实际的装船日期,构成对收货人的欺诈,未来要向收货人承担由此而引起的损失赔偿责任。

在这两种情况下,托运人出具的保函都属于恶意保函,恶意保函在法律上没有效力,承运人未来对收货人的损失进行了赔偿后,依据保函向托运人索赔时得不到法律的保护。

例如,中国甲公司向国外进口一批空调,合同规定以信用证支付。甲公司开出的信用证规定装船期限为2018年7月10日至7月20日,由承运人所属的"Seagull"号货轮承运上述货物。但是"Seagull"号在装运港因遭遇大风与另外一艘油轮相撞,使"Seagull"号不能如期装货。"Seagull"号最后于8月15日完成装货,船长在接受了托运人出具的保函的情况下签发了与信用证一致的提单,并办理了结汇。由于船舶延迟到港错过了空调的销售季节，给甲公司造成了很大损失。甲公司为此向承运人提出了索赔，承运人在向甲公司赔偿后，依据保函向托运人追偿，法院认为承运人主观上有恶意，未支持承运人的诉求。

二、以保函换取清洁提单

（一）以保函换取清洁提单的情形

在国际贸易中，经常会出现这种情况：承运人打算对表面状况不良的装运货物签发不清洁提单，由于银行不接受不清洁提单，托运人不能凭此结汇，因而托运人往往向承运人出具保函，让承运人签发清洁提单，并保证赔偿承运人因签发清洁提单而遭受的损失，以此来换取清洁提单，顺利结汇。此种情形就是托运人以保函换取清洁提单的行为。

由此可见，出具保函换取清洁提单是国际贸易现实需要的产物。从某种意义上讲托运人和承运人都能从该行为中得到一定的方便和好处，但实际上对承运人来讲却潜伏着很大的风险，一旦收货人持清洁提单向承运人索赔，承运人必须赔付收货人。

（二）以保函换取清洁提单的效果

对于以保函换取清洁提单的效果的争议不仅在理论界，各国在实践中的做法也不尽相同，也存在着很大的争议。

英美法系国家十分重视国际商事交易中的信用，认为保函具有强烈的欺诈性质从而否认其有效性。特别是英国，法院一般认为保函是不具备强制力的，是一种欺诈的虚假意思表示，当事人不能借此主张权益。而在美国则较为复杂，法院倾向认为保函有违公共政策而否认了其效力，但这一主张并未完全通行，有许多法官和学者对此持不同态度。

在德国，如果承运人在明知货物有瑕疵或缺陷的情况下，接受托运人签发的保函则不具有效力。同样一些北欧国家如挪威、芬兰的法律也有类似规定。

而法国则规定保函在承运人和托运人间有效，而不得对抗第三人。但在承运人是恶意，即明知货物瑕疵存在仍接受保函时则否认其效力。

本书作者认为，托运人的这种保函对善意第三人是绝对无效的。因为它是托运人和承运人共同向收货人隐瞒事实的一种做法。但是从保函对直接当事人即承运人和托运人的效力来看，并非一概无效，这里需要分两种情况来分析。

（1）若承运人签发提单完全是由于客观原因无法核对查验货物，而接受了保函免去不良批注,并非有意欺诈收货人,这时的保函属善意保函,在承运人与托运人之间应为有效。

(2)如果货物表面状况不良显而易见,或承运人明知货物有问题仍接受保函签发清洁提单,这属于与托运人一起对收货人的共同欺诈,保函属恶意保函,在承运人与托运人之间应为无效。

三、以保函加副本提单提货

(一)以保函加副本提单提货的情形

该情形指的是收货人凭借副本提单和保函向承运人提取货物的行为。

在正常情况下,货物运到目的港后,承运人有义务将货物交给正本提单持有人。然而在实际业务中,有时会发生货物先于运输单据到达的情况,由于收货人手头没有正本提单,无法及时提货转卖或销售,会产生货物压仓费用、品质变化、市场价格波动等一系列问题。碰到这种情况,习惯上都是通过担保提货的方式予以解决,即由收货人向船公司提供一份经银行会签的书面保函,加上副本提单,要求在没有正本提单的情况下先提货,日后补交正本提单。

(二)以保函加副本提单提货的效果

在司法实务中,这种做法中的保函也是被区分为善意保函或恶意保函来判断其在出具保函的人与承运人之间的效力。一般认为,善意保函有效,恶意保函无效。真正的收货人为了解决没有正本提单与及时提货的矛盾所出具的保函,通常为善意保函,有效。如果提货人不是货物的真正所有人,而是与承运人恶意串通骗取货物的,则由此出具的保函为恶意保函,无效。

对承运人而言,如果承运人将货物交给非正本提单持有人,有可能造成错误交货,构成对提单持有人的侵权。在实践中,在无正本提单放货过程中,提取货物的不一定是买卖合同的买方,货物有可能被冒领,提货人往往不易查明,当然也有船方偷货的可能,因此无正本提单交货风险是很大的。

最高人民法院2009年通过的《关于审理无正本提单交付货物案件适用法律若干问题的规定》中第二条规定:“承运人违反法律规定,无正本提单交付货物,损害正本提单持有人提单权利的,正本提单持有人可以要求承运人承担由此造成损失的民事责任。”同时,第三条又规定:“承运人因无正本提单交付货物造成正本提单持有人损失的,正本提单持有人可以要求承运人承担违约责任,或者承担侵权责任。”

四、伪造提单

伪造提单是指当事人直接伪造符合信用证或合同要求的提单。实践中伪造提单一般可以分为两种情形。

(一)空单

空单又称空头单证,是指承运人或其代理人或船长签发的与所载货物极为不符或者根本没有装货的提单。

关于空单的效力,目前国际上有分歧。例如德国法中承认空单的效力,而英美法系认为提单为承运人或船长接受货物且将之装船的表面证据,可用事实推翻。我国司法实务界认为,如果是卖方故意在没有交货的情况下伪造提单,则已构成欺诈,提单无效,承运人不受提单约束。如承运人与卖方串通,为卖方取得空单提供必要条件,则构成共同侵权,需承担连带责任。

(二)货物记载不实

货物记载不实又称为货量差异,是指货物已经装船但实际装船数量与提单记载数量存在差异。

国际上一般认为,提单所记货量是同等货物已经如数装上船的表面证据,当提单已转让第三者手上时,承运人便不能以任何理由作为抗辩,且须对提单所记载的货量差异负责。

五、变造提单

变造提单是指卖方将承运人依照实际情况所开具的可能得不到议付的提单进行修改,使修改后的提单符合合同或信用证的要求,以便获取货款的行为。

在国际上一般认为变造提单是一种典型的欺诈行为,甚至是一种犯罪行为。该行为对承运人和收货人都是无效的。

六、提单欺诈的防范及救济措施

(一)防范措施

对于国际贸易的当事人而言,为了防止提单欺诈,在实践中应注意以下四点。

1.重视资信调查并选择资信好的交易伙伴

当事人应建立一套自己的有效信息情报网络,切实重视对信息情报的投资,以便于快速应变。在国际贸易交往中,对客户的资信情况全面了解是保障业务顺利进行的先决条件。所谓资信情况好包括两个方面:一是资产情况好,有相当可观的资产,且经营状况好,有履约能力;二是能在诚实信誉的原则上履约,不会随意撕毁契约。因此必须做好交易伙伴的资信调查,委托相应的专业机构和人员做调查,要了解其以前跟他人履约的表现,了解公司的资本状况、公司组成人员情况、公司盈利亏损情况、公司设备、设施情况,还要了解公司的业务情况,包括营业范围、公司性质及往来厂商等。

2.选择可靠的船公司(承运人)运载货物

考虑到实践中根据航运界状况要完全禁止保函的使用较为不易,因此当事人选择可靠的承运人则至关重要。由于保函具有承托双方合伙对第三者收货人欺诈的性质,因此当事人应注意选择可靠的承运人运载货物。

3.重视装船监督和把握船舶动向

现实中许多提单欺诈就发生在装货这一环节。在装运港,会出现偷换货物,以次充好或者串通承运人预借或倒签提单行为。因此,防范欺诈的又一环节是充分做好装船监督。在船舶航行过程中,当事人应及时与船舶代理保持联系,全天候地掌握船舶航行情况,对船舶代理转告的有关船舶因故延误,船舶因故障需中途挂靠修理等通知,更须保持警觉,尽量核实其真伪,做好应变准备。

4.减少中间环节

贸易中间环节越多,被欺诈的可能性也就越大。即使在不得已需要中间商的情况下,当事人也要选择那些资信状况良好、财力雄厚的中间商。

(二)欺诈发生后的救济措施

如果在实践中确实已经发生了提单欺诈,当事人可根据案情参考以下几点应对意见。

1.诉前申请扣押船舶

一般情况下,海事法院可依据海事请求权人在未提起诉讼或仲裁时提出的扣押船舶申请,依照法律程序可以对船舶实施扣押。提单持有人如认为承运人应对提单欺诈的产生和后果承担法律责任,就有权申请扣押船舶,以获得足以挽回其因提单风险所致损失的担保。在上述情况下申请扣押船舶时,申请人应依照实施扣押地法院所在国家的法律规定,行使其海事请求权。按照我国有关规定,申请人因提单风险而请求扣押船舶时,须遵循以下四条规则。

(1)确属情况紧急,不立即申请财产保全措施将会使申请人的合法权益受到难以弥补的损失时,申请人才能向法院申请扣船。

(2)申请人应当提供相当于请求保全数额的担保。

(3)被扣押的船舶所有人、经营人或承租人应对该海事请求负有责任。至于该项责任最终能否成立,取决于法院的终审判决或仲裁庭的裁决。

(4)申请人应在法定期限内提起诉讼或提请仲裁。

2.诉前证据保全

诉前证据保全是证据保全的一种,是指因情况紧急,在证据可能灭失或者以后难以取得的情况下,利害关系人可以在提起诉讼或者申请仲裁前向证据所在地、被申请人住所地或者对案件有管辖权的人民法院申请保全证据。

就世界各国来看,在所有的诉讼中证据都是取胜的关键,提单欺诈案件当然也不例外。当事人所掌握的证据是否全面直接决定了能否胜诉。然而,提单欺诈的绝大部分证据掌握在船方手中,由于船舶的巨大流动性,这些证据因所涉船舶的离开而极可能灭失或难以取得。因此,应该及时做好诉前证据保全工作。例如,《中华人民共和国海事诉讼特别程序法》第五章对海事证据保全程序做出了明确规定,在诉前证据保全的实践中可以依据该章规定进行操作。

这里需要特别指出的是,提单欺诈受害人通过诉前证据保全措施取得的有关证据,不仅可以支持其对提单欺诈人提起的侵权诉讼,而且还可以支持其对国际货物买卖合同卖方的根本违约之诉。

3.止付或冻结信用证下款项

为了防止带来巨大的经济损失,买方可以要求银行止付或冻结信用证下款项。我国法院采取冻结令阻止银行向欺诈人付款的做法和国际上的通行做法是一致的。因此,进口商在有证据能够证明出口商或承运人有伪造提单欺诈行为发生时,应在第一时间内向法院申请冻结令,以避免经济损失。

第四节　海上货物运输承运人法律制度

关于海上货物运输中的承运人制度,国际条约和各国的国内法的规定差别较大,为了便于大家理解和掌握,在本节中将结合航运三大规则和中国《海商法》的相关规定进行讲解。

一、承运人的义务

(一)在开航前和开航时恪尽职责使船舶适航

《海牙规则》对承运人适航义务的要求比较宽松。首先,它只要求在开航前和开航时履行该项义务;其次,在履行该项义务之后仍不能发现的潜在缺陷,也属于承运人的免责范围。

根据《海牙规则》的规定,要达到船舶适航必须使船舶符合以下四个要求。

(1)船舶的船体、船帆、结构必须紧密、坚实、强固,能经得起预定航程中的一般风险。

(2)船舶应妥善配备船员。妥善是指承运人在船舶开航之前配备的船员应当足数和合格。

(3)船舶应妥善装配和配备供应品。

(4)船舶适货。

(二)妥善和谨慎地管理货物

根据《海牙规则》第三条第二款规定,管货义务是指承运人应妥善和谨慎地装载、搬运、积载、运送、保管、照料和卸载所运货物。

这就明确了承运人在管理货物方面的七项具体义务,并且每项义务都要做到“妥善和谨慎”。而且,根据《海牙规则》的规定,凡在合同中约定解除或减轻承运人依本规则承担上述义务的条款一律无效。

例如,货轮在正常航线上遭遇暴风雨,由于运送的货物是小麦,船长为避免小麦受潮绕道10海里,避开雨区,造成到港迟延3天,是否应当承担由此给货主造成的损失?这种情况下,承运人属于妥善和谨慎地管理货物的行为,所以不用赔偿。

(三)不得随意绕航

船舶绕航是指船舶因故偏离了预定的或正常的航线,随后又回到原航线的现象。在海上货物运输中,承运人不能偏离惯常的航线是一项默示的义务。在法律上,绕航有合理和不合理之分。对于合理绕航,不能认为是违背或破坏运输合同,承运人对由此而发生的任何货物灭失、损坏或延迟交货可不予负责。对于不合理绕航,承运人要承担巨大责任和风险。

不得随意绕航即所谓承运人的直航义务,该义务指承运人负有在货物装船后立即开航,并以合理速度直接开往目的港的义务,否则,由此引起的货损以及因延迟交付货物所造成的损失,承运人应予赔偿。中国《海商法》第四十九条将此义务列出,既明确了承运人应当按照约定的或者习惯的或者地理上的航线将货物运往卸货港的义务，使承运人对其为己方利益或方便而产生的不合理绕航（Unreasonable Deviation）需承担赔偿责任。同时，又明确了为救助或企图救助海上人命或财产或有其他合理的绕航（Reasonable Deviation）时，承运人不必承担赔偿责任。

需要特别指出的是，在实践中船舶绕航很可能延长航行时间，使货物（如易腐蚀、腐烂变质货物）遭受灭失或损坏，还可能使货物在运输中的海上风险增加，导致延迟交货。另外，不合理绕航产生的重大而又容易被忽视的风险是导致承运人在失去一切有关免责事项和赔偿责任限制利益的同时，也会失去保险对货损责任的保障。因此，当事人在实践中务必引起充分的注意。

二、承运人的责任期间

（一）《海牙规则》的规定

承运人对所运输货物的责任期间是从货物装上船起到从船上卸下时为止的货物在承运人掌管下的整个期间。简单地说就是“装到卸”。

（二）《汉堡规则》的规定

承运人对所运输货物的责任期间是货物在装货港、运输途中以及卸货港处于承运人掌管之下的整个期间。简单地说就是“接到交”。

（三）中国《海商法》的规定

承运人对所运输货物的责任期间根据集装箱货运和非集装箱货运，分为两种不同情形。

（1）用集装箱装运货物的，责任期间从装运港接收货物时起到卸货港交付货物时为止。即“接到交”。

（2）非集装箱货物运输的，如件杂货、散货运输，责任期间从货物装上船时起到卸下船时为止。即“装到卸”。此种情况下，“装前卸后”的责任允许当事人协商确定。

三、承运人的归责原则与免责

（一）《海牙规则》的规定

承运人承担不完全过失责任，即行为人应当对因其过错所造成的损害承担赔偿责任，对于非因其过错所造成的损失不承担责任，但对于法律规定或者合同约定的特定过错同样可建立免责的制度。其免责事由包括以下三点。

1.航行过失免责

航行过失免责即船长、船员、引水员或承运人的雇佣人员，在航行或管理船舶中疏忽或不履行义务的行为。

例如,“北风”号轮承运英国甲公司的货物,目的地是中国青岛,在运输途中由于船长指挥失当,船舶触礁导致30箱货物受损。船到青岛港后由于船员驾驶失误船又撞到港口防波堤上,又有25箱货物受损。对这些损失,“北风”轮所属的乙公司作为承运人是否要承担赔偿责任?根据《海牙规则》的规定,尽管承运人存在过错,但是承运人依然是可以免责的。

2.火灾免责(但由于承运人的实际过失或私谋所引起的除外)

例如,承运船舶在运输途中发生火灾,造成两个舱位的棉花全部烧毁。则该损失应如何承担?根据《海牙规则》的规定,对于这些损失承运人是免责的。

这里比较困难的是什么情况构成“承运人的实际过失”呢?实践中多指承运人违反最低限度的义务。

例如,提供的船舶不适航等,此种情况下发生火灾致货物损失,承运人不可免责。例如,承运人使用一艘登记报废的船舶运输货物,因船舶电路老化引发火灾,因船舶本身不适航,对由此导致的货损承运人就不可免责。再如,承运人为了多载货,拆除掉船上所有灭火设施,运输途中因雷击船舶失火,由于没有灭火设施火势蔓延导致货物火损,对此承运人也不可免责。

3.其他无过失免责

具体有以下几种。

(1)不可抗力:包括海上或其他可航水域的灾难、危险和意外事故;天灾、战争行为、公敌行为、君主、当权者或人民的拘留或管制;依法扣押;检验限制;罢工、关厂停工或限制工作;暴动和骚乱;虽恪尽职守仍不能发现的潜在缺点等。

例如,甲国A公司(买方)与乙国B公司(卖方)签订一进口水果合同,价格条件为CFR,以装运港的检验证书作为议付货款的依据,但约定买方在目的港有复验权。货物在装运港检验合格后交由C公司运输。由于乙国当时发生疫情,船舶到达甲国目的港外时,甲国有关当局对船舶进行了熏蒸消毒,该工作进行了数天。之后,A公司在目的港复验时发现该批水果已全部腐烂。依据《海牙规则》,此损失属于检疫限制所致,承运人C公司无须承担责任。

(2)救助或企图救助海上人命或财产。

(3)货方原因:由于货物的固有缺点、性质或缺陷引起的体积或重量亏损,或任何其他灭失或损坏,包装不善,唛头不清或不当。

例如,中国某公司向欧洲出口啤酒花一批,船方在收货后签发了清洁提单。货到目的港后发现啤酒花变质，颜色变成深棕色。经在目的港进行过的联合检验，发现货物外包装完整，无受潮受损迹象。经分析认为该批货物是在尚未充分干燥或温度过高的情况下进行的包装，以至在运输中发酵造成变质。这就属于货物的内在缺陷，对此承运人免责。

（二）《维斯比规则》的规定

《维斯比规则》沿袭了《海牙规则》的规定，对承运人的免责事项未作修改，因此仍实行不完全过失责任。

（三）《汉堡规则》的规定

（1）《汉堡规则》废止了承运人航行过失免责，因此，承运人负有完全过失责任。

（2）在过失认定上，采推定过失原则，即举证责任主要在承运人方，不在货方。

（3）过失火灾不能免责。

（四）中国《海商法》的规定

中国《海商法》在承运人免责事项及责任基础方面基本上与《海牙规则》相同，即承运人承担不完全过失责任。例如，根据《海商法》第五十一条规定，在责任期间货物发生的灭失或者损坏是由于下列原因之一造成的，承运人不负赔偿责任：①船长、船员、引航员或者承运人的其他受雇人在驾驶船舶或者管理船舶中的过失；②火灾，但是由于承运人本人的过失所造成的除外；③天灾、海上或者其他可航水域的危险或者意外事故；④战争或者武装冲突；⑤政府或者主管部门的行为、检疫限制或者司法拘押；⑥罢工、停工或者劳动受到限制；⑦在海上救助或者企图救助人命或者财产；⑧托运人、货物所有人或者他们的代理人的行为；⑨货物的自然特性或者固有缺陷；⑩货物包装不良或者标志欠缺、不清；⑪经谨慎处理仍未发现的船舶潜在缺陷；⑫非由于承运人或者承运人的受雇人、代理人的过失造成的其他原因。

四、承运人赔偿责任限制

（一）《海牙规则》的规定

（1）限额为每件或每计费单位不超过 100 英镑。

（2）例外：第一，双方另有更高协议；第二，托运人在装货前已就货物的性质和价值提出声明，并已在提单中注明；第三，承运人放弃责任限制并在提单上注明的。

（二）《维斯比规则》的规定

《维斯比规则》在《海牙规则》的基础上，进行了以下的修改。

（1）《维斯比规则》对上述限额做了提高，并采用了双重责任限制，即将每件或每单位的赔偿责任限额提高为10000金法郎(约相当于430英镑)或毛重每千克30金法郎,以两者中较高为准。

(2)增加了一个例外,承运人蓄意造成货损或有重大轻率过失的,承运人不得享受责任限制。

(3)增加了承运人的雇佣人和代理人也可以享有责任限制的规定,而这一点在《海牙规则》中并未明确规定。

(4)上述限制无论索赔人是以侵权,还是以违约为依据进行索赔都享有。

(三)《汉堡规则》的规定

(1)《汉堡规则》比《维斯比规则》的限额又提高了约25%,并改用特别提款权计算,即每件货物的赔偿限额为835特别提款权(SDR)或者每千克2.5特别提款权(SDR),以高者为准。

(2)例外与《维斯比规则》相同。

(四)我国《海商法》的规定

我国的标准与例外与《维斯比规则》类似,《海商法》第五十六条第一款规定:承运人对货物的灭失或者损坏的赔偿限额,按照货物件数或者其他货运单位数计算,每件或者每个其他货运单位为666.67计算单位,或者按照货物毛重计算,每千克为2计算单位,以二者中赔偿限额较高的为准。但是,托运人在货物装运前已经申报其性质和价值,并在提单中载明的,或者承运人与托运人已经另行约定高于本条规定的赔偿限额的除外。

五、迟延交货的责任

(一)《海牙规则》和《维斯比规则》的规定

《海牙规则》和《维斯比规则》对承运人迟延交货都没有规定。

(二)《汉堡规则》的规定

《汉堡规则》明确规定,承运人对因自己过失而迟延交货所造成的货损负赔偿责任;如果迟延交货达到60天以上的,索赔人可以视为货物已经灭失;承运人对迟延交货的赔偿责任限额为迟交货物运费的2.5倍,但不能超过总运费。

(三)我国《海商法》的相关规定

根据《海商法》第五十条规定:"①货物未能在明确约定的时间内,在约定的卸货港交付的,为迟延交付。②除法律规定承运人不负赔偿责任的情形外,由于承运人的过失,致使货物因迟延交付而灭失或者损坏的,承运人应当负赔偿责任。③除法律规定承运人不负赔偿责任的情形外，由于承运人的过失，致使货物因迟延交付而遭受经济损失的，即使货物没有灭失或者损坏，承运人仍然应当负赔偿责任。”同时，《海商法》第五十七条规定：“承运人对货物迟延交付造成经济损失的赔偿限额，为所迟延交付的货物的运费数额。货物的灭失或者损坏和迟延交付同时发生的，承运人的赔偿责任限额适用《海商法》第五十六条第一款规定的限额。”

第五节 国际航空货物运输法律制度

一、国际航空货物运输概述

（一）概念

国际航空货物运输又称国际飞机运输，简称“空运”，是指承运人收取运费，负责将托运人托运的货物经飞行器从一机场运至另一机场的跨国运输。

（二）优势

航空运输与其他运输方式相比，具有以下三个优势。

（1）运送速度快，有利于货方抢占市场，加速资金的流转。

（2）安全准确，货损货差概率低。

（3）可节省包装、仓储等费用。

但航空运输的不利之处在于成本较高，故主要适合急需物品、贵重物品、体小价高、鲜活商品和季节性物品的运输。

在实践中，国际航空货物运输可区分为班机运输与包机运输。前者为公共运输，应受有关国际、国内强制立法的调整；后者为私益运输，主要由当事人意思自治。各国基于扶持本国航空运输业等考虑，一般对外国公司经营本国航线的包机运输严格限制，因此国际包机运输业务还不普遍。

二、国际航空货物运输公约

（一）《统一国际航空运输某些规则的公约》

该公约也被称为《华沙公约》，于 1933 年 2 月 13 日生效，共五章四十一条，我国于1958年加入该公约。该公约对运输凭证(客票、货运单)的格式、适用范围以及承运人的责任及联运等内容做了明确规定。公约对事故责任采用过失责任制,即在事故中除非承运者能举出他没有责任的证明以外,承运人都有责任,应该对旅客和货物的损失进行赔偿,但赔偿是有限度的,并对最高赔偿金额做了限定,对每一旅客的最高赔偿额为12.5万金法郎,对行李和货物的最高赔偿额为250金法郎/千克等。这个规定充分考虑了旅客、托运人和承运人的责任和权利,它的基本原则今天还在使用。

(二)《修改1929年统一国际航空运输某些规则的公约的议定书》

该议定书也被称为《海牙议定书》,于1955年9月28日在海牙外交会议上签订,1963年8月1日生效,我国已于1975年加入该议定书。该议定书主要是对《华沙公约》进行了修改和补充。例如,议定书将《华沙公约》中对每名旅客的赔偿责任限额提高了一倍,即由12.5万金法郎提高为25万金法郎;延长了旅客提出异议的期限;删除了航空运输发展初期一些不合理的技术规定。但是在内容上该议定书不能脱离《华沙公约》而独立存在。

(三)《统一非缔约承运人所办国际航空运输某些规则以补充华沙公约的公约》

国际民航组织于1960年9月18日在墨西哥瓜达拉哈拉通过并签订了《统一非缔约承运人所办国际航空运输某些规则以补充华沙公约的公约》,简称《瓜达拉哈拉公约》。该公约于1964年5月1日生效,我国未加入该公约。

需要说明的是,以上三个公约中,《华沙公约》是最基本的规定,其他都是对《华沙公约》的修订或补充。但是从法律上看,这些文件在形式上都是相对独立的。

例如,2000年美国第二巡回上诉法院审理了一个著名的案件(Chubb & Son v. Asiana Airlines)。本案案情是:1995年,韩亚航空公司承运了三星电子有限公司的17箱电脑芯片,从韩国首尔运往美国旧金山,后两箱货物丢失。保险人赔付了三星公司的索赔后获得代位求偿权,对韩亚航空公司提起诉讼,援引了《华沙公约》的规定。韩亚航空公司对法院的诉讼事项管辖权产生质疑,认为美国和韩国并非处于同一公约体系下,美国批准的是《华沙公约》,而韩国加入的是《海牙议定书》。第二巡回法院认为,在航空货物运输方面,两个国家没有缔结同一个条约,因此判决法院对诉讼事项的管辖权不存在。

(四)《蒙特利尔公约》

1999年5月10日,国际民航组织在加拿大的蒙特利尔召开航空法国际会议,5月28日通过了《统一国际航空运输的某些规则的公约》,简称《蒙特利尔公约》,公约已经于2003年11月4日生效。我国于2005年2月28日批准加入该公约。该公约的目的在于确保国际航空运输消费者的利益，对在国际航空运输中旅客的人身伤亡或行李损失，或者运输货物的损失，在恢复性赔偿原则基础上建立公平赔偿的规范体系。

三、《蒙特利尔公约》的优先适用性

《蒙特利尔公约》第五十五条规定，本公约应当优先于国际航空运输所适用的任何规则。从该规定可以看出《蒙特利尔公约》具有优先适用的效力，可以排除其他公约的适用。下面是一个典型的案例，在当代中国建设良好的营商环境，展示中国法治国家方面也有较好的示范意义。

FZE公司系设立于阿联酋的法人，格鲁普公司系设立于美国的法人，阿联酋FZE公司系美国格鲁普公司的下属公司。新时代国际运输服务有限公司（以下简称新时代上海分公司）与阿联酋FZE公司签订包机合同，约定由阿联酋FZE公司承运新时代上海分公司的货物至美国芝加哥市。新时代上海分公司按约支付阿联酋FZE公司运费33万美元，后阿联酋FZE公司未能按约运输货物，新时代上海分公司只得另寻其他公司运输，产生经济损失31.80万美元，诉至法院。阿联酋FZE公司认为上海市浦东新区人民法院无管辖权，要求驳回诉请。

上海市浦东新区人民法院认为：本案争议的焦点在于人民法院是否有权管辖本案。本案当事人阿联酋FZE公司、美国格鲁普公司系设立于中华人民共和国境外的法人，故本案应属涉外纠纷。根据《中华人民共和国涉外民事法律关系适用法》和《中华人民共和国民法通则》的规定，中国缔结或参加的国际条约和中国法律不同的，适用国际条约的规定。中国是《蒙特利尔公约》的缔约国，阿联酋、美国亦是前述国际条约的缔约国，且本案中运输的货物系从中国运至美国，符合《蒙特利尔公约》中有关国际货物运输的规定，故应适用该条约来确定本案的管辖。根据《蒙特利尔公约》的规定，损害赔偿诉讼由原告选择，向承运人住所地、主要营业地或者订立合同的营业地的法院，或者向目的地的法院提起，而上述地点皆非中国境内，人民法院对本案无管辖权，故依法裁定驳回新时代上海分公司的诉讼请求。

本案的意义在于：上海自贸区作为中国新形势下全面深化改革和扩大开放的一项战略举措，体现中国更大力度地对外开放、更大程度地参与国际竞争、更高精度地适应国际标准。随着自贸区发展，国际货物运输贸易更加频繁，本案即涉及注册在自贸区内的国内运输企业与国外航空运输企业之间的国际航空运输合同关系。法院在准确界定涉案合同关系的基础上，优先适用国际条约，在司法中体现了“切实履行国际义务”现代国际法基本准则。同时,还阐明了《蒙特利尔公约》优于《华沙条约》以及《海牙议定书》适用的规则,并对《蒙特利尔公约》规定的诉讼管辖连接点的范围做了准确理解和适用性分析。法院通过对案件涉外性、国际条约适用性及其内容理解合理性等方面进行层层论证,做出了优先适用国际条约及本案应由域外管辖的裁定,平等保护中外主体的程序权利,充分展现了中国司法尊重国际规则及公平开放的姿态,有助于促进国际贸易,营造公开、透明、可预期的良好市场法治环境。

四、《蒙特利尔公约》的主要内容

(一)适用范围

1.地域管辖

就地域管辖而言,《蒙特利尔公约》及上述其他公约均适用于出发地和目的地分别位于两个成员国的领土内;或两者虽位于同一个成员国的领土内,但在另一国家领土内有一约定的经停地点的国际货物运输,而不论该经停国是否公约成员国。

2.事务管辖

就事务管辖而言,《蒙特利尔公约》强制适用于公约项下的国际货物和旅客运输。任何旨在免除缔约承运人或者实际承运人责任或者降低其责任限额的合同条款,均属无效;任何旨在规避公约的法律适用及管辖权条款,亦属无效。但公约不适用于邮件和邮包的运输。

下面的案例中,就涉及了《蒙特利尔公约》的事务管辖。

2010 年 11 月 22 日,朗力公司就委托办理国际航空快件运输事宜,与天地国际分公司签订《国际航空快件运输协议》,协议同时包括《TNT 运输及其他服务条款》等三个附录文件。2011 年 3 月至 8 月间,朗力公司多次委托天地国际分公司以快递方式向在法国的收货人运送货物。8 月 30 日,天地国际分公司提取了朗力公司托运的 5 件商品,9 月 13 日运抵法国里昂的 4 件商品被法国收货方签收。9 月 23 日,天地国际分公司以电子邮件通知收货人及朗力公司,失踪的 1 件商品已找到并将于当日到达法国里昂。收货人回复电子邮件,表示拒绝接收。此后,该件货物从法国通过海运方式运回中国并最终交付给朗力公司。朗力公司提起诉讼,请求确认合同解除,由天地国际分公司赔偿违约损失;天地国际分公司反诉朗力公司支付拖欠运费及利息。

武汉市中级人民法院经审理后认为,天地国际分公司以航空方式实施了货物的跨国运输行为,其出具的运单项下对应有多件货物,上述货物在运输过程中均可视为独立物,因此货物中的每一件之上,均可视为存在一个独立的运输合同关系。涉案 1

件货物滞后十余日方运抵法国，且法国收货方拒收。而在本案争议发生前，双方已发生持续的航空货物运输服务交易的实际履行期限最长均未超过 10 日。鉴于航空运输方式的快捷性以及先前交易形成的运输期限预期，天地国际分公司的运输迟延行为，构成根本违约。《TNT 运输及其他服务条款》约定的承运人免责条款，因违反《蒙特利尔公约》的规定而无效，天地国际分公司应就其运输迟延造成的损失在《公约》法定限额内承担赔偿责任。据此，判决确认所涉的迟延货物的运输合同解除，天地国际分公司赔偿朗力公司损失，朗力公司向天地国际分公司支付运费及相应利息。后双方均未上诉，该判决于 2014 年 7 月 22 日生效。

本案对明晰国际航空运输合同纠纷的裁判规则、规范国际航空物流权责关系具有示范意义：一是明确了以航空方式实施的跨国货物运输中，运输迟延导致收货人拒绝接受交付可构成承运人的根本违约，托运人可行使部分解除权，有权解除相关运输合同。二是明确了航空货物运输合同旨在免除公约规定的承运人责任或者降低责任限额的约定，违反《蒙特利尔公约》的规定无效，承运人应当在公约限额内向托运人承担赔偿责任。

（二）航空货运单

1.概念

航空货运单，简称空运单，是指国际航空货物运输合同双方当事人订立合同、移交货物和所列运输条件的初步证据，但承运人注明已经核对货物的除外。其不同于提单，不是物权凭证，一般被注明不可转让。

2.应记载事项

航空货运单应当记载：①对出发地点和目的地点的标示；②出发地点和目的地点是在一个当事国的领土内，而在另一国的领土内有一个或者几个约定的经停地点的，至少对其中一个此种经停地点的标示；③对货物重量的标示。

3.航空货运单的说明

《蒙特利尔公约》第七条规定，航空货运单的说明包括以下几点。

（1）托运人应当填写航空货运单正本一式三份。

（2）第一份应当注明“交承运人”，由托运人签字。第二份应当注明“交收货人”，由托运人和承运人签字。第三份由承运人签字，承运人在接收货物后应当将其交给托运人。

（3）承运人和托运人的签字可以印就或者用戳记。

（4）承运人根据托运人的请求填写航空货运单的，在没有相反证明的情况下，应当视为代托运人填写。

（三）承运人的责任基础与责任期限

1.责任基础

《华沙公约》项下，承运人承担过错责任，并享有驾驶过失免责。但《蒙特利尔公约》废止了过错责任，要求承运人承担无过错责任。如《蒙特利尔公约》第十八条第一款规定："对于因货物毁灭、遗失或者损坏而产生的损失，只要造成损失的事件是在航空运输期间发生的，承运人就应当承担责任。"但存在法定免责事由的除外。

2.责任期限

根据《蒙特利尔公约》的规定，承运人的责任期限，即航空运输期间，指货物处于承运人掌管之下的整个期间。这意味着不论在航空站内、在航空器上或在航空站外降停的任何地点，只要货物处于承运人掌管之下，承运人就要承担责任。

例如，中国甲公司从意大利乙公司进口珠宝饰品，签订买卖合同约定由卖方负责安排航空运输。意大利乙公司委托航空货运代理人在意大利安排丙航运公司运输，后因飞行故障丙公司飞机在航空站外降落，导致货物受损。根据《蒙特利尔公约》的规定，丙公司飞机"在航空站外降落"，仍属于航空运输期间，丙公司要承担货损责任。

同时，《蒙特利尔公约》还规定，航空运输期间不包括机场外履行的任何陆路、海上或者内水运输过程。但是，此种运输是在履行航空运输合同时为了装载、交付或者转运而办理的，在没有相反证明的情况下，所发生的任何损失推定为在航空运输期间发生的事件造成的损失。承运人未经托运人同意，以其他运输方式代替当事人各方在合同中约定采用航空运输方式的全部或者部分运输的，此项以其他方式履行的运输视为在航空运输期间。

（四）托运人的权利与义务

1.托运人的基本权利

(1)在出发地机场或者目的地机场将货物提回。

(2)在途中经停时中止运输。

(3)要求在目的地或者途中将货物交给非原指定的收货人。

(4)要求将货物运回出发地机场。

此外，为了平衡当事人的利益，《蒙特利尔公约》规定，托运人的处置指示不可执行的，承运人应立即通知托运人。

2.托运人的基本义务

(1)准确申报货物，即应保证其本人或其代理人在空运单上所填写各项内容的准确性,并对因不准确内容而给承运人或其代理人造成的一切损失负责。

(2)提供约定货物,并提交与货物有关的必备资料和文件,以便在货物交付之前完成海关、警察或者任何其他公共当局的手续。

(3)支付规定的运输费用。

(4)承担承运人因执行其指示而发生的费用和遭受的损失。

(五)收货人的基本权利与义务

收货人的基本权利与义务是,在货物到达目的地后,收货人在支付了应付款项和履行空运单所规定的其他义务后,有权要求承运人向其交付空运单和货物。

承运人承认货物已经遗失,或者货物在应当到达之日起七日后仍未到达的,收货人有权向承运人行使运输合同所赋予的权利。

(六)索赔

1.索赔期限

收货人发现货损的,应在收货后 14 日内;发现交货迟延的,应在 21 日内,书面提出异议。否则,收货人就无权起诉承运人,但承运人有欺诈的除外。上述异议可向缔约承运人或实际承运人提出,二者具有同等效力。

2.诉讼时效

诉讼时效为 2 年,自航空器到达或者应当到达目的地之日起,或者自运输终止之日起计算。其计算方法依照法院地法。

3.管辖权法院

原告可以选择向缔约国境内的以下管辖权法院提起:①承运人住所地;②承运人主要营业地;③承运人订立运输合同的营业地;④目的地。

但针对实际承运人的诉讼,应当向实际承运人住所地或者其主要营业地的管辖权法院提起。

第六节　国际铁路货物运输法律制度

一、国际铁路货物运输概述

国际铁路货物运输是一种联合运输,是使用一份统一的国际联运票据,由铁路负责经过两国或两国以上铁路的全程运送，并由一国铁路向另一国铁路移交货物的货物运输方式。

与公路交通所面临的环境污染严重、用地紧张、事故迭起、道路堵塞、石油资源危机的冲击等问题相比，铁路以其运能大、占地少、能耗低、污染小、速度快、安全性高等优势而在经济发达的国家现代化运输中备受青睐，乃至在世界各国得到迅速发展。

我国同周边国家的进出口货物多数采用铁路货物运输方式。近年来，为了配合“一带一路”倡议的推进，我国的国际铁路货物运输发展很快。

例如，李克强总理 2014 年 12 月在中国—中东欧国家领导人会议期间，与沿线国家达成了合作建设中欧陆海快线北段匈塞铁路的谅解备忘录，为中欧陆海快线的建设奠定了重要基础。这些以中国为中心的国际铁路网使中国铁路运输高度国际化，同时构成了对中国现行的国际铁路运输规则体系的挑战。

在实务中，按照我国铁路技术条件，现行的铁路货物运输种类分为整车(根据体积、重量或种类需要单独车辆运送)、零担(10 千克-5000 千克)和集装箱三种。整车适用于运输大宗货物；零担适于运输小批量的零星货物；集装箱适于运输精密、贵重、易损的货物。

二、国际铁路货物运输的特点

(一)涉及境外铁路部门的协同

国际铁路货物运输运送时往往涉及两个或者两个以上的国家及国境站，各国铁路部门之间通过相关的协议进行合作。

(二)运输条件要求高

国际铁路货物运输对铁轨和车皮存在相应技术要求。一般各国都通过相关的法律对铁轨和车皮的技术指标和质量要求有着强制性的要求。

(三)办理手续较复杂且存在国家管制或干预

由于国际铁路货物运输的运输量比较大，且往往涉及穿越国境的走私、移民等问题，不但办理手续烦琐，而且世界上许多国家对此存在一定管制或干预，往往设置了一定的审批手续和严格的检查程序。尤其是在办理国际铁路运输时，其运输票据、货物、车辆及有关单证都必须符合有关规定和一些国家的当地要求。

(四)运输单据简单

国际铁路货物运输一般使用一份铁路联运票据完成货物的跨国运输。

(五)运输责任采用统一责任制

国际铁路货物运输一般由承运人对运输的全程承担责任。

（六）运输风险较低

国际铁路货物运输连贯性强，不易受天气和季节变化影响，且载货量比空运大，速度比海运快，风险较海运和空运都小。

三、国际铁路货物运输的条约

由于铁路运输轨道等方面的客观限制，国际社会尚未制订全球性的铁路货物运输的国际统一立法。边境国家往往通过双边或多边条约协调相应的铁路货物跨境运输问题。目前，比较重要的多边国际铁路货物运输公约主要有以下两个：《国际铁路货物联运协定》和《国际铁路运输公约》。国际上现有的铁路货运国际规则体系分别是建立在这两个规则基础之上的。

（一）《国际铁路货物联运协定》

《国际铁路货物联运协定》简称《国际货协》，是于 1951 年 11 月由苏联、捷克、罗马尼亚、东德等 8 个国家共同签订的一项铁路货运协定。1954 年 1 月我国参加该协定，其后，朝鲜、越南、蒙古也陆续加入，至此共有 12 个国家加入《国际货协》。

（二）《国际铁路货物运输公约》

《国际铁路货物运输公约》简称《国际货约》，1961 年由奥地利、法国、比利时、德国等国家在瑞士伯尔尼签订，于 1970 年 2 月 7 日修订，修订后的《国际货约》于 1975 年 1 月 1 日生效。我国没有加入该公约。

因此，考虑到我国国际铁路运输所依据的国际法律文件和实际情况，本节接下来的讲解，主要结合《国际货协》的规定和我国铁路部门的相关规定进行。

四、国际铁路运输合同的当事人

该合同的当事人有两方，即承运人和托运人。

（一）承运人

承运人是指所有参加运送货物各国经批准的铁路企业。

（二）托运人

托运人是指本人或者委托他人以本人名义或者委托他人为本人与承运人订立国际联运合同的人，一般称为发货人。

需要说明的是，收货人并不是国际铁路运输合同的当事人，而是合同一方当事人或托运人的关系人。

五、国际铁路运输合同当事人的权利义务

按照《国际货协》的规定，铁路货物运输合同当事人的权利和义务包括以下内容。

（一）托运人的权利和义务

1.托运人的权利

（1）在《国际货协》允许的范围内变更合同内容，如托运人变更到站和收货人，甚至运回发站。

（2）托运人有权在到达国境站后，要求变更到站和改变收货人，但申请须在到达国境站以前提出，费用由要求变更的当事人负责。

（3）如运单中的货物毁损或腐坏的，可拒领货物并按规定向承运人索赔。

2.托运人的义务

（1）正确填写运单，并承担误填运单的法律后果。

（2）支付运费，发站国铁路的运费由托运人向发货站支付，过境国铁路的运费由托运人向始发站支付或由收货人向到站支付，如有几个过境国而发货人未付运费则由收货人向到站支付全程运费。

（二）承运人的权利和义务

1.承运人的权利

（1）收取运费和其他费用。

（2）在符合规定的情况下，对货物有留置权。

（3）按规定拒绝或延缓执行托运人变更合同的要求。

（4）按规定引用责任限制和免责条款拒绝索赔。

（5）如果货物灭失或损坏，其赔偿不能高于货物全部灭失的价值。

2.承运人的义务

（1）货物由发货站运至到站后，负责将货交给收货人。

（2）执行托运人按规定提出的变更合同的要求。

（3）从签发运单到交货为止，为承运人的责任期间，对货物逾期、毁损或灭失负赔偿责任，各铁路区段的承运人应承担连带责任。但发生下列情况之一的，承运人不负责任：①因铁路无法预防和无法消除的情况；②因货物自然属性引起的自然损坏、生锈、内部腐坏后果；③因发货人或收货人的过失，使货物名称错填，未采取必要的安全措施，造成货物损坏；④因自然灾害或不可抗力等原因。

六、国际铁路货物运输托运前的工作

在托运前必须将货物的包装和标记严格按照合同中有关条款和《国际货协》的规定办理。在实务中需要具体做到：①货物包装应能充分防止货物在运输中灭失和腐坏，保证货物多次装卸不致毁坏；②货物标记、表示牌及运输标记等字迹均清晰，不易擦掉，保证多次换装中不致脱落。

七、国际铁路货物运输的托运和承运程序

在实践中，国际铁路货物运输的托运和承运的程序一般包括以下几个步骤。

（一）申请

发货人在托运货物时，应向车站提出货物运单和运单副本，以此作为货物托运的书面申请。

（二）审核

车站接到运单后进行审核，对整车货物应检查是否有批准的月度、旬度货物运输计划和日要车计划，检查货物运单各项内容是否正确，如确认可以承运，车站即在运单上签证时写明货物应进入车站的日期和装车日期，即表示接受托运。对于零担货物的发运，发货人在托运时，不需要编制月度、旬度要车计划，可凭货运单向车站申请托运。

（三）查验

发货人按签证指定的日期将货物搬入车站或指定的货位，由铁路部门根据货物运单的记载查对实货，认为符合国际货协和有关规章制度的规定，车站方可予以承运。

（四）承运

车站将发货人托运的货物，连同货物运单一同接受完毕，在货物运单上加盖承运日期戳时，即表示货物已经承运。铁路部门对承运后的货物负保管、装车及发运责任。

八、国际铁路货物运输的货运单据

国际铁路货物运输的货运单据一般包括以下两部分。

（一）国际铁路联运运单

运单是指发货人与铁路之间缔结的运输契约，它规定了铁路与发、收货人在货物

运送中的权利、义务和责任,对铁路和发货人、收货人都具有法律效力。

(二)添附文件

添附文件是指根据合同或者法律要求附加的相关文件。例如,在我国铁路货物运输的实践中,出口的货物必须添加"出口货物明细单"和"出口货物报关单"以及"出口外汇核销单"。另外,根据相关规定和合同的要求还要添附"出口许可证"、品质证明书、商检证、卫生检疫证、动植物检查以及装箱单、磅码单、化验单、产地证及发运清单等有关单证。

九、国际铁路货物运输出口货物的程序

在实践中,一般包括以下四个程序。

(一)实际交接

出口货物的实际交接在国境站进行。口岸外运公司接到铁路交接所传递的运送票据后,依据运单审核其附带的各种单证是否齐全,内容是否正确。如遇矛盾或不符等缺陷,则根据有关单证或函电通知订正、补充。

(二)报关报验

运单经审查无误后,口岸外运公司会将出口货物明细单截留三份(易腐烂变质货物截留两份),然后将有关运送单证送各联检单位审核放行。

(三)货物交接

单证手续齐备的列车出境后,交付国在邻国国境站的工作人员,会同接收方工作人员,共同进行票据和货物的交接,依据交接单进行对照检查。

货物交接分为一般货物铁路交接和易腐烂变质货物贸易双方的交接,也可分为凭铅封交接和按实物交接两种情况。

第一,凭铅封交接的货物,根据铅封的站名、号码或发货人简称进行交接。

第二,按实物交接的货物具体可以分为只按重量、只按货物的件数以及只按货物的现状交接三种情况。

在办理货物交接时,交付方必须编制货物交接单,没有编制货物交接单的货物,在国境站不能办理交接。

(四)收货人取货

出口货物抵达目的站后,铁路通知运单中所记载的收货人领取货物。收货人领取货物时,应在联运运单上填记货物领取日期,并加盖收货戳记。

十、国际铁路货物运输进口货物的程序

在实践中，一般包括以下七个程序。

（一）确定到达站

国内订货部门应提供确切的到达站的车站名称和到达铁路局的名称，除个别在国境站设有机构单位外，均不得以我国国境站或换装站为到达站，也不得以对方国境站为到达站。

（二）必须注明货物经由的国境站

一般需要在相关申报文件中注明货物经由的国境站，方便铁路部门审批和查验。例如，注明货物是经满洲里还是阿拉山口进境。

（三）正确编制货物的运输标志

各部门对外订货签约时，必须按照商务部的统一规定编制运输标志，不得颠倒顺序和增加内容，否则会造成错发、错运事故。

（四）向位于国境站的外运机构寄送合同资料

进口单位应及时将合同中的中文副本、附件、补充协议书、变更申请书、确认函电、交货清单等寄送国境站外运机构。

（五）进口货物在国境站的交接

进口货物列车到达国境站后，由铁路部门会同海关接车，双方铁路部门根据列车长提供的货物交接单办理交接，海关对货物执行监管。

（六）分拨与分运

铁路部门根据运输合同对货物进行分拨与分运，运送货物到目的站。

（七）进口货物的交付

货物到站后铁路部门向收货人发出到货通知，收货人向铁路部门付清运费后，铁路部门将运单和货物交给收货人，收货人在取货时应在运单上加盖收货戳记。

十一、关于中欧班列的实践与规则创新

（一）中欧班列的实践

中欧班列是指按照固定车次、线路等条件开行，往来于中国与欧洲及一带一路沿线各国的集装箱国际铁路联运班列。铺划了西、中、东 3 条通道中欧班列运行线：西部通道由我国中西部经阿拉山口（霍尔果斯）出境，中部通道由我国华北地区经二连浩特出境，东部通道由我国东南部沿海地区经满洲里（绥芬河）出境。2011 年 3 月，

首趟中欧班列从重庆发出开往德国杜伊斯堡，开启了中欧班列创新发展的序章。截至2021年中欧班列已经开行十周年，10年来中欧班列开行累计突破4万列，合计货值超过2000亿美元，打通73条运行线路，通达欧洲22个国家的160多个城市，开创了亚欧陆路运输新篇章，铸就了沿线国家互利共赢的桥梁纽带。

（二）中欧班列的规则创新：中国方案的尝试

中欧班列途经多国，沿途各国分属《国际铁路货物联运协定》和《国际铁路货物运输公约》两大公约的缔约国，导致中欧班列适用国际规则的情况较为复杂。且两大公约均以铁路运单为基础，铁路运单只能由收货人凭身份提货而不能凭单提货，没有实现货物和权利的分离，非常不便于转卖和融资。因此，相关市场主体在依托中欧班列开展国际货物运输及国际贸易时，只能通过合同约定由货运代理企业（缔约承运人）签发铁路提单，约定铁路提单是唯一提货凭证，并以此开展运输、买卖、融资活动。

但是，客观情况是：随着"一带一路"倡议的顺利实施，陆上贸易迎来新的发展机遇。中欧班列的开行联通亚欧大陆，使得铁路在途运输时间变长，相关市场主体产生了快速实现在途运输货物转卖、实现资金回笼的需求，轻资产企业更有通过在途货物进行融资从而扩大商业规模的需求，市场迫切需要一种一定程度上能够代表货物而又与货物相分离的运输单证。这体现了国际商事交易对效率的追求，中欧班列的实践对现行国际铁路运单提出了更高的规则变革要求。

对此，中国已经开始了规则改革的尝试。2019年8月，国家发改委印发的《西部陆海新通道总体规划》，正式提出了"铁路提单"概念，并提出"推动并完善国际铁路提单融资工程，使其在国际贸易中更好发挥作用"。这是中国政府为了实践"人类命运共同体"理念，在国际铁路货物运输规则改革中迈出的重要一步。这种理念很快在现实中得到了司法实践的回应。

2020年6月30日，重庆两江新区人民法院（重庆自由贸易试验区人民法院）对全国首例铁路提单纠纷案作出一审判决，确认货物所有权归属提单持有人并支持其提取货物的诉求。具体案情如下。

英飒（重庆）贸易有限公司（以下简称"英飒公司"）是一家从事汽车贸易的公司，长期从德国进口奔驰汽车在国内销售。就奔驰轿车进口事项，其与重庆中外运物流有限公司（以下简称"中外运公司"）、重庆物流金融服务股份有限公司（以下简称"物流金融公司"）签订三方协议，委托中外运公司通过中欧班列（重庆）将车辆从德国杜伦运输至重庆，中外运公司在境外接收车辆时签发铁路提单，铁路提单是提取车辆的唯一凭证；英飒公司为支付货款向银行办理托收押汇，物流金融公司为英飒公司向银行提供担保,英飒公司将铁路提单质押给物流金融公司作为反担保。中外运公司依约在境外接收进口奔驰轿车后向出口商签发铁路提单。英飒公司向银行付清垫付的货款及相关费用后,物流金融公司的担保责任解除,将铁路提单背书后交给英飒公司。英飒公司将铁路提单项下的两辆奔驰轿车销售给重庆孚骐汽车销售有限公司(以下简称"孚骐公司"),并约定交付铁路提单视为交付车辆,后英飒公司将铁路提单交给孚骐公司。孚骐公司持单向中外运公司要求提货,中外运公司拒绝放货。孚骐公司遂以中外运公司为被告、英飒公司和物流金融公司为第三人,向重庆两江新区(自贸区)法院提起诉讼,要求确认其享有涉案铁路提单项下两辆轿车的所有权,并要求被告交付提单项下的轿车。

庭审中,提单持有人是否可以提货成为争议的焦点。原告孚骐公司认为,铁路提单是唯一提货凭证,其持有铁路提单就有权提取货物。中外运公司则认为,根据三方协议约定,其只能向英飒公司交付货物,英飒公司转让铁路提单后,应对铁路提单背书,且运费尚未付清,因此拒绝放货。

法院审理后认为,市场主体在国际铁路货物运输过程中约定使用铁路提单,并承诺持有人具有提货请求权,系创设了一种特殊的指示交付方式,即商业主体之间通过交付铁路提单来完成指示交付,从而以铁路提单的流转代替货物流转,该做法不违反法律、行政法规强制性规定和社会公共利益,合法、有效。这种预设的交付规则使铁路提单具有了一定的流通性,铁路提单的合法持有人可以要求提取货物。本案孚骐公司与英飒公司之间交付铁路提单系提货请求权的转让,应视为完成车辆交付。结合孚骐公司和英飒公司所建立的车辆买卖合同这一基础法律关系,孚骐公司取得车辆所有权,应予确认。法院据此作出一审判决,确认原告孚骐公司享有铁路提单项下车辆的所有权,被告向原告交付车辆。

本案引发的思考是:通过铁路提单的流转实现货物流转的做法是否合法、有效。司法面临着如何认定铁路提单流通效力的法律适用难题。

值得肯定的是,本案判决认可了市场主体预设的基于铁路提单的货物交付规则,认为其是一种特殊的指示交付,给予了铁路提单法律上的肯定评价。同时,倡导交易各方均应在铁路提单上背书,使货物交付始终能够通过铁路提单流转来完成并确保其安全性,为铁路提单流通规则的建立提出指引,也为国际铁路货物运输规则提出了"中国方案"。在实践中,建议当事人提前在合同中明确约定铁路提单的效力。

第七节 国际货物多式联运法律制度

一、国际货物多式联运概述

(一)国际货物多式联运的概念

国际货物多式联运是指随着集装箱运输的发展而迅速发展起来的一种重要的现代化运输方式。依照《联合国国际货物多式联运公约》的规定,是指"按照多式联运合同,以至少两种不同的运输方式,由多式联运经营人将货物从一国境内接管货物的地点运至另一国境内指定交付货物的地点"。但公约也同时规定:为履行单一方式运输合同而进行的货物接送业务,不应视为国际多式联运。

国际货物多式联运是随着班轮运输的发展而开展起来的,20 世纪 60 年代以后,国际海上集装箱运输迅速发展,国际货物多式联运也随之迅速发展。

在实践中,国际货物运输通常要经过两种或两种以上的运输方式才能将货物从起运地运到目的地。传统的组织形式是分段运输,即由托运人(出口商)分别与有关运输方式的承运人签订运输合同,由各运输方式的承运人负责完成各区段的运输,或由起运地的承运人代理托运人与下一程的承运人签订下一程的运输合同,分段完成全程运输。这样,托运人或他的代理人不仅要照料两种运输方式之间的换装安排,还要安排货物的仓储搬运。采用国际货物多式联运后,托运人只需与多式联运经营人签订多式联运合同,在起运地将货物交给多式联运经营人并取得其签发的多式联运单据后,便可通知收货人(进口商)在目的地提取货物。这种运输组织形式有利于简化货运手续和明确多式联运经营人对全程运输的责任,并有利于加强参加联运的各方面的配合,从而提高运输效率,促进国际贸易的发展。

(二)国际货物多式联运的特点

第一,根据多式联运的合同进行操作,运输全程中至少使用两种运输方式,而且是不同方式的连续运输。

第二,多式联运的货物主要是集装箱货物,具有集装箱运输的特点。

第三,多式联运是一票到底,实行单一运费率的运输。发货人只要订立一份合同、一次付费、一次保险，通过一张单证即可完成全程运输。

第四，多式联运是不同方式的综合组织，全程运输是由多式联运经营人组织完成的。无论涉及几种运输方式、分为几个运输区段，均由多式联运经营人对货运全程负责。

（三）优点与新问题

国际货物多式联运一般以集装箱为媒介，把海上运输、铁路运输、公路运输和航空运输等传统的单一运输方式有机地联合起来，完成货物的跨国运输，从而实现国际贸易货物的“门到门”无缝交接。其具有手续简便、装卸效率高、运输速度快、货损货差少、成本与费用省等诸多优点。可以说，国际多式联运是今后国际运输发展的方向。

但同时国际货物多式联运也对传统的运输法提出了许多新的问题。例如，多式联运单据的法律性质问题；买卖合同当事人与各联运承运人之间的关系问题；各联运承运人之间的风险、责任划分问题等。这些问题，建议当事人在实践中，以合同的形式来事先进行约定，以避免风险和纠纷。

二、《联合国国际货物多式联运公约》的主要内容

发展中国家为了摆脱海运发达国家对国际多式联运的控制，发展自己的多式联运业务，从 1973 年开始，经过七年谈判，在联合国贸易和发展会议的主持下，于 1980 年 5 月制定了《联合国国际货物多式联运公约》。公约由序言、八个部分共四十条和一个关于海关事项的附则所组成。需要说明的是，按公约规定，公约在 30 个国家批准或加入后 12 个月开始生效。截至目前，批准的国家没有达到 30 个，所以公约尚未生效。但是公约当中的很多条款，在国际上有深远的影响，在实务中被当事人以合同条款的形式所确定。公约的内容主要包括以下几个部分。

（一）适用范围

该公约强制适用于两国各地之间所有的多式联运合同，但多式联运经营人接管货物或交付货物的地点至少应有一个在缔约国境内。然而，公约的任何规定不影响发货人选择多式联运或分段运输的权利，公约也不影响任何有关运输管理的其他国际立法或国内立法。

（二）多式联运单据

多式联运单据是指证明多式联运合同，以及证明多式联运经营人接管货物并负责按照合同条款交付货物的单据。根据公约第五条的规定，联运经营人在接管货物

时,应签发多式联运单据。依发货人的选择,该单据可做成可转让或不可转让的单据。可转让时,其转让方式同海运提单,具有物权凭证的性质和作用。

多式联运单据中应当包括15项内容,其中包括:货物的品类、标志、包数或件数、货物的毛重、危险货物的性质、货物的外表状况、联运人的名称和地址、发货人的名称、收货人的名称、联运人接管货物的地点和日期、交货地点、多式联运单据的签发地点和日期、联运人或其授权人的签字等。不过,需要注意的是,多式联运单据中若缺少上述内容中的一项或数项,并不影响其作为多式联运单据的法律性质。

(三)多式联运经营人

多式联运经营人是指其本人或通过其代表与托运人签订多式联运合同的人。多式联运经营人可能是无船承运人或船舶所有人等,但他既不是发货人的代理人或代表,也不是参与多式联运的其他承运人的代理人或代表,而是多式联运合同的当事人。多式联运经营人负有履行整个联运合同的责任,并以“本人”的身份对联运的全过程负责。因此,在发货人将货物交由联运人收管后,不论货物在运输过程中的哪个运输阶段发生灭失或损坏,联运人均须以“本人”的身份直接赔偿责任。

在国际贸易的实践中,多式联运经营人常由从事海上集装箱运输的航运公司或从事货运组织工作、服务工作的运输行充任。在中国,中国远洋运输总公司属于前者,中国对外贸易运输总公司属于后者。

(四)发货人的责任

第一,发货人应依约提交并准确申报供运输的货物。如果多式联运经营人遭受的损失是由于发货人的过失或疏忽,或者他的受雇人或代理人在其受雇范围内行事时的过失或疏忽所造成,发货人对这种损失应负赔偿责任。上述有过失或疏忽的受雇人或代理人对于这种损失亦应负赔偿责任。

例如,甲公司(发货人)将数台设备交由乙公司(多式联运经营人)代理运输,从张家港由公路运输经上海至汉堡港,由张家港仓储公司负责装箱。货物从上海至汉堡段交由实际承运人A公司承运。乙公司则向甲公司出具了全程清洁提单,A则向乙公司出具了清洁提单,货物投保了一切险。当货物到达汉堡港后发现箱损,后经公证机构检验,确认由于箱内设备加固、捆绑不牢,致使箱损和部分货损。在本案中,发生货物损失的原因在于箱内设备加固、捆绑不牢。可以判定是发货人甲公司的过失所致,所以理应由甲公司来承担责任。

第二,对于所托运的危险物品,发货人应为其设置特别标志,并告知货物的危险特性及应采取的预防措施。否则,应承担相应的损害赔偿责任。

（五）联运人的赔偿责任

《公约》的第三部分是关于联运人赔偿责任的规定。联运人对多式联运单据项下货物的责任期间，是从其接管该货物之时起至交付货物时为止。《公约》对联运人的赔偿责任采取了“推定过失原则”，即除非联运人能证明他和他的受雇或代理人为避免损害事故的发生及其后果已经采取了一切所能合理要求的措施，否则就推定联运人对事故的发生是有过失的，因而应对货物在其掌管期间所发生的灭失、损坏或延迟交货，负赔偿责任。除非多式联运经营人证明其本人、受雇人或代理人为避免事故的发生及其后果已采取一切所能合理要求的措施。

（六）索赔与诉讼

1.索赔期限

（1）收货人的索赔。收货人应在收取货物的次 1 个工作日；如果灭失和或损坏不明显，则应在其后连续 6 日内，以书面方式提出相应异议。否则，此种货物的交付即构成货物正常交付的初步证据。如果货物的状况在交付收货人时已经由当事各方的代表联合调查或检验，则无须就调查或检验所证实的灭失或损坏送交书面通知。

对于延迟交付，应在货物交付后连续 60 日内向多式联运经营人提出书面索赔，否则对延迟交货所造成的损失无须给予赔偿。

（2）多式联运经营人的索赔通知。多式联运经营人应在损失发生或交付货物后的 90 日内，将其损失书面通知发货人。未送交这种通知本身构成多式联运经营人未因发货人、其受雇人或代理人的过失或疏忽而遭受损失或损害的初步证据。

2.诉讼时效

有关国际多式联运的任何争议，应在 2 年期间内提起诉讼或交付仲裁。但是，如果在货物交付之日后或应当交付而未交付之日后 6 个月内，没有提出书面异议，说明索赔的性质和主要事项，则诉讼时效在该期限终了之时提前到期。

诉讼时效可经被索赔人在时效期间内的书面声明而延长，此后还可再次或多次声明延长。如果法院地法允许，责任人向第三人追偿的时限自其赔偿争议解决之日或收到对他的诉讼传票之日起，不得少于 90 日。

（七）管辖

原告可在他选择的法院根据公约提起有关国际多式联运的诉讼，如果该法院按其所在国法律规定有权管辖，而且下列地点之一是在其管辖之范围内。

第一，被告主要营业地，或者，如无主要营业所，被告的习惯住所地。

第二，订立多式联运合同的地点，而且合同是通过被告在该地的营业所、分支或代理机构订立。

第三,为国际多式联运接管货物的地点或交付货物的地点。

第四,多式联运合同中为此目的所指定的并在多式联运单证中载明的任何其他地。

例外:本条各款并不妨碍各缔约国对于临时性或保护性措施的管辖权。如果当事双方在索赔发生之后达成协议,指定原告可以提起诉讼的地点,该协议有效。

三、《多式联运单证规则》的主要内容

《多式联运单证规则》全称为《1991 年联合国贸易和发展会议/国际商会多式联运单证规则》,是 1991 年由联合国贸易和发展会议与国际商会在《联合运输单证统一规则》的基础上,参考《联合国国际货物多式联运公约》共同制定的,是一项国际规则,供当事人自愿采纳适用。该规则与 1980 年《联合国国际货物多式联运公约》的内容大同小异。主要内容有以下十二点。

(1)本规则经当事人选择后适用,一经适用就超越当事人订立的条款,除非这些条款增加多式联运经营人的义务。

(2)本规则对一些名词做了定义。

(3)多式联运单证是多式联运经营人接管货物的初步证据,多式联运经营人不得以相反的证据对抗善意的单据持有人。

(4)多式联运经营人责任期间自接管货物时起到交付货物时止。多式联运经营人为其受雇人、代理人和其他人的作为或不作为承担一切责任。

(5)多式联运经营人的赔偿责任基础是完全责任制,并且对延迟交付应当承担责任。

(6)多式联运经营人的责任限制为每件或每单位 666.67 特别提款权,或者毛重每千克 2 特别提款权。

(7)如果货物的损坏或灭失是多式联运经营人的作为或不作为造成的,则不得享受责任限制。

(8)如果货物的损坏或者灭失是由托运人造成的,则多式联运经营人应先向单据的善意持有人负责,而后向托运人追偿。

(9)货物损坏明显,则收货人立即向多式联运经营人索赔,如不明显,则在 6 日内索赔。

(10)本规则诉讼时效为 9 个月。

(11)本规则对侵权或违约均有效。

(12)本规则适用于所有多式联运关系人。

四、中国《海商法》中关于多式联运的规则

(一)多式联运合同

根据《海商法》第一百零二条规定,多式联运合同是指多式联运经营人以两种以上的不同运输方式(其中一种是海上运输方式)负责将货物从接收地运至目的地交付收货人,并收取全程运费的合同。

(二)多式联运经营人的责任期间

根据《海商法》第一百零三条的规定,多式联运经营人对多式联运货物的责任期间,自接收货物时起至交付货物时止。

(三)多式联运经营人的责任承担

(1)多式联运经营人负责履行或者组织履行多式联运合同,并对全程运输负责。

(2)多式联运经营人与参加多式联运的各区段承运人,可以就多式联运合同的各区段运输,另以合同约定相互之间的责任。但是,此项合同不得影响多式联运经营人对全程运输所承担的责任。

(3)货物的灭失或者损坏发生于多式联运的某一运输区段的,多式联运经营人的赔偿责任和责任限额,适用于调整该区段运输方式的有关法律规定。

(4)货物的灭失或者损坏发生的运输区段不能确定的,多式联运经营人应当依照法律对承运人赔偿责任和责任限额的规定负赔偿责任。

以下是一起涉及多式联运的典型案例,其中的教训值得当事人警惕。

2013年,我国义乌市堆正公司与墨西哥某公司签订一笔总额为236640美元的外贸服装出口合同,约定采用"海运+路运"的多式联运方式。堆正公司委托货代向现代商船会社订舱,涉案集装箱在宁波港装船运输。货物到约定的墨西哥港口后,现代商船会社和运货的卡车司机向当地警方报案称,其所驾卡车连同集装箱被持械歹徒劫走。为此,堆正公司以涉案货物在现代商船会社责任期间内丢失致其客商无法取得货物为由,向宁波海事法院提起诉讼,请求判令现代商船会社赔偿其货物损失232000美元(折合人民币约166万元)、海运费人民币23955.43元及两款延期支付违约金。

根据我国《海商法》的相关规定,货物的灭失或者损坏发生于多式联运的某一运输区段的,多式联运经营人的赔偿责任和责任限额,适用于调整该区段运输方式的有

关法律规定。本案中,该区段运输发生于墨西哥,应适用墨西哥法律。商船会社提交了经当地公证和我国使领馆认证的法律意见书,可以作为认定承运人责任及其限额的依据。墨西哥相关法律规定,当发货人没有申报货物的价值时,责任将被限制在每吨墨西哥联邦区现行的15天的最低工资,若不足一吨则按比例计算。

宁波海事法院经审理查明,堆正公司提交的报关单显示货物价值共232000美元,与外贸订单记载货值相对应,但货物价值并未在提单复印件和墨西哥内陆运单中显示,不能证明货物价值已申报给承运人、陆运区段承运人并获得知悉。故法院认为,承运人的责任应被限制在每吨墨西哥联邦区现行的15天的最低工资内。基于此,宁波海事法院根据2013年11月美元与墨西哥比索的汇率乘以提单记载的货物重量,确定商船会社的赔偿责任数额为1391.67美元(折合人民币9000多元),驳回堆正公司的其他诉讼请求。

本案的教训极其深刻,原本价值232000美元的货物,最后只能得到千余美元赔偿,也给广大外贸企业敲响了警钟。建议当事人在实践中注意以下两点。

第一,发运货物时务必要求承运人签发提单并在相应单证上记载货物价值。

第二,提前了解运输区段所在国关于承运人责任限制的相关规定,并通过合同来合理设置双方的风险和责任承担。

第五章　国际货物运输保险法

第一节　国际货物运输保险法律制度概述

国际经贸活动中的货物跨国运输，不论采用何种运输方式，在途货物都有可能遭受来自自然界或人类社会的各种风险的侵害。借助于相应的货物运输保险，就可以将这种货损风险分散给社会。根据运输方式的不同，国际货物运输保险可分为海运保险、空运保险、陆运保险和邮包运输保险等。其中海运保险最为重要，最有研究和应用价值。

其主要原因：第一，海运承担了全球绝大部分的货物运输，海运保险亦因此使用范围广，影响最大。第二，许多海运保险不但涵盖海运区段，还随着多式联运的发展而延伸到其他运输领域。第三，海运保险历史悠久，已经形成相当完善的海上保险法律体系及相应的理论体系。其他保险方式受海上保险法，特别是英国海上保险法的影响。故国际社会尽管尚无货物运输保险多边国际统一立法，但各国的相应做法比较统一。

目前调整国际货物运输保险主要通过各国的相应国内立法。此外，相应的行业组织制定的货物运输保险条款也具有重要影响。在我国，调整货物运输保险的立法主要有《中华人民共和国保险法》(以下简称《保险法》)《海商法》等。此外，我国的保险公司制定的各种货物运输保险条款也得到广泛使用。

一、国际货物运输保险的概念与特征

（一）保险

保险是指投保人根据合同约定，向保险人支付保险费，保险人对于合同约定的可能发生的事故所造成的人身或财产损失承担赔偿保险金责任的行为。

（二）国际货物运输保险

国际货物运输保险，是以对外贸易货物运输过程中的各种货物作为保险标的保险。在实践中，国际货物运输保险是通过订立保险合同来实现的，保险单是保险合同存在的证明。保险合同一经订立，订约双方均应按照合同条件，即保险单中各项保险条款的规定来履行义务、享受权利。

（三）国际货物运输保险的特征

（1）国际货物运输保险是一种相对独立于基础买卖的法律关系。一般情况下，国际货物运输保险合同的效力不受当事人买卖合同效力的影响。

（2）保险标的物是国际运输中的货物，而非运输工具。运输工具有单独的财产保险来保障。

（3）当事人为保险人、被保险人、投保人。保险人又称承保人，是指与投保人订立保险合同，收取保险费，在保险事故发生或保险期满时承担损失赔偿或给付保险金责任的保险经营组织。被保险人是指其财产受保险合同保障，当保险事故发生或保险期满时享有保险金请求权的人。投保人是指与保险人订立保险合同，并按照保险合同负有支付保险费义务的人。

（4）保险人只对保险期间保险事故所导致的货物损失承担赔偿责任。保险期间是指保险单所提供的保障期限，即从保险责任开始到终止的时间。保险期限不仅是合同双方当事人行使权利和承担义务的责任期限，也是保险人计算保险费的重要依据。保险事故是指保险合同中载明的危险发生后，所造成的损害或伤害后果，保险人对这种后果的发生负有赔偿经济损失或保险金给付的责任。

二、国际货物运输险承保的风险、险种及损失范围

（一）承保的风险

承保的风险是投保人与保险人约定，保险人应对运输途中导致被保险货物灭失或损坏承担赔偿责任的各种自然风险或社会风险。

需要特别指出的是，这种风险应当是客观存在的，但其能否成为现实则具有偶然

性。如果风险必然发生,或者其根本不存在,抑或已经消失,则相应的保险合同无执行力,由过错方自行承担其损失。例如,我国《海商法》第二百二十四条规定:“订立合同时,被保险人已经知道或者应当知道保险标的已经因发生保险事故而遭受损失的,保险人不负赔偿责任,但是有权收取保险费;保险人已经知道或者应当知道保险标的已经不可能因发生保险事故而遭受损失的,被保险人有权收回已经支付的保险费。”

在实践中各种运输方式所面临的风险均有其特殊性,但一般均可区分为自然灾害、意外事故及外来风险等。

第一,自然灾害是指由于自然界的变异引起破坏力量所造成的现象,如恶劣气候、雷电、地震、海啸、火山爆发、洪水等。

第二,意外事故是指出于不能抗拒或者不能预见的原因引起的事故。例如,在海上货物运输保险合同中,常见的意外事故包括船舶搁浅、触礁、沉没、互撞或与其他固体物如流冰、码头碰撞,以及失踪、失火、爆炸等意外原因造成的事故。

第三,外来风险包括一般外来风险和特殊外来风险。

(1)一般外来风险通常是指偷窃、雨淋、短量、玷污等原因引起的风险。

(2)特殊外来风险一般是指由于军事、政治、国家政策法令和行政措施等特殊外来因素所造成的风险与损失。通常包括战争、罢工、暴动、交货不到、拒绝收货等原因引起的风险。

(二)承保的险种

货物运输的险种因运输方式不同而有所差别。实践中由保险人根据业务情况来开设,如海运基本险有平安险、水渍险和一切险,空运基本险有空运险和空运一切险,陆运基本险有陆运险和陆运一切险。在国际货物运输保险实务中,这些险均可加保战争险、罢工险等附加险。

(三)承保的损失范围

保险人承保的损失范围是指保险事故发生后,保险人对被保险人因此遭受损失的赔偿范围,主要包括全部损失、部分损失及单独费用。

1.全部损失

全部损失是指保险事故发生后,被保险货物完全灭失或完全失去效用,不值得进行修复。

根据损失的实际情况,全部损失又可分为实际全损和推定全损两种。

(1)实际全损是指被保险货物完全灭失或完全丧失原有形体、效用或者其不能再归被保险人拥有。前者如货物被海水溶解、被烧毁或报废;后者如货物随船沉入深海,或货物被抛弃。

(2)推定全损是指保险事故发生后,被保险货物被认为实际全损已经不可避免,或者为避免发生实际全损所需支付的费用与继续将货物运抵目的地的费用之和将超过保险价值,因而对被保险人失去了商业价值。在此情况下,保险公司给予被保险人以全部保险金额的赔偿即为推定全损。例如,货物被敌对方俘获而难以复得,就可以推定全损。再如,一批小麦经海水浸泡后,虽然还未完全烂掉,但发霉变质已在所难免时,也可视为推定全损。

在实务中还需要注意的是,在足额保险条件下,保险人对于全部损失应按保险金额支付保险赔偿金。在不足额保险条件下,保险人按承保比例支付保险赔偿金。

2.部分损失

部分损失是指保险事故发生后,货物部分灭失或部分丧失其价值。如海运货物之共同海损、单独海损等。部分损失能否向保险公司索赔,取决于其是否为相应的保险合同所规定。

(1)共同海损是指载货船舶在海上遭遇灾害或事故,实际威胁到船、货等各方的共同安全,为了解除这种威胁,维护船、货的安全,或者使航程得以继续完成,由船方有意识地、合理地采取措施,因此作出的特殊牺牲或支出的额外费用。共同海损尽管应由受益方共同分摊,但实务中往往由相应货物的保险人直接支付。

(2)单独海损是指不属于共同海损的货物部分损失。

3.单独费用

单独费用是指被保险人对遭受承保风险侵害的货物采取抢救、防止或减少货损的措施而支付的合理费用,一般包括施救、救助等各类费用。

(1)施救费用是指在被保险货物遭受承保风险的侵害时,被保险人为避免和减少损失,采取各种措施而发生的合理费用。

(2)救助费用是指在被保险货物遭受承保风险的侵害时,由被保险人以外的第三者采取救助措施,被保险人向其支付的费用。

需要注意的是,在实务中一般根据保险合同中“诉讼与营救条款”,单独费用应予补偿,但各项单独费用之和一般不得超过保险金额。

第二节　国际货物运输保险法的基本原则

保险法的基本原则有许多,诸如保险与防灾相结合原则、最大诚信原则、保险利益原则、损害赔偿原则、公平互利与自愿协商原则、近因原则、公平竞争原则等。但与国际货物运输保险紧密关联的,主要有可保利益原则、最大诚信原则、近因原则、损失补偿原则等。

一、可保利益原则

(一)概念

第一,可保利益,又称"保险利益",是指投保人对保险标的具有的法律上承认的利益。

在保险合同中,被保险人要求保险人给予保障的,并不是保险标的本身,而是被保险人对保险标的所享有的经济利益。也就是说,保险合同的客体是可保利益,而不是保险标的本身。因此,在保险标的因保险事故造成损害或灭失时,保险人向被保险人赔付的并不是保险标的实物,而是被保险人在保险标的中所具有的金钱上的利益。

第二,可保利益原则,又称保险利益原则,要求投保人在投保时必须对保险标的具有可保利益。

(二)意义

可保利益原则的目的在于遏制赌博行为的发生,防止道德风险的发生。因为货物运输保险是一种财产保险,其目的是弥补未来的损失,所以只有可能遭受经济损失的投保人才能投保财产险,否则就可能导致保险赌博或其他非法合同。故如果投保人对保险标的不具有可保利益的,保险合同不成立或者无效。

在实践中需要特别注意的是,根据各国的法律,通常并不要求被保险人或投保人在投保时必须享有保险利益,而仅要求其在保险事故发生时具有保险利益即可。例如,我国《保险法》第十二条规定:"财产保险的被保险人在保险事故发生时,对保险标的应当具有保险利益。"下面是一个关于保险利益的具体案例。

中国A公司同美国B公司签订了一份FOB出口合同。合同约定,双方商定5月前通过买方指定的班轮由青岛发运美国洛杉矶，支付方式采用信用证。美国B公司委托中国A公司代B公司向中国人民保险公司为货物投保了一切险，保险单上载明的被保险人是B公司，并采用“仓至仓条款”。A公司于4月10日将货物备好，存于青岛港仓库内。4月15日，青岛遭受暴风雨袭击，仓库漏水，货物被雨水浸泡，根本无法出售。货物遭到损失，A公司无法履行合同，B公司要求宣告合同无效，并返还自己支付给A公司的保险费。A公司要求保险公司进行赔偿，遭到保险公司的拒绝。问：A公司能否获得保险公司的保险赔偿？答案是不可以，因为A公司并非被保险人，对货物无保险利益。

（三）构成保险利益的条件

第一，保险利益必须是合法的利益。即只有法律认可的特定经济利益才能成为可保利益，可保利益必须符合社会公共秩序要求，不得违反法律禁止性规定。否则，即使被保险人对保险财产存有利害关系，但仍无可保利益。例如，走私货物或没有进口权而进口的货物，当事人可能享有占有利益，但是无保险利益。

第二，保险利益必须是确定的利益。即投保人或被保险人对保险标的具有利害关系，必须是已经确定或者可以确定的，才能构成具有保险利益。

第三，保险利益必须是经济利益。由于保险是以补偿损失为目的，如果损失不是经济上的利益，就不能用货币形式来计算，发生损失后也无法用金钱给予补偿的利益，故不能作为保险利益。例如，精神创伤、政治打击等，均难以用货币来衡量，因而不构成保险利益。

二、最大诚信原则

（一）概念

诚实信用原则是指各国民法的基本原则之一，一般指的是当事人各方要尽最大的诚意履行义务，不欺不诈。

最大诚信原则是指保险合同当事人订立合同及在合同有效期内，应依法向对方提供足以影响对方作出订约与履约决定的全部实质性重要事实，同时绝对信守合同订立的约定与承诺。该原则在《英国1906年海上保险法》中首先得到确定，该法第十七条规定：“海上保险是建立在最大诚信原则基础上的契约，如果任何一方不遵守最大诚信原则，他方可以宣告契约无效。”这也成为保险法中最大诚信原则的源头。此后各国相继效仿，均在其保险法中做了相应的规定。

由于国际货物运输保险合同不仅具有格式化和射幸性等特点，而且保险人难以到货物所在地查验投保人所告知或陈述事项的真实性。故要求合同双方当事人均应最大限度地遵守这一原则，以最大善意全面地履行各自的义务，而不容许隐瞒或欺诈，或以过失等理由解除其诚信义务。

(二)对当事人的要求

第一，对于投保人或被保险人而言，最大诚信原则要求其承担两项基本义务。

(1)充分告知义务，即如实告知涉及保险标的的足以影响保险人决定是否承保和保险费率的所有重要情况。

(2)担保义务，即向保险人承诺，保证在保险期内遵守某些作为或者不作为的规则，或担保某一事项的真实性。在实践中，这种担保既可以明示作出，即以书面形式载明于保险合同中，以"被保险人义务"条款表达的一类保证事项；也可以默示作出，即虽未以条款形式列明，但是按照行业或国际惯例、有关法规以及社会公认的准则，投保人或被保险人应该作为或不作为的事项。

第二，对于保险人而言，最大诚信原则同样要求其应承担两项基本义务。

(1)说明义务，即在订立保险合同时，应向投保人说明保险合同条款的内容，特别应当明确说明其中的免责条款，否则免责条款不发生效力。一般各国的保险法中都规定保险人的说明义务是法定义务，不允许保险人以合同条款的方式予以限制和免除。并要求任何情况下保险人均有义务在订立保险合同前向投保人详细说明保险合同的各项条款，并针对投保人有关保险合同条款的提问做出直接真实的回答，就投保人有关保险合同的疑问进行正确的解释。

(2)保险人应有足够的能力履行保险赔偿金的支付义务。

(三)违反最大诚信原则的后果

保险契约是以最大诚信为基础的，倘任何一方不遵守最大诚信的原则，另一方可以声明此项契约无效。在有些国家，如果是故意隐瞒保险标的的重要情况而订立合同，日后诈保的话，有可能涉嫌刑事犯罪。

以下以我国《海商法》第二百二十二、二百二十三、二百二十四条的规定为例，来看看中国海商法是如何体现最大诚信原则的。

《海商法》第二百二十二条规定："合同订立前，被保险人应当将其知道的或者在通常业务中应当知道的有关影响保险人据以确定保险费率或者确定是否同意承保的重要情况，如实告知保险人。保险人知道或者在通常业务中应当知道的情况，保险人没有询问的，被保险人无须告知。"

《海商法》第二百二十三条规定："由于被保险人的故意，未将本法第二百二十二条第一款规定的重要情况如实告知保险人的，保险人有权解除合同，并不退还保险费。合同解除前发生保险事故造成损失的，保险人不负赔偿责任。不是由于被保险人的故意，未将本法第二百二十二条第一款规定的重要情况如实告知保险人的，保险人有权解除合同或者要求增加相应保险费。保险人解除合同的，对于合同解除前发生保险事故造成的损失，保险人应当负赔偿责任；但是，未告知或者错误告知的重要情况对保险事故的发生有影响的除外。”

《海商法》第二百二十四条规定：“订立合同时，被保险人已经知道或者应当知道保险标的已经因发生保险事故而遭受损失的，保险人不负赔偿责任，但是有权收取保险费；保险人已经知道或者应当知道保险标的已经不可能因发生保险事故而遭受损失的，被保险人有权收回已经支付的保险费。”

三、近因原则

(一)概念

近因在法律上是指对事故的发生起到直接的、决定性的、有效的、统帅性的、不可以避免的作用的因素。近因原则是用来确定保险标的发生损失时，应否获得保险赔偿的一个重要原则，是指当保险标的发生事故后，保险人仅对承保范围内的原因所致损失承担赔偿责任，对承保范围外的原因引起的损失，不负赔偿责任。

近因原则要求支付保险赔款的前提条件，是损害结果与保险事故的发生存在直接的因果关系。如英国1906年《海上保险法》第五十五条第一款规定：“根据本法规定，除保险单另有规定外，保险人对由其承保危险所直接造成的损失，承担赔偿责任；但对非由其承保危险直接造成的任何损失，概不承担责任。”该法规提出的近因原则后为各国广泛接受，成为大部分国家保险法中的重要原则。

这里需要注意的是，虽然我国保险法及海商法均没有对近因原则进行明文规定，但在国际货物运输保险实践中，近因原则是常用的确定保险人对保险标的的损失是否负保险责任以及负何种保险责任的一条重要原则。

(二)近因的判断

然而，损害结果往往由多种因素促成，因此法律上的因果关系与客观的直接因果关系有所差别，前者更强调法律后果的公平合理性，往往仅将对保险事故的发生起直接的、主要的或决定性作用的因素作为法律上的原因，即近因。

因此，时间上最接近的原因不一定构成近因。实务中往往采用相当因果关系来认定保险人的责任。即在多因一果的情况下，根据原因的“贡献”而非“时间”来确定近因。也就是说,这里的近因并非指时间上最接近损失的原因,而是指直接促成结果的原因,或者说是在导致事件结果产生过程中有支配力的、起决定性作用的那个原因。

但是需要指出的是,在现实中近因原则的效力标准很大程度上与人们对事件的认知程度与主观判断有关,这就导致了司法实践中常常出现分歧。以下是一个典型的案例。

上海信达公司与复兴船务于2009年10月20日签订运输合同一份,承运人为复兴船务。同时信达公司向民安财产保险有限公司上海分公司(以下简称民安上海分公司)投保,保险人民安上海分公司签发了涉案保单。涉案投保单以及正本保险单显示,保险公司承保的是国内水路、陆路货物运输基本险,而在基本险中明确规定包含了“因火灾、爆炸、雷电、冰雹、暴风等所造成的损失”。后货物在运输过程中遭受了8级大风,而船长在大风的情况下冒险开航,最终导致货物毁损。因保险人一直未向被保险人信达公司作出保险赔付,信达公司于2010年10月26日向一审法院提起诉讼,要求民安上海分公司赔偿货物损失。一审法院认为,本案主要争议在于保险标的损失的原因是否属于保险合同约定的承保风险。

信达公司主张涉案货损系因遭遇海上暴风所致,属于基本险列明的暴风责任范围。而保险人则抗辩认为货损的近因系承运人复兴船务违反海上拖航的安全风力限制,在明知航行海域将出现6级以上大风的情况下冒险开航导致货损,这属于特殊风险,并非信达公司主张的暴风原因。

一审法院认为,基于现有证据,信达公司关于保险标的损失系国内水路、陆路货物运输保险基本险所列明的暴风灾害所致的主张依据不足,对其相应诉请不予支持。而二审与终审法院则认为,涉案货物落海事故系保险合同承保的“暴风险”所致。

本案的焦点就集中于近因的判定上,究竟是客观上的暴风造成货物毁损,还是船长船员明知有暴风却依然航行的过失导致货物毁?其实在本案情况下,暴风和船长船员过失均是导致货物毁损的原因,但是如何来具体分析什么为近因,则存在很大的争议。

故在实践中,为避免不必要的因果关系争议,当事人可以通过约定直接排除若干易产生分歧的事故原因,法律也可以将一些与保险法宗旨明显冲突的事故原因排除。例如,我国《海商法》第二百四十三条明确规定:“除合同另有约定外,因下列原因之一造成货物损失的,保险人不负赔偿责任:①航行迟延、交货迟延或者行市变化;②货物的自然损耗、本身的缺陷和自然特性;③包装不当。”

四、损失补偿原则

（一）概念

损失补偿是指被保险人或者受益人所得的赔偿，不能超过保险标的物的价值。在很多国家的民法当中，有类似的“填平原则”，即不允许当事人“因祸得福”。因此，在发生超额保险和重复保险的情况下，保险人一般只赔偿实际损失，因为保险的目的是补偿，而不能通过保险得利。

损失补偿原则是由保险的经济补偿性质和职能所决定的，它最直接地体现了保险的经济补偿职能，其目的在于，通过弥补投保人或被保险人的损失，使其尽快地恢复生产和生活，而并非让其获利。否则会滋生社会道德风险，如被保险人故意购买高额保险，以获得赔款为目的而故意制造事故等。

（二）补偿的范围

损失补偿的范围包括保险标的的实际损失、合理费用（如施救费用和诉讼费用支出）以及其他费用（如为确定损失所支付的受损标的的检验、估价和出售等费用）。

在实践中，各保险公司一般都会通过格式合同来规定补偿的范围，一般遵循以下的标准。

1.以实际损失为限

实际损失是根据损失当时的财产的实际价值来确定的，财产的价值与市价有关，通常根据市价来估计和确定实际损失额，损失多少赔多少。

2.以保险金额为限

保险金是保险人承担赔偿责任的最高限额，所以保险赔款不能超过保险金额。

3.以保险利益为限

可保利益是保险保障的最高限度，保险赔款不能超过被保险人对遭受损失的财产所具有的可保利益。

（三）溯及补偿的问题

所谓的溯及补偿的问题，指的是在投保时，如果保险标的物已经灭失，但当事人并不知情，则被保险人能否获得补偿？1906 年《英国海上保险法》第 6.1 条支持这种赔偿，并得到多数保险合同的认可，但是要求被保险人应负举证责任。

需要说明的是，溯及补偿是海上货物保险法特有的原则，其他财产保险中非约定不能适用。

第三节　国际货物运输保险合同

一、国际货物运输保险合同的概念

国际货物运输保险合同是指投保人对进出口货物按照一定的险别向保险公司投保，缴纳保险费，当保险标的在国际运输途中遭受保险事故而致损时，由保险公司支付保险赔款的合同。

二、国际货物运输保险合同的订立

在国际上，货物运输保险合同的订立可以分为两种模式：一种是直接订立，即由投保人直接和保险人订立合同。第二种叫间接订立，即投保人通过保险代理人或者保险经纪人与保险人订立合同。在英美国家，国际货物运输保险合同由投保人通过保险经纪人作为代理人才能订立。而在我国，法律没有强制性的规定，当事人可以自行投保，也可以通过保险经纪人投保。

根据我国《保险法》的规定，投保人提出保险要求，经保险人同意承保，并就合同的条款达成协议，保险合同成立。因此，国际货物运输保险合同的成立时间是当事人针对保险合同达成一致的时间。

在实践中，国际货物运输保险合同订立的程序为：被保险人以填制格式投保单的形式向保险人提出保险要求，即要约，经保险人同意承保，并就货物运输保险合同的条款达成协议后（即承诺后），保险合同即成立。格式投保单中一般会列明货物名称、保险金额、运输路线、运输工具及投保险别等事项。保险人承保后应当及时向被保险人签发保险单或者其他保险单证，并在保险单或其他保险单证中载明当事人双方约定的合同内容。

三、国际货物运输保险合同的内容与履行

（一）合同的内容

国际货物运输保险合同一般为保险公司提供的格式合同，通常应当包括以下

内容。

第一,国际货物运输保险合同的当事人。国际货物运输保险合同的当事人为保险人和被保险人。保险人是保险合同中收取保险费,并在合同约定的保险事故发生时,对被保险人因此而遭受的约定范围内的损失进行补偿的一方当事人。被保险人指在保险范围内的保险事故发生时受到损失的一方当事人。在实践中,国际货物运输保险合同中的投保人一般也是被保险人。

第二,国际货物运输保险合同的保险标的。国际货物运输保险合同的保险标的主要是货物。

第三,保险价值。保险价值是被保险人投保的财产的实际价值。投保人在投保时需说明所要投保的标的的价值,然而准确地确定标的的实际价值是很困难的,因此,保险价值通常是由被保险人与保险人协商确定的。这个价值可以是标的的实际价值,也可能与实际价值有一定的距离。

第四,保险金额。保险金额指保险合同约定的保险人的最高赔偿数额。当保险金额等于保险价值时为足额保险;当保险金额小于保险价值时为不足额保险;当保险金额大于保险价值时为超额保险。

第五,保险责任。保险责任是保险人对约定的危险事故造成的损失所承担的赔偿责任。“约定的危险事故”就是保险人承保的风险。保险人承保的风险可以分为保险单上所列举的风险和附加条款加保的风险两大类,前者为主要险别承保的风险,后者为附加险别承保的风险。

第六,除外责任。除外责任就是保险人不承保的风险。保险所承保的是一种风险,所谓风险就是可能发生,也可能不发生。如果该风险必然发生则保险人是不承保的。因此,自然损耗这种必然发生的风险保险人通常会约定不予承保。市价跌落引起的损失属于间接损失,保险人也往往将其列入除外责任的范围。此外,被保险人的故意行为或过失造成的损失,属于发货人责任引起的损失不是由于自然灾害、意外事故或约定的人为风险等引起的损失,保险人也不予承保。

第七,保险期间。保险期间也就是保险责任的期间。保险责任的期间有三种确定方法:(1)以时间来确定,如规定保险期间为 1 年,自某年、某月、某日起至某年、某月、某日止。(2)以空间的方法来确定,如规定保险责任自货物离开起运地仓库起至抵达目的地仓库止。(3)以空间和时间两方面来对保险期间进行限定的方法,如规定自货物离开起运地仓库起至货物抵达目的地仓库止,但如在全部货物卸离海轮后 60 日内未抵达上述地点,则以 60 日期满为止。

第八,保险费和保险费率。保险费率是计算保险费的百分率。保险费率有逐个计算法和同类计算法之分。通常船舶保险的保险费率采用逐个计算法来确定,每条船舶的保险费率由保险公司依该船舶的危险性大小,损失率高低及经营费用的多少来确定。同类计算法指对于某类标的,保险人均采用统一的保险费率的方法。保险费是投保人向保险人支付的费用,保险费等于保险金额乘保险费率。

第九,其他条款。如运输工具、运输线路、保险金赔偿或者给付办法、违约责任和争议处理、合同订立日期等。

(二)合同的履行

一般情况下,当事人应该依照国际货物运输保险合同的约定履行各自的义务,但是在国际货物运输的实践中可能会出现情势变化而影响到合同履行的情况。一般各国法律都规定保险合同实际履行状况与合同约定不符的,投保人应当立即通知保险人,保险人可以因此行使相应的合同解除权或变更权。例如,中国《海商法》第二百三十五条规定:“被保险人违反合同约定的保证条款时,应当立即书面通知保险人。保险人收到通知后,可以解除合同,也可以要求修改承保条件、增加保险费。”

四、国际货物运输保险合同的变更与终止

(一)合同的变更

国际货物运输保险合同的变更,是指在运输货物保险合同主体不变的情况下,对合同中原约定的某些内容进行的改变。国际货物运输保险合同的内容需要修改时,被保险人可以向保险人提出申请,由保险人出具保险批单进行变更。

(二)合同的终止

合同的终止是指因发生法律规定或当事人约定的情况,使合同当事人之间的权利义务关系消灭,使合同的法律效力终止。引起国际货物运输保险合同终止的情况主要有以下几种。

第一,自然终止,指保险单的有效期限已届满。

第二,义务已履行而终止,依保险单的规定,保险人已履行了赔偿责任,保险单的责任即告终。

第三,违约终止,指保险人因被保险人的违约行为而终止保险合同。

第四,因危险发生变动而终止。

第五,保险标的因保险事故之外的原因而灭失,从而使保险合同终止。

五、国际货物运输保险合同涉及的相关法律文件

在实践中,国际货物运输保险合同的订立和履行中,可能会出现下列法律文件。

(一)投保单

投保单又称"投保书""要保书",是指投保人向保险人申请订立保险合同的书面要约。

投保单本身并非正式合同的文本,但一经保险人接受后,即成为保险合同的一部分。投保单一般是由保险人提供的格式文本,投保人在相对应的空格处填写或者选择相应的信息。填写投保单必须情况真实,否则将影响保险合同的效力。投保单一经保险人正式接受,保险责任即行开始。

投保单的主要内容包括被保险人的名称;保险标的名称及存放地点(如投保运输工具或运输货物,还须注明运输工具名称、货物数量及目的地等);投保的险别;保险期限;保险价值及保险金额等。

(二)暂保单

1.暂保单的概念

暂保单又称"临时保险书",是指保险单或保险凭证签发之前,保险人发出的临时单证。暂保单的内容较为简单,仅表明投保人已经办理了保险手续,并等待保险人出立正式保险单。

2.使用暂保单的情形

暂保单既不是保险合同的凭证,也不是保险合同订立的必经程序,而仅仅是签发正式保险单之前的权宜之计,一般在以下几种情形中使用。

(1)保险代理人获得保险业务而保险人未正式签发保险单之前,向投保人所签发的凭证。

(2)保险公司的分支机构在接受需要总公司批准的保险业务后,在未获得批准之前所签发的书面凭证。

(3)投保人与保险人就保险合同的主要条款达成协议,但一些其他具体条款仍需进一步的协商,由保险人签发暂保单作为书面凭证。

(4)依据某些国家的法律,已办理保险是出口结汇的条件之一。在此种情形下,出口商在办理出口贸易结汇时,在获得保险单之前由保险人所出具的暂保单作为结汇的必要文件,以证明出口货物已经办理保险。

3.暂保单的效力

暂保单具有和正式保险单同等的法律效力,但一般暂保单的有效期不长,通常不

超过30天。当正式保险单出立后,暂保单就自动失效。如果保险人最后考虑不出保险单时,也可以终止暂保单的效力,但必须提前通知投保人。

(三)保险单

保险单简称为保单,是保险人与被保险人订立保险合同的正式书面证明。

保险单必须完整地记载保险合同双方当事人的权利、义务及责任。保险单记载的内容是合同双方履行的依据,保险单是保险合同成立的证明。

这里要特别说明的是,根据我国《保险法》的规定,保险合同成立与否并不取决于保险单的签发,只要投保人和保险人就合同的条款协商一致,保险合同就成立,即使尚未签发保险单,保险人也应负赔偿责任。但是,保险合同双方当事人在合同中约定以出立保险单为合同生效条件的除外。

(四)保险凭证

1.保险凭证的概念

保险凭证又称"小保单",是指保险合同生效成立的证明文件,即简化的保险单。保险凭证上通常不列明保险合同条款,但是与保险单具有同等效力。凡是保险凭证上没有列明的事项,均以同类的保险单为准。但是在保险凭证中列有条款时,如正式保单内容与其冲突,则以保险凭证为准。

2.使用保险凭证的情形

(1)在一张团体保险单项下,需要给每一个参加保险的人签发一张单独的凭证。

(2)在货物运输保险订有预约合同的条件下,需要对每一笔货运签发单独的凭证。

(3)对于某些特殊的保险,尤其是强制保险,为了便于被保险人随身携带以供有关部门检查,保险人通常也会出具保险凭证。

(五)保险批单

保险批单是为了变更保险合同内容,保险公司出具给被保险人的补充性的书面证明。一般保险批单须粘贴在保险单上,并加盖骑缝章,作为保险单的一部分。

保险批单与保险单具有同等的合同约束力,而且效力优于保险合同。保险批单生效后,保险合同应按批改后的内容来履行。

六、国际货物运输保险单的种类

根据不同的划分标准,可以分为以下几种。

(一)按保险价值是否确定,可分为定值保险单和不定值保险单

1.定值保险单

定值保险单是指货物保险额确定的一种保险单。

在实践中,大多数保险单都是定值保险单。定值保险单所载明的价值,如果没有欺骗行为,就是保险标的物的最后保险价值,如保险标的物发生损坏或灭失,保险人应按此价值赔偿。一般在合同中会约定,全部损失按保险金额全部赔偿,部分损失按保险金额乘以损失比例赔偿。

2.不定值保险单

不定值保险单是定值保险单的对称,是指并不规定保险额,而是在货物到达目的地时估算保险额的保单。在实践中,估算保险额一般是根据该货物在目的地的市值而定。由于市值的变动,所以据以理赔的价值也是不固定的。火灾保险一般采用不定值保险单。

(二)按保险期限,可分为航程保险单、定期保险单、混合保险单

1.航程保险单

航程保险单是指以航程为保险期限的保险单。投保这种保险单,投保人应特别注意保险从何时开始至何时终止的规定,因为有些航程保单规定保险只是在货物实际上船时才生效,而保险人对货物从岸上到船上途中出现的损失或损坏,不负责任。

2.定期保险单

定期保险单是指对可保财产在某一规定时间予以保险的一种保险单,即保险单在某一特定时间有效。

3.混合保险单

混合保险单是指承保人既承保保险标的物的特定航程,又在一定时间内对之负责的保险单。由于其兼有航程和定期保险单的性质,故称为混合保险单。

(三)按船名是否确定,可分为定名保险单、流动保险单、预约保险单

1.定名保险单

定名保险单又称为"指定船名保险单",是指在保险合同中已经确定承运船舶名称的保险单。这种保险只承保指定的货物交由指定的船舶,在指定的航次上运输的风险。

2.流动保险单

流动保险单又称为"未指定船只保险单",是指载明保险总条件,包括保险货物的总价值、承保的风险及保险费率以及规定的期限等,而将运输工具的名称以及其他细节留待以后申报的一种保险单。

依照这种保单，保险人与被保险人双方事先约定保险货物的总价值、承保的风险及保险费率，通常还要规定一定的期限。每批货物出运后，被保险人应立即将船名及货物的价值向保险人申报，保险人即按流动保单中载明的总条件自动承保。每批货物的价值应从货物的总价值中减除，逐笔累计，直至总价值保尽为止，保单即告终止。

3.预约保险单

预约保险单又称为“开口保单”，是指保险人交付给被保险人以明示其订立预约保险合同并受预约保险合同约束的书面凭证。即保险公司承保被保险人一定时期内所有进出口货物的保险单。凡属于其承保范围内的货物一开始运输即自动按照预约保险单的内容条件承保。例如，我国《海商法》第二百三十一条规定：“被保险人在一定期间分批装运或者接受货物的，可以与保险人订立预约保险合同。预约保险合同应当由保险人签发预约保险单证加以确认。”

在预约保险单的实践中，一般被保险人要将货物的名称、数量、保险金额、运输工具及种类、航程起点和终点及起航日期等信息以书面形式提前通知保险公司。

预约保险单与流动保险单的区别在于：流动保险单都规定有承保货物的总价值，一旦总价值保尽，保单即告终止；而预约保险单则不规定承保货物的总价值，因而也不会发生保尽的问题，它按保单规定的期限（或长期地）自动承保保单内的货运风险。

第四节　中国人民保险公司的海洋运输货物保险条款

国际海上货物运输保险业务中通常使用伦敦保险人协会制订的货物保险条款。我国对外贸易运输实务中除使用上述条款外，主要使用中国人民保险公司制订的《海洋运输货物保险条款》为基础的保险条款，在实务中也被统称为“人保条款”。

现行的《海洋运输货物保险条款》是中国人民保险公司在参照伦敦保险人协会1963年货物保险条款的基础上，于1981年1月1日修订而成的，共分为五节，第一节为责任范围，各基本险的责任范围各不相同。但其余四节同时适用于平安险、水渍险及一切险。分别为除外责任、责任起讫、被保险人义务及索赔期限。

“人保条款”包括基本险条款、附加险条款和专门险条款。基本险包括平安险、水渍险和一切险,附加险包括一般附加险、特别附加险及特殊附加险,专门险包括海洋运输冷藏货物险、海洋运输散装桐油险等。在中国的海上货物运输保险实务中,最常用的是基本险和附加险,因此,本节也主要讲解基本险和附加险的内容。

一、基本险

(一)平安险(Free from Particular Average)

1.平安险的概念

平安险的英文原意是指单独海损不负责赔偿。平安险是三种基本险别中保险人责任最小的一种。它仅指对由于自然灾害造成的单独海损不赔,对由于意外事故发生的单独海损以及运输工具在运输途中发生搁浅、触礁、沉没、焚毁等意外事故前后发生的单独海损,保险公司仍要赔偿。

可见,自然灾害所致的单独海损不在平安险的赔偿范围之内。其原因在于海上航行时,自然灾害导致货物部分损失发生的概率比较高,而平安险是最低一级的险别,即保险公司在该险别之下收取的保费也最低。如果对经常发生的自然灾害致货物部分损失担保,会导致保险公司经常要予以赔付。所以,自然灾害所致的单独损失被排除在平安险的赔偿范围之外。

2.平安险的责任范围

平安险责任范围主要包括以下内容。

(1)在运输过程中,由于自然灾害和运输工具发生意外事故,被保险货物的实物的实际全损或推定全损。

(2)因运输工具遭受搁浅、触礁、互撞、沉没、与流冰或其他物体碰撞,以及失火、爆炸而造成的货物全部或部分损失。

(3)只要运输工具曾经发生搁浅、触礁、沉没、焚毁等意外事故,不论这个事故发生之前或者以后曾在海上遭恶劣气候、雷电、海啸等自然灾害所造成的被保险货物的部分损失。

(4)在装卸转船过程中,被保险货物一件或数件落海所造成的全部损失或部分损失。

(5)运输工具遭自然灾害或意外事故,在避难港卸货所引起被保险货物的全部损失或部分损失。

(6)运输工具遭自然灾害或意外事故,需要在中途的港口或者在避难港口停靠,因而引起的卸货、装货、存仓以及运送货物所产生的特别费用。

(7)在运输过程中发生共同海损所引起的牺牲、公摊费和救助费用。

(8)在运输过程中发生了保险责任范围内的危险,被保险人对货物采取抢救、防止减少损失的各种措施,因而产生合理施救费用。但是保险公司承担费用的限额不能超过这批被救货物的保险金额。施救费用可以在赔款金额以外的一个保险金额限度内承担。

为了帮助大家在实务中快速判定平安险的责任范围,可以将平安险的赔偿范围总结为以下几点。

(1)自然灾害造成的单独海损不赔。例如,一批大米投保了平安险,承运人运输该批大米在海上航行时,遇暴风雨袭击,致使大米损失30%。此时,受益人不能向保险公司索赔。

(2)全损、共同海损必赔。例如,一批大米投保了平安险,承运人运输该批大米在海上航行时,遇暴风雨袭击,致使全部货物损失。此时,受益人可以向保险公司索赔。

(3)与意外事故有关的单独海损也赔。例如,甲国A公司向乙国B公司出口一批货物,该批货物由丙国C公司“乐安”号商船承运,投保了平安险。运输途中船舶搁浅,此时又有恶劣天气,部分货物被海浪打入海中。本案中货物致损原因既有自然灾害,又有船舶意外事故的情况,则该项损失在平安险承保范围。

(4)货物装卸、转运时落水也赔。

(5)被保险人的自救费用也赔。

(二)水渍险(With Particular Average)

除包括上列平安险的各项责任外,该保险还负责被保险货物由于恶劣气候、雷电、海啸、地震、洪水等自然灾害所造成的部分损失,即水渍险包括平安险以及平安险中不包括的那部分单独海损损失。

为了方便大家理解,如果做成公式来看就是:水渍险=平安险+单纯自然灾害导致货物部分损失。

关于水渍险,在实践中需要特别强调的是关于“雨淋”的问题,由“雨淋”引起的货物损失经常被误解为属于水渍险的责任范围,但是实际情况是如果当事人希望就“雨淋”得到保障,需附加投保“淡水雨淋险”。例如,某出口公司按CIF条件成交一批货物向中国人民保险公司投保了水渍险,货物在转船过程中遇到大雨,货到目的港后,收货人发现货物有明显的雨水浸渍,损失达70%,因而向我方提出索赔。则我方能否接受该请求?答案是不能接受。因为货物被雨水浸湿属淡水雨淋险范围,本案中只投保了水渍险,而没有投保淡水雨淋险为附加险。故保险公司和卖方对货损都不负责,由买方承担损失。

(三)一切险(All Risks)

除包括上列平安险的各项责任外,该保险还负责被保险货物在运输途中由外来原因所致的全部或部分损失。这里的外来原因是指一般附加险承担的责任,而不包括特别附加险和特殊附加险。

为了方便大家理解,如果做成公式来看就是:一切险=水渍险+一般附加险。

(四)除外责任

保险除外责任主要涉及被保险人或发货人的过错、商品本身的潜在缺陷和运输途中必然发生的损耗所造成的损失,以及与被保险货物本身无关的商业风险损失等。根据"人保条款",保险公司对于下列原因造成的损失不负赔偿责任。

第一,被保险人的故意行为或过失所造成的损失。

第二,属于发货人责任所引起的损失。

第三,在保险责任开始前,被保险货物已存在品质不良或数量短缺所造成的损失。

第四,被保险货物的自然损耗、本质缺陷、特性以及市价跌落、运输迟延所引起的损失或费用。

第五,海洋运输货物战争险条款和罢工险条款所规定的责任和除外责任。

这里需要指出的是:在保险实务中,保险人往往还通过合同约定对因船舶不适航、承运人无正本提单交付货物等造成的货物损失不承担责任。

(五)责任期限

依据"人保条款"第三条的规定,分为两款。

第一款:本保险负"仓至仓"责任,自被保险货物运离保险单所载明的起运地仓库或储存处所开始运输时生效,包括正常运输过程中的海上、陆上、内河和驳船运输在内,直至该项货物到达保险单所载明目的地收货人的最后仓库或储存处所或被保险人用作分配、分派或非正常运输的其他储存处所为止。如未抵达上述仓库或储存处所,则以被保险货物在最后卸载港全部卸离海轮后满六十天为止。如在上述六十天内被保险货物需转运到非保险单所载明的目的地时,则以该项货物开始转运时终止。

第二款:由于被保险人无法控制的运输延迟、绕道、被迫卸货、重新装载、转载或承运人运用运输契约赋予的权限所作的任何航海上的变更或终止运输契约,致使被保险货物运到非保险单所载明目的地时,在被保险人及时将获知的情况通知保险人,并在必要时加缴保险费的情况下,本保险仍继续有效,保险责任按下列规定终止。

(1)被保险货物如在非保险单所载明的目的地出售,保险责任至交货时为止,但不论任何情况,均以被保险货物在卸载港全部卸离海轮后满六十天为止。

(2)被保险货物如在上述六十天期限内继续运往保险单所载原目的地或其他目的地时,保险责任仍按上述第一款的规定终止。

二、一般附加险

货物在海运途中除发生因遇到海上自然灾害和意外事故所致损失外,还可能遭受各种外来原因所造成的损失。为了取得更加充分的保障,有必要加保附加险。与基本险不同,附加险不能单独投保,投保人必须在投保了基本险后,方可再投保附加险。

一般附加险是在基本险的基础上,为保障基本险范围以外的某些普通风险而附加承保的险种。一般附加险条款主要包括以下 11 种。

(一)偷窃、提货不着险

保险人负责赔偿对被保险货物因被偷窃,以及被保险货物运抵目的地后整件未交的损失。

(二)淡水雨淋(淋雨)险

货物在运输中,由于淡水、雨水以至雪融所造成的损失,包括船上淡水舱、水管漏水以及舱汗所造成的货物损失,保险公司都应负责赔偿。

(三)短量险

保险人负责赔偿承保的货物因外包装破裂或散装货物发生数量损失和实际重量短缺的损失,但不包括正常运输途中的自然损耗。被保险人对于包装货物的短少,应当提供外包装发生破裂现象的证明;对于散装货物,则以装船重量和卸船重量之间的差额作为计算短量的依据。

(四)混杂、玷污险

保险人负责赔偿承保的货物在运输过程中因混进杂质或被沾污,影响货物质量所造成的损失。此外保险货物因为和其他物质接触而被沾污,如布匹、纸张、食物、服装等被油类或带色的物质污染因而引起的经济损失。

(五)渗漏险

保险人负责赔偿承保的流质、半流质、油类货物在运输途中因容器损坏而引起的渗漏损失,或用液体储藏的货物因液体渗漏而引起的腐烂变质造成的损失。如以流体装存的湿肠衣,因为流体渗漏而使肠衣发生腐烂、变质等损失,均由保险公司负责赔偿。

（六）碰损、破碎险

保险人负责赔偿承保的金属、木质等货物因震动、颠簸、碰撞、挤压而造成货物本身的损失，或易碎性货物在运输途中由于装卸野蛮、粗鲁、运输工具的颠震所造成货物本身的破裂、断碎的损失。

（七）串味险

保险人负责赔偿承保的食用物品（如食品、粮食、茶叶、中药材、香料）、化妆品原料等因受其他物品的影响而引起的串味损失。如茶叶、香料与皮张、樟脑等堆放在一起产生异味，不能使用。

（八）受潮受热险

保险人负责赔偿承保的货物因气温突然变化或由于船上通风设备失灵致使船舱内水汽凝结、受潮或受热所造成的损失。

（九）钩损险

保险人负责赔偿承保的货物（一般是袋装、箱装或捆装货物）在运输过程中使用手钩、吊钩装卸，致使包装破裂或直接钩破货物所造成的损失及其对包装进行修理或调换所支出的费用。如粮食包装袋因吊钩钩坏而造成粮食外漏的损失。

（十）包装破损险

保险人负责赔偿承保的货物在运输过程中因搬运或装卸不慎造成包装破裂所引起的损失，以及为确保继续运输的安全需要修补或调换包装所支出的费用。

（十一）锈损险

保险人负责赔偿承保的货物在运输过程中由于生锈而造成的损失。但生锈必须是在保险期内发生的，如原装船时就已生锈，保险公司不负责。在《海上保险实务》中，保险人一般也不就裸装的金属材料承保锈损险。

三、特别附加险

特别附加险承保造成进出口货物损失的某些特殊风险。这些风险往往与政治、行政等人为因素及一些特别因素联系在一起。特别附加险主要包括 5 种。

（一）交货不到险

该险承保自被保险货物装上船舶时开始，在 6 个月内不能运到原定目的地交货。不论何种原因造成交货不到，保险人都按全部损失予以赔偿。

（二）进口关税险

该险承保的是被保险货物受损后，仍得在目的港按完好货物交纳进口关税而造成相应货损部分的关税损失。但是,保险人对此承担赔偿责任的条件是货物遭受的损失必须是保险单承保责任范围内的原因造成的。进口关税险的保险金额度根据本国进口税率确定,并与货物的保险金额分开,在保险单上另行列出。而保险人在损失发生后,对关税损失部分的赔付以该保险金额为限。

(三)舱面货物险

该附加险承保装载于舱面的货物被抛弃或海浪冲击落水所致的损失。一般来讲,保险人确定货物运输保险的责任范围和厘定保险费时,是以舱内装载运输为基础的。但有些货物因体积大或有毒性或有污染性或根据航运习惯必须装载于舱面,为对这类货物的损失提供保险保障,可以加保舱面货物险。

(四)拒收险

当被保险货物出于各种原因,在进口港被进口国政府或有关当局拒绝进口或没收而产生损失时,保险人依拒收险对此承担赔偿责任。

(五)黄曲霉毒素险

该附加险承保被保险货物(主要是花生)在进口港或进口地经卫生当局检验证明,其所含黄曲霉素超过进口国限制标准,而被拒绝进口、没收或强制改变用途所造成的损失。

四、特殊附加险

特殊附加险包括海洋运输货物战争险与运输货物罢工险。

(一)海洋运输货物战争险

1.责任范围

(1)直接由于战争、类似战争行为、敌对行为、武装冲突或海盗行为所致的损失。

(2)由于上述风险引起的捕获、拘留、扣留、禁止、扣押所造成的损失。

(3)各种常规武器,包括水雷、鱼雷、炸弹所致的损失。

(4)上述风险引起的共同海损的牺牲、分摊和救助费用。

2.除外责任

(1)上述敌对行为使用原子或热核武器所致的损失和费用。

(2)因上述扣押、拘留等原因导致承保航程丧失和挫折而提出的任何索赔。

(二)运输货物罢工险

中国人民保险公司的运输货物罢工险条款适用于海运、空运、陆运和邮包运输等各种运输方式。

1.责任范围

(1)被保险货物由于罢工者、被迫停工工人或参加工潮、暴动、民众斗争的人员的行为,或任何人的恶意行为造成的直接损失。

(2)由于上述行为所引起的共同海损牺牲、分摊和救助费用。

2.除外责任

该险的除外责任包括因上述罢工风险引起的任何间接损失。如在罢工期间由于劳动力短缺或不能运输所致被保险货物的损失,或因罢工引起动力或燃料缺乏导致冷藏机停止工作,致使冷藏货物受损等。罢工险条款如果与各种运输货物保险条款中的任何条文有抵触时,以罢工险条款为准。

第五节 中国人民保险公司的国际陆路、航空、邮包运输保险条款

国际陆路、航空、邮包运输保险发展的历史较短,不像海上货物保险那样发达且能自成一体。中国人民保险公司从 1981 年开始,先后制定了《陆上运输货物保险条款》《航空货物运输保险条款》《邮包险条款》等文件。本节将结合以上文件,讲解国际陆路、航空、邮包运输保险的相关内容。

一、国际陆路运输货物保险

(一)陆路运输货物基本险

1.陆运险

陆运险的承保范围为列明风险,主要包括以下内容。

(1)被保险货物在运输途中遭受暴风、雷电、地震、洪水等自然灾害,或者由于运输工具遭受碰撞、倾覆或出轨,或者在驳运过程中因驳运工具遭受搁浅、触礁、沉没、碰撞。

(2)由于遭受隧道坍塌、崖崩或失火、爆炸等意外事故所造成的全部或部分损失,以及被保险人对遭受承保责任内危险的货物采取抢救、防止或减少货损的措施而支付的合理费用,但以不超过该批被救货物的保险金额为限。

2.陆运一切险

陆运一切险除承保陆运险的各种风险外，保险公司还负责赔偿被保险货物在运输途中由于一般外来原因，如震动、碰撞、挤压、包装破裂、偷窃、雨淋等导致货物破碎、弯曲、凹瘪、折断、开裂、渗漏、腐烂变质、破碎、生锈、受热、发霉、串味、玷污等引起的货物短少、短量、损坏或提货不着等损失。

3.除外责任

陆运基本险的除外责任与海洋货物运输基本险的除外责任基本一致。一般包括①被保险人的故意行为或过失所造成的损失；②属于发货人所负责任或被保险货物的自然消耗所引起的损失；③由于战争、工人罢工或运输延迟所造成的损失。

4.责任期限

保险人的责任期限为“仓至仓”，即自被保险货物运离保险单所载明的起运地发货人的仓库或储存处所时开始，包括正常陆运和有关的水上驳运在内，直到该项货物送交保险单载明的目的地收货人仓库时为止。但以货物到达约定的最后卸载的车站后 60 天为限。

（二）陆上运输冷藏货物险

陆上运输冷藏货物保险是陆上货运险的一个专门险种，可以单独投保。

1.责任范围

它承保陆上运输工具冷藏设备装运的冷藏货物因运输途中遭到自然灾害、意外事故而造成的损失和腐败损坏。

2.除外责任

陆运基本险的一般除外责任同样适用于该保险。

3.责任期间

该险种的保险责任，自被保险货物运离保险单所载起运地点的冷藏仓库装入运送工具开始运输时开始，至该项货物到达保险单所载明的目的地收货人仓库时为止，但最长以被保险货物到达目的地车站后 10 天为限。

（三）陆路运输货物附加险

陆运附加险包括战争险和罢工险。这些附加险只有在投保了陆运基本险后才能附加投保。罢工险的内容和海上货物保险一样，所以下面只讲战争险。

其中的战争附加险目前仅适用于火车运输，该险的责任期限包括以下三点。

（1）自被保险货物装上保险单所载起运地的火车时开始，到保险单所载目的地卸离火车时为止。如果被保险货物不卸离火车，保险责任最长期限以火车到达目的地的当日午夜起算满 48 小时为止。

(2)如果在运输中途转车,不论货物在当地卸载与否,保险责任以火车到达该中途站的当日午夜起算满 10 天为止;如货物在上述期限内重新装车续运,保险合同继续有效。

(3)如果运输合同在保险单所载目的地以外的地点终止时,该地即视为保险目的地,仍按照前述第一种情况终止责任。

按照国际习惯,如果被保险货物已投保战争险,在加保罢工险时,保险人不需另加保费。如果仅加保罢工险,则按战争险费率计收。

二、国际航空运输货物保险

(一)航空运输货物基本险

1.航空运输险

航空运输险负责赔偿的情况包括以下几部分。

(1)被保险货物在运输途中遭受雷电、火灾、爆炸或由于飞机遭受恶劣气候或其他危难之故而被抛弃,或由于飞机遭受碰撞、倾覆、坠落或失踪等意外事故所导致的全部损失或部分损失。

(2)被保险人对遭受承保范围内风险的货物采取抢救而支付的合理费用,但以不超过该货物的保险金额为限。

2.航空运输一切险

航空运输一切险除承保上述航空运输险的责任外,还包括被保险货物在运输途中由于偷窃、渗漏等一般外来原因造成的全部或部分损失。

3.除外责任

航空运输货物基本险的除外责任与海洋运输货物基本险的除外责任基本一致。

4.责任期限

航空运输基本险的责任期限也是“仓至仓”,即自被保险货物运离保险单所载明的起运地仓库或储存处所开始运输时生效,直至该项货物运达保险单所载明目的地收货人的最后仓库或储存处所,或被保险人用作分配、分派或非正常运输的其他储存处所终止。如未运抵上述仓库或储存处所,则以被保险货物在最后卸载地卸离飞机后满 30 天为止。发生转运或非正常运输的,除最长期限为 30 天外,其他有关终止或恢复保险责任的规则与海运基本险的相应规则相同。

(二)航空运输货物附加险

航空运输货物附加险包括战争险和罢工险。罢工险的内容和海上货物保险一样，所以下面只讲战争险。

1.责任范围和除外责任

战争险的责任范围和除外责任与海洋运输货物战争险的基本一致。

2.责任期限

战争险的责任期限为“装至卸”，即自被保险货物装上保险单所载起运地的飞机时开始，至卸离保险单所载目的地的飞机时为止。如果被保险货物不卸离飞机，保险责任最长期限以飞机到达目的地的当日午夜起算满 15 天为止。如被保险货物在中途转运，保险责任以飞机到达转运地的当日午夜起算满 15 天为止。一旦装上续运的飞机，保险责任恢复有效。

与陆运货物附加险一样，如果被保险货物已投保航空运输战争险，在加保罢工险时，保险人不需另加保费。如果仅加保罢工险，则按战争险费率计收。

三、国际邮包运输货物保险

（一）邮包运输货物基本险

1.邮包险

邮包险承保的风险责任范围为：被保险货物在运输途中，由于遭受雷电、暴风、地震、海啸、洪水等自然灾害，或由于运输工具碰撞、搁浅、触礁、出轨、倾覆、坠落、失踪、失火、爆炸等意外事故导致的全损或部分损失，以及被保险人对遭受承保责任内危险的货物采取抢救、防止或减少货损的措施而支付的合理费用，但以不超过该批被救货物的保险金额为限。

2.邮包一切险

邮包一切险是指除承保上述邮包险的责任范围外，还包括被保险货物在运输途中由于外来原因造成的全部或部分损失。

3.除外责任

邮包基本险的除外责任与海洋运输货物基本险的除外责任基本一致。

4.责任期限

保险人的保险责任期限为“门至门”，即自被保险邮包离开保险单所载明的起运地寄件人的处所运往邮局时开始，直至被保险邮包运达保险单所载明的目的地邮局，自邮局签发到货通知书当日午夜起算满 15 天终止。但在此期限内邮包一经递交至收件人的处所时，保险责任即行终止。

（二）邮包运输货物附加险

（1）邮包附加险包括邮包战争险和罢工险。罢工险的内容和海上货物保险一样，所以下面只讲战争险。

（2）战争险的承保责任范围与海洋运输货物战争险的承保责任范围基本一致。

（3）战争险的责任期限为：被保险邮包经邮政机构收讫后自储存所开始运送时生效，直至该项邮包运达保险单所载明的目的地邮政机构送交收件人为止。

（4）战争险的除外责任与海洋运输货物战争险的除外责任基本一致。同其他运输保险一样，在加保罢工险时，保险人不需另加保费。如果仅加保罢工险，则按邮包战争险费率计收。

第六节　共同海损与单独海损

在国际货物运输保险，尤其是海上货物运输保险的实务中，共同海损和单独海损的关系是难点问题。因此，本节就专门来讲解二者的关系。

一、共同海损

（一）共同海损的定义

共同海损是指在同一海上航程中，当船舶、货物和其他财产遭遇共同危险时，为了共同安全，有意地、合理地采取措施所直接造成的特殊牺牲、支付的特殊费用，由各受益方按比例分摊的法律制度。

（二）共同海损的要求

（1）船舶在航行中将受到危险或已遭遇海难，情况急迫，船长为维护船货安全而必须采取措施。

（2）海难与危险必须是真实的而不是推测的。

（3）共同海损行为一定是人为的、故意的。

（4）损失和开支必须是特殊的。例如，船舶顶强风开船，机器因超过负荷受损，不属于共同海损；而若船已搁浅，为脱浅而使机器超过负荷受损，则属于共同海损。

（5）所采取的共同海损行为必须合理。例如，为了让搁浅的船舶脱浅，只需要扔到海里 20 箱货物，但是船长直接下令扔 50 箱货物下海，这就属于不合理的海损。

（6）为了共同的而不是船方或某一货主货物单独的安全。

(7)属于共同海损后果直接造成的损失。例如,船只失火,引海水灭火,凡有烧痕等的货物再被海水浸坏不算共同海损,原来完好而被海水浸坏的货物的损失应计入共同海损。

(8)共同海损行为原则上应由船长指挥,但在意外情况下,如船长病重、被俘,由其他人甚至敌国船长指挥,符合上述7个条件的,也算共同海损。

(三)共同海损的范围

1.共同海损牺牲

共同海损牺牲即在船货面临危险的情况下,采取共同海损措施使船舶、货物和其他财产自身所遭受的有形物质损害,主要包括船舶牺牲、货物牺牲和运费损失。

在实务中要注意的是:因采取共同海损措施致使承运人无法收取的运费牺牲,专指"到付运费",依航运习惯,预收运费不列入共同海损。承运人预收了运费,在承运过程中,即使采取共同海损措施致使货物灭失,也不必退还货方的"预付运费",因此不存在预付运费的牺牲。

2.共同海损费用

共同海损费用即采取共同海损措施额外支出的金钱。主要包括第三方救助费用、避难港费、临时或者必要的修理费用、驶往和在避难港等地支付给船员的工资及其他开支、代替费用、垫付手续费和保险费、共同海损损失的利息等。

例如,"琴海108"号船载运广西国际合作经贸公司的货物,自马来西亚驶往中国北海港,途中船舶主机发生故障,无法自行修复,雇请越南某公司拖轮拖至金兰港湾,越南某公司收取了拖轮费、救助费8万美元。随后,船长代表船方海南华联轮船公司宣布共同海损。由于能力及条件所限,在金兰湾无法将主机修复,船公司请广州救捞局将船舶拖至中国北海,并支付了拖带费。在本案中,"琴海108"号船主机停止运转,随时面临危险,该危险是真实的、重大的、紧迫的。船长为解除危险,两次雇请拖轮拖带以尽量保全船舶和更多货物的行为是合理的,两次拖带产生的拖带费、救助费等均是特殊的、必需的费用,就属于共同海损的费用。

(四)共同海损的诉讼管辖

根据《中国海商法》和《民事诉讼法》的相关规定,因共同海损提起的诉讼,由船舶最先到达地、共同海损理算地或者航程终止地的人民法院管辖。

因此,在中国共同海损的诉讼管辖规定是强制性的,不允许当事人意思自治来改变,在实践中要特别注意。

二、单独海损

(一)单独海损的定义

单独海损是指保险标的物在海上遭受承保范围内的风险所造成的部分灭失或损害,即指除共同海损以外的部分损失。这种损失只能由标的物所有人单独负担。

(二)单独海损的特点

(1)它不是人为有意造成的部分损失。

(2)它是保险标的物本身的损失。

(3)单独海损一般由受到损失的被保险人单独承担,但可根据投保的险种不同,依照保险合同的约定从保险人那里获得赔偿。例如,投保了水渍险和一切险的情形下,就可以从保险人处获得赔偿。

三、单独海损与共同海损的区别与联系

(一)区别

(1)造成海损的原因不同。单独海损是承保风险所直接导致的船、货损失;共同海损则不是承保风险所直接导致的损失,而是为了解除或减轻共同危险人为造成的一种损失。

(2)承担损失的责任不同。单独海损的损失一般由受损方自行承担;而共同海损的损失则应由受益的各方按照受益大小的比例共同分摊。

(3)损失的内容不同。单独海损仅指损失本身,而共同海损则包括损失及由此产生的费用。

(4)涉及的利益方不同。单独海损只涉及损失方个人的利益,而共同海损是为船货各方的共同利益所受的损失。

(二)联系

(1)从性质上看,二者都属于部分损失。

(2)共同海损往往由单独海损引起。

接下来通过几个案例的分析,来加深对共同海损与单独海损的理解。

案例一:我国A公司与某国B公司于2009年10月20日签订购买500吨化肥的CFR合同。A公司开出信用证规定,装船期限为2010年1月1日至1月10日,由于B公司租来运货的“东风号”轮在开往某外国港口途中遇到飓风,结果装船至2010年1月20日才完成。承运人在取得B公司出具的保函的情况下签发了与信用证条款—

致的提单。“东风号”轮于1月21日驶离装运港。A公司为这批货物投保了水渍险。2010年1月30日“东风号”轮途经巴拿马运河时起火,造成部分化肥烧毁。船长在命令救火的过程中又造成部分化肥湿毁。由于船在装货港口的迟延,使该船到达目的地时正遇上了化肥价格下跌。A公司在出售余下的化肥时价格不得不大幅度下降,给A公司造成很大损失。请根据上述事例,回答以下问题:第一,途中烧毁的化肥损失属于什么损失,应由谁来承担?为什么?第二,途中湿毁的化肥损失属于什么损失,应由谁来承担?为什么?第三,A公司可否向承运人追偿由于化肥价格下跌造成的损失?为什么?

第一个问题,途中烧毁的化肥损失属单独海损,应由保险公司承担损失。因为依据CFR术语,风险由A公司即买方承担。而A公司购买了水渍险,赔偿范围包含单独海损,因此由保险公司承担。

第二个问题,途中湿毁的化肥损失属共同海损,应由A公司与船公司分别承担。因为这是船舶和货物遭到了共同危险,船长为了共同安全,有意又合理地造成了化肥的湿毁。

第三个问题,A公司可以向承运人追偿由于化肥价格下跌造成的损失。因为承运人迟延装船,又倒签提单,须对迟延交付负责。

案例二:某货轮从天津新港驶往新加坡,在航行途中船舶货舱起火,大火蔓延至机舱,船长为了船货的共同安全决定采取紧急措施,往舱中灌水灭火。火虽被扑灭,但由于主机受损,无法继续航行,于是船长决定雇佣拖轮将货船拖回新港修理,检修后重新驶往新加坡。其中的损失与费用有:①1000箱货被火烧毁;②600箱货由于灌水受到损失,其中有40箱货物被发现有烧痕;③轮船主机和部分甲板被烧坏;④拖轮费用;⑤额外增加的燃料、船长及船员工资。请指出这些损失中哪些是单独海损,哪些是共同海损?

各项损失分析如下:①1000箱货被火烧毁,属单独海损;②600箱货中有烧痕的40箱为单独海损,其余560箱由于灌水受到损失,属共同海损;③轮船主机和部分甲板被烧坏,属单独海损;④拖轮费用属共同海损;⑤额外增加的燃料、船长及船员工资,属共同海损。

第七节 货物保险的索赔与理赔

一、货物保险的索赔概述

(一)货物保险索赔的概念

货物保险索赔是指被保险货物遭受承保范围内的风险而受损时,被保险人依约要求保险人赔偿的行为。

(二)货物保险索赔的依据

货物保险索赔的主要依据是保险合同和保险单。

(三)货物保险索赔必须具备的条件

(1)索赔人与保险公司之间必须有合法的、有效的合同关系。

(2)向保险公司行使索赔权利的人,必须享有可保利益。

(3)被保险人或受让人要求赔偿的损失,必须在该保险单承保范围内。

(4)索赔必须在索赔期限内进行,否则保险公司不予赔付。

二、货物保险索赔的程序

(一)向保险人发出书面索赔通知

被保险货物遭受保险范围内的损失后,被保险人要及时通知保险人,以便保险人或有关人员进行检验、取证,或者按照保险单的规定,委托专门机构对货损、货差情况进行检验,出具检验报告,说明损失的程度及原因,由被保险人凭检验报告连同其他索赔资料直接向保险公司在当地的代理机构索赔。

(二)提交索赔的证明文件

索赔时,根据保险人的要求,被保险人一般应当提供证明索赔主体资格,以及与确认保险事故性质和损失程度有关的凭证与资料。主要包括①保险单正本或其他保险凭据;②海运提单、铁路运单、航空运单或邮包收据等运输单据;③商业发票、装箱单、重量单等;④检验报告、货损货差证明及索赔清单;⑤保险公司要求的其他相关资料。

在实践中,如果涉及第三者责任的,一般还应提供向责任方追偿的有关函电及其他必要的单证或文件。

三、委付

(一)委付的定义

委付是指保险人同意将受损的保险标的视为推定全损,在补偿被保险人全部损失的同时,获得该受损标的物的所有权的制度。例如,根据我国《海商法》第二百四十九条的规定,当保险标的发生推定全损,被保险人要求保险人按照全部损失赔偿的,应当向保险人委付保险标的。保险人可以接受委付,也可以不接受委付,但是应当在合理的时间内将接受委付或者不接受委付的决定通知被保险人。委付不得附带任何条件。委付一经保险人接受,不得撤回。

(二)委付的特点

(1)委付不得附带条件。例如,在船触礁倾斜后,被保险人在提出委付的同时又附上条件:"日后船若能修复,愿返还受领的保险金而要求返还船舶",这是不允许的。

(2)委付须经保险人同意,但委付一旦被接受,就不能中途撤回。一般说来,保险人在接受委付前,都要事先加以慎重调查了解,查明损失是否在保险责任以内,是否有扩大或超过赔偿的可能,以及对第三者责任,如清除航道的责任等。但是保险人一旦接受了委付后,就不能撤回。

(3)保险人对被保险人提出的委付请求,可以接受,也可以拒绝。保险人接受委付请求,可先取得标的物的物权,然后赔付全部保险金额。如果保险人拒绝,委付不影响被保险人的索赔权利。

(4)保险人接受委付后,可以通过对标的物的处理,接受大于赔偿金额的收益。对保险人而言,超额部分不构成不当得利。

(5)如果仅有部分货物发生推定全损,而该部分货物可以与其他部分分离独立的,那么也可以仅委付该部分货物。

(6)保险人接受委付的,被保险人对委付财产的全部权利和义务转移给保险人。故保险人应当谨慎决定是否接受委付,但其应当在合理的时间内将其决定通知被保险人。

(三)委付的法律后果

(1)委付成立后,可委付的标的物的权利自发生委付的原因出现之日起开始转移,保险人对保险标的物的产权、利益和义务必须同时接受。

（2）由于标的物的产权已转移，保险人在处理标的物时如果得到的利益超过所赔偿的保险金额，应当归保险人所有。

（3）如果存在保险人对第三人的损害赔偿请求权的，其索赔金额超过其给付金额的，也同样归保险人所有。

四、货物保险的索赔期限

索赔期限一般在货物保险的保单中规定，常见的规定是：被保险人向保险人要求保险赔偿的请求权，自保险事故发生之日起或自其知道保险事故发生之日起，满 2 年不行使而消灭。

这里需要注意说明的是：各种保险单所规定的 2 年索赔期限的起算点可能有所不同。如海运、空运保险单要求，诉讼时效自被保险货物在最后卸货港全部卸离海轮后或在最后卸载地卸离飞机后起算，最多不超过 2 年；而邮包保险单要求，从被保险邮包递交收件人时起计算，最多不超过 2 年。

在实践中还要注意的是：如果保险单中关于索赔期限的规定与相应的强制性立法冲突的，应作无效的认定。

五、货物保险的理赔

保险理赔是指保险人处理保险索赔的过程。

通常情况下，各国保险法对于保险人理赔的基本要求是，保险事故造成损失后，保险人应当及时向被保险人支付保险赔偿。下面以中国《保险法》的相关规定为例进行讲解。

《保险法》第二十三条规定："保险人收到被保险人或者受益人的赔偿或者给付保险金的请求后，应当及时作出核定；情形复杂的，应当在三十日内作出核定，但合同另有约定的除外。保险人应当将核定结果通知被保险人或者受益人；对属于保险责任的，在与被保险人或者受益人达成赔偿或者给付保险金的协议后十日内，履行赔偿或者给付保险金义务。保险合同对赔偿或者给付保险金的期限有约定的，保险人应当按照约定履行赔偿或者给付保险金义务。保险人未及时履行前款规定义务的，除支付保险金外，应当赔偿被保险人或者受益人因此受到的损失。"

《保险法》第二十四条规定："保险人作出核定后，对不属于保险责任的，应当自作出核定之日起三日内向被保险人或者受益人发出拒绝赔偿或者拒绝给付保险金通知书，并说明理由。"

《保险法》第二十五条规定："保险人自收到赔偿或者给付保险金的请求和有关证明、资料之日起六十日内，对其赔偿或者给付保险金的数额不能确定的，应当根据已有证明和资料可以确定的数额先予支付；保险人最终确定赔偿或者给付保险金的数额后，应当支付相应的差额。"

六、代位

（一）代位的定义与功能

1.定义

代位，也被称为代位求偿，是指当货损由第三方责任引起时，保险公司履行赔偿责任后，在赔偿金额范围内取得被保险人向第三人索赔权利的求偿制度。保险公司取得的该权利就是代位求偿权或代位权。

例如，甲公司委托乙轮船公司使用集装箱运输一批茶叶到国外，并办理了进出口海洋货物运输险。后收货人在目的港拆箱提货时发现集装箱内异味浓重，茶叶品质严重受损。经查明，该集装箱前一航次所载货物为某化学品，致使茶叶受到污染。在本案中，承运人乙公司对货物的损失存在明显的过错，没有提供适宜的集装箱。如果保险公司依照保险合同的约定，在赔偿了受益人的损失后，可以通过行使代位权从乙公司处获得相当于保险金额的赔偿。

2.功能

从法律的角度来看，保险代位权为财产保险以及同财产保险具有相同属性的填补损害的保险所专有的制度，构成损害填补原则在保险法上运用的一个重要方面。保险事故发生后，被保险人向保险人请求赔偿保险标的的损失时，若对造成保险事故而导致保险标的的损害负有损害赔偿责任的第三人享有损害赔偿的权利，应当将该权利依法或者依照保险合同的约定转让给保险人，保险人依保险合同赔偿被保险人的损失后，可以代位行使被保险人所让渡的对第三人的损害赔偿请求权。

例如，我国《保险法》第六十条规定："因第三者对保险标的的损害而造成保险事故的，保险人自向被保险人赔偿保险金之日起，在赔偿金额范围内代位行使被保险人对第三者请求赔偿的权利。前款规定的保险事故发生后，被保险人已经从第三者取得损害赔偿的，保险人赔偿保险金时，可以相应扣减被保险人从第三者已取得的赔偿金额。"

但在海上货物保险方面，保险人的代位权范围并不限于其实际赔偿金额，其可以如同被保险人一样，向责任方行使全部的请求权。例如，我国《海商法》第二百五十二条规定:“保险标的发生保险责任范围内的损失是由第三人造成的,被保险人向第三人要求赔偿的权利,自保险人支付赔偿之日起,相应转移给保险人。”为避免保险人因此不当得利,《海商法》第二百五十四条又补充规定:“保险人从第三人取得的赔偿,超过其支付的保险赔偿的,超过部分应当退还给被保险人。”

(二)行使代位权的条件

(1)保险标的的损失是由第三人基于过错造成的保险事故所引起的。只有当第三人依法应当承担责任时,被保险人有索赔请求权,才存在向保险人转让赔偿请求权的可能,即“无请求权,无代位权”。但是,如果第三人的致害行为不在承保范围内,或者未造成保险标的的损失,或者其行为可以免责,则代位求偿均不适用。

(2)只有在保险人根据保险合同赔付保险金后,其代位权才成立。因而,代位求偿权是因清偿而发生的一种债权转让,当保险人支付了保险赔偿金后,这种债权就自动转移给了保险人。

(3)保险人行使代位求偿权时第三人追偿的金额不得超过已经支付的保险赔偿金。如果超过,超过部分应当退还给被保险人。具体而言,在足额保险的情况下,保险标的如果发生全损,保险人支付全部保险金额,可以取得对保险标的的全部权利;在不足额保险的情况下,保险人只能够按照实际承担的保险责任,获得相应的代位求偿权,即按照保险金额与保险价值的比例取得对保险标的的部分权利。

(三)保险人代位权的保障

法律为了保障保险人代位权的实现,也设置了被保险人的相关义务。

1.被保险人不能随意弃权

例如,根据我国《保险法》第六十一条规定:“保险事故发生后,保险人未赔偿保险金之前,被保险人放弃对第三者请求赔偿的权利的,保险人不承担赔偿保险金的责任。保险人向被保险人赔偿保险金后,被保险人未经保险人同意放弃对第三者请求赔偿的权利的,该行为无效。被保险人故意或者因重大过失致使保险人不能行使代位请求赔偿的权利的,保险人可以扣减或者要求返还相应的保险金。”

2.被保险人应及时向第三人主张权利

被保险人应注意及时向承运人或其他责任人提出索赔或取得理赔依据,否则可能导致保险人丧失相应的代位求偿权,从而导致保险人拒赔。如在 1999 年《蒙特利尔公约》项下,收货人发现货损的,应在收货后 14 日内提出索赔;发现交货迟延的,则应在收货后 21 日内,书面向航空承运人提出异议。否则,收货人就无权再起诉承运人。

第六章 国际贸易支付法

国际贸易支付是国际贸易卖方利益实现的重要环节,不同的支付方式对双方的影响很大,这部分内容也是国际贸易法中统一程度较高的一个领域,目前国际上主要的法律依据是有关票据的公约及有关支付方式的国际商业惯例。前者如《1930 年关于统一汇票和本票的日内瓦公约》《1931 年关于统一支票的日内瓦公约》等,后者如《跟单托收统一规则》《跟单信用证统一惯例》等。

现代的国际贸易支付工具主要是票据,极少数情况下是货币,常见的结算方式主要有汇付、托收、信用证等。其中信用证涉及以银行信用替代当事人的商业信用,银行起到了融资和担保付款的作用。本章就来讲解国际贸易支付的相关法律制度。

第一节 国际贸易支付工具

一、国际贸易支付的货币

在国际贸易中,货币既是计价的基础,又是贸易结算和支付的手段,计价货币和支付货币一起构成合同货币。

(一)货币的选择

由于国际货物贸易是跨国的商品买卖,而各国使用的货币通常各不相同,因此双方除可能约定使用当事人一方所在国的货币外,还可能使用第三国的货币来计价、支付。在选择货币时应注意以下问题。

(1)货币是否具有可自由兑换性。一般情况下,可自由兑换货币是交易各方都乐于接受的货币。根据《国际货币基金协定》的规定,所谓自由兑换,系指对国际经常往来的付款和资金转移不得施加限制。也就是说,这种货币在国际经常往来中,随时可以无条件地作为支付手段使用,对方亦应无条件接受并承认其法定价值。不施行歧视性货币政策措施或多种货币汇率。在另一成员国要求下,随时有义务换回对方在经常性往来中所结存的本国货币。因此,如果一种货币的持有人能把该种货币兑换为任何其他国家的货币而不受任何限制,这种货币被称为可自由兑换货币。

(2)货币币值是否稳定。币值稳定包括货币对内币值稳定和对外币值稳定两个方面,货币对内币值稳定是指国内物价的稳定,对外币值稳定是指汇率的稳定。一般情况下,国际贸易中交易各方应避免选择汇率浮动过大的货币进行交易,以避免产生汇率风险。

(3)政治风险。由于政治因素的出现多带有突发性的特征,难以预测,所以对汇市的破坏力极大,会造成外汇汇率短时间的大起大落。因此作为国际贸易的交易各方要留意和分析世界政治格局的变化及地区性热点问题的动态,实时关注货币发行国的政治信息,防止因政治风险对交易货币带来的不确定性损失。

(4)行业习惯。在国际贸易中,某些商品的买卖习惯上以某种货币(如英镑)报价、计价和支付,买卖双方一般会遵循这样的习惯。

此外,需要特别提醒的是,在实务中如果选择使用货币来计价和支付,在约定货币类型时,最好使用明确、规范的货币名称和符号,否则很容易导致纠纷的发生。

(二)无法确定支付货币时的处理

在国际贸易实务中,可以分为以下两种情形的处理模式。

其一,如果当事人没有约定支付货币,通过其他方式也无法确定的,则通常根据与合同具有最密切联系国家的货币来判断,即应依据当事人的意愿、商业习惯和当事人之间的惯例来确定,仍然无法确定的,则一般将支付货币界定为卖方营业地所在地方通用的货币,当然这要受支配合同的法律的约束。

其二,对于合同损害赔偿金的支付,一般认为应以最能反映实际损失或与实际损失有最密切联系的货币作为支付货币。

二、国际贸易支付的票据

在国内贸易中,卖方通常在没有得到转款的情况下先发货,标明货款金额和支付方式的商业发票随后跟到,买方通常可以在不签署任何承认自己义务的正式文件之前先获得货物。相反,在国际贸易中,由于当事人之间缺乏信任,买方在获得货物之前必须支付货款或者做出支付的承诺。因此，使用以支付金钱为目的并且可以流通转让的债权凭证——票据成为主要的结算工具。

（一）票据的概念与特征

票据是指由出票人签发的、约定自己或者委托付款人在见票时或指定的日期向收款人或持票人无条件支付一定金额的有价证券。票据的特征有以下几点。

（1）票据是完全有价证券。证券权利的发生、转移和行使都以证券的存在为必要，这与股票、仓单等不完全有价证券不同。

（2）票据是设权证券。票据权利的发生必须做成证券，而无票据就无票据上的权利，这与股票、仓单等证权证券不同。

（3）票据是债权证券。其所表示的权利是以一定金额的给付为标的的债权，而且是金钱债权证券，这与提单等劳务或者实物权利证券不同。

（4）票据是流通证券。可以凭支付或背书等方式自由转让，无须通知债务人。但是需要注意的是，即便票据的流通不需要通知债务人，债务人对让与人（原债权人）享有的抗辩权利对受让人照样有效。

例如，甲与乙签订买卖合同，甲卖给乙旧卡车一辆，价格是1000美元，于交货后60天内付款。甲在合同中保证该车可以正常运转，但事实上刹车有缺陷且甲知道该缺陷，甲在交货后将接受货款的权利转让给丙。后乙因发现刹车的缺陷，以甲违反合同义务为由拒绝向丙支付1000美元的货款，这一抗辩是成立的，对丙（受让人）也是有效的，丙只能向甲（原债权人）索赔。

（5）票据是要式证券。票据的格式和记载事项，都由法律严格加以规定，当事人必须遵守，否则会影响票据的效力。而且，票据的签发、转让、承兑、付款、追索等行为，也必须严格按照规定的程序和方式进行方为有效。

（6）票据是文义证券。票据权利义务的内容完全依票据上的记载而定，不受票据上文字以外事项的影响。

（7）票据是无因证券。票据权利的行使只以持有票据为必要，至于取得票据的原因、票据权利发生的原因，原则上不影响票据权利的存在和行使。例如，某人将偷得或拾得的汇票转让给受让人，受让人在接受汇票时对此并不知情并支付了合理对价，那么承兑人（债务人）不能以让与人的权利有缺陷而拒绝向该受让人（正当持票人）付款。

在实践中，要特别注意票据的无因性意味着票据与当事人之间的基础法律关系（如买卖关系）无关。例如，甲、乙签订了10万美元价金的买卖合同，甲为卖方、乙为买方,甲方开出了以乙为付款人的银行承兑汇票,该汇票经该银行承兑后甲将该汇票转让给丙。乙方收到货物后,发现质量与合同约定不符,并将此情况通知银行要求银行拒绝付款。此时,乙的要求对丙和承兑人(银行)都是无效的,当丙要求付款时,承兑人无权拒绝付款。

(二)票据的种类

1.汇票

汇票指出票人签发的,委托付款人在见票时或者在指定日期无条件支付确定金额给收款人或持票人的票据。

汇票是国际贸易支付中的主要工具,其应用最为广泛。在国际贸易支付中,通常都是由卖方作为出票人。开立以买方为付款人的汇票,指定以卖方本人或与其有往来的银行作为收款人,通过汇票的转移代替现金的运送来实现货款的结算。

根据《1930年关于统一汇票和本票的日内瓦公约》规定,汇票必须载明以下事项,否则不发生汇票的效力:①表明"汇票"字样,即要求在汇票上标明"汇票"字样;②无条件支付一定金额的命令;③付款人的姓名;④汇票的收(受)款人;⑤汇票的到期日;⑥汇票的付款地点;⑦汇票的出票日期及地点;⑧出票人签名。

2.本票

本票指由出票人签发的,承诺自己在见票时无条件支付确定金额给收款人或持票人的票据。

本票依据出票人的不同,分为商业本票和银行本票两种。不过,依照我国《票据法》的规定,本票仅指银行本票。

根据《1930年关于统一汇票和本票的日内瓦公约》的规定,本票应包含下列内容:①票据主文中列有"本票"一词,并以开立票据所使用的文字表示;②无条件支付一定金额的承诺;③付款日期的记载;④付款地的记载;⑤受款人或其指定人的姓名;⑥签发本票的日期和地点的记载;⑦签发本票的人的签名。

3.支票

支票是指出票人签发的,委托办理支票存款业务的银行在见票时无条件支付确定金额给收款人或持票人的票据。

(三)票据行为

票据行为是以票据权利义务的设立及变更为目的的法律行为。以下以汇票为例,讲解票据行为。

1.出票及其法律意义

出票包括制作汇票和交付汇票两个行为。所谓"制作汇票"就是出票人按照法定款式制作票据，在票据上记载法定内容并签名。由于实践中各种汇票都由一定金融机关印制，因而所谓“制作”只是填写有关内容和签名而已。交付汇票是指根据出票人的意愿将其交给受款人的行为，不是出于出票人本人意愿的行为（如偷窃票据）不能称作“交付”，因而也不能称作出票行为。出票的法律意义表现为以下几点。

（1）出票人成为第二债务人，一旦将来付款人拒付，出票人应承担对收款人或正当持票人的付款责任。

（2）受票人取得票据即取得了要求按照票据内容付款的请求权。

2.背书及其法律意义

（1）背书是指持票人在汇票背面签章并将背书后的汇票交付给他人的行为。签章的人是背书人，交付对象是被背书人。对被背书人而言，所有在其之前的背书人和出票人都是他的前手，他以后的受让人都是他的后手。

（2）背书根据记载情况分为记名背书和空白背书。前者是背书时背书人不仅签上自己的名字而且签上被背书人的名字的背书。后者是指背书人仅签自己的名字而将被背书人名称栏空着的背书。

（3）背书的法律意义是：背书是票据转让流通的手段，通过背书，持票人可将票据上的权利转让他人。

3.提示及其法律意义

（1）提示即持票人将汇票向付款人出示并要求承兑或付款的行为。可分为承兑提示和付款提示。

（2）提示的法律意义是：提示必须在法定期限内进行，否则汇票的出票人和背书人解除票据责任，持票人丧失对其前手的追索权。但这种票据权利的丧失并不意味着民事权利的丧失，持票人仍可向承兑人或付款人要求付款。

（3）关于提示期：《日内瓦公约》规定为一年；英美法没有具体规定，但要求在“合理时间”内提示。

4.承兑及其法律意义

（1）承兑是指汇票的付款人承诺汇票到期时对汇票的票面金额予以付款，并在票据的正面签上“承兑”字样的行为。

（2）承兑的法律意义是：付款人完成承兑后即成为票据的主债务人，承担第一位的付款责任，而出票人和背书人称为从债务人，承担第二位的付款责任。

5.付款及其法律意义

付款是指持票人于汇票到期日向付款人做付款提示，付款人支付票面金额、收取汇票并在汇票上签注“收讫”的行为。付款使票据债权债务归于消灭。

6.拒付与追索

(1)拒付是指付款人在被持票人要求承兑和付款时予以拒绝。包括拒绝承兑、拒绝付款、付款人死亡、破产及避而不见等情况。

(2)拒付一旦发生,持票人即获得向汇票的出票人和所有前手背书人追索款项的权利。但追索权的行使通常要求在法定期限内做成拒绝证书,拒绝证书即证明拒付事实发生的书面文件。通常由付款人当地的法院、银行、工会、公证处等出具。

(3)追索权行使期限:我国为六个月;《日内瓦公约》为一年;英国法为六年,从做成拒绝证书之日起算。

第二节 汇付

一、汇付的概念与特点

(一)汇付的概念

汇付也叫买方直接付款或汇款,它是指付款人通过银行将款项汇交收款人的一种支付方式。

(二)汇付的特点

1.汇付是顺汇法

汇付是买方作为付款方主动将货款付给卖方,结算工具的走向与货款的流向属同一方向,所以汇付属于顺汇的支付方式。

2.汇付体现的是商业信用

在汇付业务中,银行基于委托提供服务,与货物的交付与否无关。换言之,在汇付方式中,买方是否付款,取决于自身的信用,属于商业信用的范畴。

二、汇付业务的情形

在国际贸易实务中,汇付有预付货款和货到付款两种情形。

(一)预付货款

预付货款是指买方在没有收到货物前,就通过汇付将货款支付给卖方。这种方式实际上相当于买方向卖方提供信用并融通资金,对于买方不利而对卖方有利。在实践中为了防范预付货款对买方的风险,买方一般要与银行达成解付款项的条件协议。解付协议的主要内容是:收款人取款时,要出具个人书面担保或银行担保函,保证收到货款后如实履约交货,否则将退还已收款并附加利息。

(二)货到付款

货到付款是指买方收到货物后再把货款汇付给卖方。货到付款实质上属于延期付款结算,相当于卖方向买方提供信用并融通资金,其对于买方有利而对卖方不利。在实践中,货到付款方式一般适用于寄售的贸易方式。它是由出口商先将货物运至国外,委托国外商人在当地代为销售,货物售出后,受托人扣除佣金后将货款通过银行汇交出口商。

三、汇付的当事人

汇付一般涉及四方当事人。

(一)汇款人

汇款人即债务人,是指将款项存入汇出行,委托汇出行对外汇出资金的人。通常是国际贸易的进口商,有时卖方也可能成为汇款人,如在卖方在给买方支付赔偿金的情况下,卖方也可以成为汇款人。

(二)汇出行

汇出行是指受汇款人委托,向其国外代理行发出委托付款指令的银行。汇出行一般为汇款人所在地的银行。

(三)汇入行

汇入行是指受汇出行委托,将汇款资金付给收款人的银行,故又称解付行。汇入行通常是汇出行的国外代理行或联行,且一般在收款人所在地。

(四)收款人

收款人即债权人,是指接受汇款方所汇款项的人,通常是出口商。

在以上四个当事人之间,汇款人与收款人之间是基于国际货物买卖而产生的债权债务关系,汇款人与汇出行、汇出行与汇入行之间则是一种委托付款关系。

四、汇付的方式

在国际贸易支付实践中,最常用的汇付方式主要有信汇、电汇和票汇三种。

(一)信汇

信汇是指汇出行应汇款人要求,用航空信函将信汇委托书或付款委托书邮寄给汇入行,指令解付汇款资金给收款人的汇款方式。

信汇一般通过航空邮寄,费用低廉,但是时间较长,邮件容易破损或丢失,一般适用于小额的非急需的资金转移。由于电子通信技术的发展,这种方式现在在实务中较少使用。

(二)电汇

电汇是指汇出行应汇款人要求,以电报、电传等方式将付款指令发送给汇入行,指令其支付汇款资金给收款人的汇款方式。

电汇这种方式本质上同信汇一样,只是速度更快,更节省时间。因而,费用要比信汇高。实践中通常以交易金额较大或有急用的汇款时使用电汇方式。

(三)票汇

票汇又称银行即期汇票汇款,是指汇出行应汇款人要求,签发以汇入行为付款人的银行即期汇票,交给汇款人邮寄或自带给收款人,由收款人到汇入行提示领款的汇款方式。在国际贸易的实务中,常见的做法是汇款人在得到银行汇票后,将其航空邮寄给收款人,由收款人持该汇票或支票从汇入行取款。

票汇的特点是方便灵活,对汇款人来说,汇票可以自行携带也可以寄出;对收款人来说,可以自由灵活地处置汇票。

信汇、电汇和票汇三种汇付方式的共同点在于:第一,汇款人在委托汇出行办理汇款时,均要出具汇款申请书,这就形成汇款人和汇出行之间的一种契约。第二,三者的传送方向与资金流向相同,均属顺汇。

三种汇付方式的不同点在于:第一,电汇是以电报或电传作为结算工具;信汇是以信汇委托书或支付委托书作为结算工具;票汇是以银行即期汇票作为结算工具。第二,票汇与电汇、信汇的不同在于票汇的汇入行无须通知受款人取款,而由受款人持票登门取款,汇票除有限制转让和流通者外,经受款人背书,可以转让流通,而电汇、信汇委托书则不能转让流通。

以下是两个实践中涉及汇付的典型案例,希望通过两个案例的学习,当事人能吸取相应的教训,并重视在汇付业务中的潜在风险。

案例一:上海A银行有一笔美元汇款通过其分行汇款部办理汇款,分行经办人员在审查时发现汇款申请书中收款银行一栏只填写了“Hong Kong and Shanghai Banking Corp. Ltd.”,而没有具体的城市名和国家名。而“Hong Kong and Shanghai Banking Corp. Ltd”是汇丰银行的名称。由于汇丰在世界各地有众多的分支机构,汇出行的海外账户行收到这个汇款指令时肯定无法执行。为此,经办人员即以电话查询A银行的经办人员,后者答称当然是香港汇丰银行,城市名称应该是香港。分行经办人员即以汇丰银行香港分行作为收款人向海外账户行发出了付款指令。事隔多日,上海汇款人到银行称收款人告知迄今尚未收到该笔款项,请查阅于何日汇出。分行汇款部当即再一次联系海外账户行告知收款人称尚未收到汇款,请复电告知划付日期。账户行回电称,该笔汇款已由收款银行退回,理由是无法解付。这时,汇出行再仔细查询了汇款申请书,看到收款人的地址是新加坡,那么收款银行理应是新加坡的汇丰银行而不是香港的汇丰银行,在征得汇款人的同意后,重新通知其海外账户行将该笔汇款的收款银行更改为"Hong Kong and Shanghai Banking Corp. Ltd., Singapore",才最终完成了这笔汇款业务。

本案例中该笔汇出款项最初没有顺利解付的原因就在于没有准确向汇入行提供收款银行地址和名称。本案例提醒当事人在实践中要充分意识到正确填写汇款申请书的重要性,特别是对于收款人或收款银行的详细地址包括城市名称和国家名称更是不能填错或漏填。而对于银行工作人员来说,应该认真审查汇款申请书,当发现汇款人填写不全时务必请其详细填写,以防汇错地址,导致收款人收不到款或被人误领。如果由于某些原因不能确切知道收款行或收款人的详细地址时,应向知情的当事人询问清楚,不能主观推测。这样有利于更好地保护汇款人和收款人的权益。

案例二:中国某石油公司以传真方式与新加坡某公司订立了出口合同,具体条款包括中国某石油公司售出950公吨零号柴油(允许溢短装10%)给新加坡公司,总价为259000美元,FOB香港。付款方式规定:买方必须于合同订立后10日内将订金100000美元电汇至卖方指定银行,买方在提单日起15天内用电汇方式将全部货款汇至卖方指定的银行账户。在收到新加坡公司按期电汇的订金100000美元后,中国某石油公司立即按合同发货,实际交货949.94吨,总计246034.46美元,按照合同条款,新加坡公司还应向中国某石油公司偿付余款146034.46美元,但新加坡公司迟迟未付,几次催款之后,新加坡公司传真了一份已电汇货款的银行底单给卖方,但经查实,新加坡公司根本没有电汇这部分货款,所谓已电汇货款的银行底单只是新加坡公司编造的一个骗局。在接下来的五个月里,卖方先后发出传真信函,或派专人前往新加坡,向新加坡公司追款,但都毫无结果。新加坡公司始终未偿付欠中国某石油公司的货款及利息,中国某石油公司不得不向中国国际经济贸易仲裁委员会申请仲裁。虽然仲裁结果对卖方有利,但中国某石油公司已付出了大量的人力物力,而经济损失是否能够得到弥补还要看仲裁的执行结果。

在本案中,以电汇方式结算虽然速度较快,但双方成交的金额较大,买方只预付了不到一半的订金,又无其他保障措施,卖方不得不承担余款的迟付、不付的风险。可见,买卖双方如果缺乏足够的了解,采用汇付方式结算的风险很大,因此在订立合同之前,卖方必须对买方的资信状况进行调查,以决定是否采用汇付的方式结算。如决定采用汇付方式结算,建议在买卖合同中规定,由买方提供银行付款保函,由银行担保买方如期付款,如买方不能如期履约,卖方将可以获得银行的赔付。

第三节 托收

一、托收的概念

托收是指卖方开立汇票及其他凭证,委托银行向买方收取货款的支付方式。因而又叫作银行托收。

二、托收的当事人及其法律关系

(一)当事人

在托收业务中,可能会涉及以下几类当事人。

1.委托人

委托人是指委托银行代为收款的人,在国际贸易中一般指出口方、卖方或托运人等。同时,委托人在汇票票据关系中是出票人。

2.托收行

托收行是指受委托人委托通过其国外代理行或分行代收货款的银行。通常是出口方营业地所在地的银行。

3.代收行

代收行是指接受托收行委托向进口方收取款项的银行,一般是托收行位于付款人所在国家的国外分行或代理行。

4.提示行

提示行是指直接向付款人提示单据、领取款项的银行。提示行通常是代收行,当然代收行也可委托付款人所在地的银行作为提示行,代为提示单据、收取货款。

5.付款人

付款人是指接受有关单据提示、支付票款的人。在国际贸易中,付款人通常是进口方。

6.需要时的代理人

需要时的代理人是指委托人在托收申请书中指定的,在进口方不付款或承兑时,代理其处理货物的当事人。

在以上当事人中,委托人、托收行、代收行、付款人是四个基本当事人。

(二)当事人之间的法律关系

四个基本当事人之间的法律关系如下。

1.委托人与托收行

委托人与托收行二者是委托关系,委托人在委托银行代为收款时,须填写一份托收委托书,规定托收的指示及双方的责任,该委托书即是双方的代理合同。

2.托收行与代收行

托收行与代收行二者也是委托关系,两者之间的代理合同由托收指示书、委托书,以及由双方签订的业务互助协议等组成。

3.委托人与代收行

委托人与代收行二者不存在直接的合同关系,因此,如果代收行违反托收指示行事导致委托人遭受损失时,委托人并不能直接对代收行起诉,委托人只能通过托收行追究代收行的责任。

4.代收行与付款人

代收行与付款人二者不存在直接的合同关系。代收行是以托收行代理人的名义向付款人提示付款。如果付款人拒绝付款或拒绝承兑,代收行不能以自己的名义对付款人起诉,而只能把拒付情况通知托收行,再由后者转告委托人,由委托人自行向付款人追偿。

三、托收的种类

托收涉及两种单据,一种是金融单据,如汇票、本票、支票等;另一种是商业单据,包括发票、运输单据(如提单、海运单等)等。按出口商开具的汇票是否附带货运单据,托收可分为光票托收与跟单托收两种。

(一)光票托收

光票托收是指卖方不需要附具任何装运单据,仅仅凭金融单据,如汇票、本票、支票等委托银行向买方收取货款。在光票托收中,单据的交付和货款的支付是分离的,如果对方违约不交货或不付款,卖方可能面临钱货两空的巨大风险。所以,这种方式在国际贸易实务中已经较少被采用,仅限于结算样品费、佣金等小额费用。

(二)跟单托收

跟单托收是指卖方将汇票连同货运单据一齐交银行委托代收货款的托收。在国际贸易支付中,货款托收大多采用跟单托收方式。根据交单条件的不同,跟单托收又可分为付款交单和承兑交单。

1.付款交单(D/P, Documents Against Payment)

付款交单是指卖方交单以买方付款为条件,付款人只有向提示行(代收行)支付了货款或其他单据后才能取得货运单据。付款交单又可以分为即期付款交单和承兑付款交单两种。

如果出口方出具的是即期汇票,进口方于见票时支付货款,取得单据,这称为即期付款交单。即期付款交单的情况下,如进口方拒付或只支付部分货款,则不能取得单据,因此出口方不会遭遇钱货两空的风险。

如果出口方出具的是远期汇票,要求进口方于见票后承兑,汇票到期后付款并提取单据,便为承兑付款交单。承兑付款交单方式的优点在于能保障出口方的交易安全,又为进口方的付款提供了融资时间;缺点是进口方承兑后仍无法取得货运单据,因此即使货物已经到达,进口方也无法提货,只能等汇票到期付款后才能取得货运单据并提货。

2.承兑交单(D/A, Document Against Acceptance)

承兑交单是指卖方交单以买方承兑汇票为条件。买方承兑汇票后即可从代收行取得货运单据、领取货物,等到汇票到期时再支付货款。承兑交单方式对于出口方而言有较大风险。因此,如果托收单据中含有远期汇票,那么托收指示书应明确商业单据是凭承兑交付款人还是凭付款交付款人。如无此项注明,则商业单据仅能凭付款交付,代收行对于因迟交单据所产生的任何后果概不负责。

这里需要特别说明的是:在国际贸易的实践中,如果委托人未明确交单条件的,通常按付款交单处理。

因此,可以看出:在托收中,由于货运单据由受托银行控制,因此与汇付方式相比,托收方式更加安全可靠,收款的风险和收货的风险都大大减少了。不过,与汇付方式比较,托收手续较为复杂,手续费也较高。而且,托收方式仍然建立在商业信用基础上,双方仍面临较大的违约风险,尤其是出口方面临的风险远远大于进口方。如果付款人届时拒不付款或无力付款,那么在付款交单方式下,出口方可能要承担仓储、转运或就地处理货物的风险和费用;而在承兑交单情形下,出口方则可能面临钱货两空的风险。

四、托收的业务流程

托收的主要业务流程如下。

(一)申请托收

委托人出具汇票,向托收行提出托收申请,填具托收指示书,附具或不附具装运单据。

(二)接受申请

托收行接受申请后,委托其在进口地的代理银行(即代收行)代为办理收款事宜。

(三)付款提示

代收行向付款人作付款提示或承兑提示,在付款人付款后通知托收行,托收行即向委托人付款。如付款人拒付,则代收行通知托收行,再由托收行通知委托人。

在实践中,有时会出现这样的情况:买方由于资金的困难不能付款,但又为了取得货运单据从而先行提货,于是采取了向银行提供书面信用担保文件,即信托收据(Trust Receipt)的方式,表示愿意以代收行受托人的身份代为提货、报关、存仓、保险、出售,并且承认货物的所有权仍然属于银行,在货物出售后将所得货款在汇票到期时交付给银行。此时,代收行在不经委托人或托收行许可的情况下,将单据借出去。从法律上来讲,代收行的此种行为风险很大,如果买方到期不付货物出售的货款,则代收行应承担偿还货款的责任。

例如,中国天津M出口公司出售一批货给香港G公司,价格条件为CIF香港。付款条件为D/P见票30天付款。M出口公司同意G公司指定香港汇丰银行为代收行。M出口公司在合同规定的装船期限内将货装船,取得清洁提单,随即出具汇票,连同提单和商业发票等委托中国银行通过香港汇丰银行向G公司收取货款。5天后,所装货物安全抵达香港,因当时该商品的行市看好,G公司凭信托收据向汇丰银行借取提单,提取货物并将部分货物出售。不料,因到货过于集中,货物价格迅速下跌,G公司以缺少保险单为由,在汇票到期时拒绝付款,致使M公司不能收回货款,也不能控制货物。在此种情形下,香港汇丰银行作为代收行应承担偿还货款的责任。

五、《跟单托收统一规则》对银行利益的保护

(一)《跟单托收统一规则》简介

在托收业务中,由于当事人各方对权利义务理解不同,各个银行的具体做法也存在差异,因而容易产生争议与纠纷。为了统一托收的业务规则,国际商会于1995年出台了新的《跟单托收统一规则》(Uniform Rules of Collection),并成为国际商会第522号出版物,一般简称为URC522,该规则于1996年1月1日起实施。不过,URC522属任意性惯例,只有当事人约定适用时才对其产生约束力。

该规则共二十六条,由总则和定义、托收的形式和构成、提示的形式、责任和义务、付款、利息、手续费和费用以及其他条款七个部分组成。URC522自公布实施以来,已被许多国家的银行采纳与使用。

(二)《跟单托收统一规则》中银行的有关规定

托收是指商业信用,银行仅是收款人的代理人,不承担保证付款的责任,卖方最终能否收到货款完全取决于付款人的信用,银行不介入双方的交易。URC522集中体现了对银行利益的保护,表现如下。

1.银行不处理货物

(1)未经银行事先同意,不得将货物按银行地址直接发送银行,也不应以银行或其指定人为收货人。

(2)银行没有义务对跟单托收有关的货物采取任何措施,包括货物的存仓和保险,即使对此有专门的指示。银行只有在事先同意时、并在其同意的范围内才采取这些措施,并且由此发生的相关费用由指示方负担。

2.银行的免责

(1)银行只负责核实所收到的单据与托收指示所列事项表面一致,此外没有进一步的核实义务。

(2)对单据有效性的免责。即银行对任何单据的形式、完整性、准确性、真伪或法律效力,以及对单据上所载的或附加的一般和特殊条件,概不承担义务和责任。银行对单据中货物的描述,数量、重量、质量、状况、包装、交付、价值或存在,或货物的发货人、承运人、运输行、收货人或承保人,或其他任何人的诚信、行为和疏忽、清偿能力、行为能力或资信情况,也不承担义务或责任。

(3)对单据传递过程中的延误、遗失和专业性术语翻译的错误等免责。

(4)不可抗力免责,即银行对由于天灾、暴动、内乱、叛乱、战争或银行本身无法控

制的其他原因或罢工、停工而中断业务所造成的后果,均不承担义务或责任。

(5)除非托收指示书上有明确指示,在遭到拒付时,银行没有做成拒绝证书的义务。银行由于办理拒绝证书或其他法律手续而发生的手续费及其他费用概由向其发出托收指示的一方承担。

(6)对受托方行为的免责。第一,为使委托人的指示得以实现,银行使用另一银行或其他银行的服务时,是代为该委托人办理的,因此,其风险由委托人承担。第二,即使银行主动地选择了其他银行办理业务,如该行所转递的指示未被执行,做出选择的银行也不承担责任或对其负责。

(7)提示行有责任确保汇票承兑形式看来是完整和正确的,但是,对任何签字的真实性或签署承兑的任何签字人的权限不负责任。

3.银行的义务

银行的义务,可以归纳为"三及时"与"一审单"。具体表现为以下几点。

(1)及时提示义务。对即期汇票,代收行应毫不迟延地向付款人作付款提示;对远期汇票,需要承兑的,代收行应及时做承兑提示,同时必须在规定的付款到期日前做付款提示。

(2)及时交款义务。银行在收到货款后应当毫不迟延地向委托人解缴货款。除非另有指示,代收行仅向托收行汇付收妥的款项。

(3)及时通知义务。第一,银行应毫不延误地将付款人承兑、付款或拒绝承兑、付款的有关情况通知委托人。如果遭到拒绝承兑或拒绝付款,提示行(代收行)应尽力查明拒绝付款或拒绝承兑的原因,并相应地通知向其发出托收指示的银行即托收行,不得延误。第二,收到该通知后,托收行必须就进一步处理单据发出适当的指示。如在发出拒绝付款或拒绝承兑通知后60天内,提示行(代收行)未收到该项指示,可将单据退回向其发出托收指示的银行,而提示性方面不承担任何其他责任。

(4)审单义务。银行在接受委托后,应审查并确保汇票和货运单据与托收指示书所列内容在表面上一致。如果发现任何单据有短缺或不一致,银行必须以电讯方式通知,如电讯不可能时,以其他快捷的方式,通知向其发出指示的一方,不得延误。

第四节 信用证

在国际贸易活动中,买卖双方可能互不信任,买方担心预付款后,卖方不按合同要求发货;卖方也担心在发货或提交货运单据后买方不付款。因此需要两家银行作为买卖双方的保证人,代为收款交单,以银行信用代替商业信用。银行在这一活动中所使用的工具就是信用证。为了使国际信用证有一个统一的规范,国际商会于 1929 年首次颁布了《跟单信用证统一惯例》(Uniform Customs and Practice for Documentary Credits,简称 UCP),供各国银行和银行公会自愿采用。此后至今前后做过七次修订。目前适用的是其 2006 年通过并于 2007 年 7 月 1 日起实施的修订本,因 2007 年修订本是以国际商会第 600 号出版物公布的,因此又称之为 UCP600。本节就主要围绕 UCP600 的内容来讲解信用证的相关知识。

一、信用证的概念

信用证的英文名称为 Letter of Credit,根据 UCP600 的定义,信用证意指一项约定,无论其如何命名或描述,该约定不可撤销并因此构成开证行对于相符提示予以兑付的确定承诺。

因此,信用证是银行根据进口人的申请,开给出口人的一种保证在信用证上规定的条件得到满足时支付货款的书面凭证。从法律的角度来看,信用证方式与汇付和托收支付方式的最大区别是在信用证中,银行有条件地承担了支付货款的责任,卖方能否收到货款是以银行信用为基础,而不是依赖于买方的商业信用。

二、信用证的特点

信用证支付方式有四个特点。

(一)信用证的独立性

信用证不依附于买卖合同,银行在审单时强调的是信用证与基础贸易相分离的书面形式上的认证。也就是说,信用证交易独立于其他合同关系,信用证一旦开出,就成为一个独立于基础交易合同(买卖合同)和其他有关合同的一项确定的付款承诺。大家在理解信用证的时候要特别注意以下两个方面的问题。

第一,信用证中开证行对受益人的付款承诺独立于买卖合同。因而开证行不能利用买方根据买卖合同当中对卖方拥有的抗辩对抗受益人,以达到拒付的目的,受益人也不能以买卖合同为依据要求开证行付款。

第二,信用证中开证行对受益人的付款承诺也独立于开证行与开证申请人的合同关系。因而开证行不能利用它与申请人间的关系中所存在的抗辩对抗受益人,违背其对受益人的责任,如申请人实施欺诈而致使银行信用证的开出,不能成为开证行拒付受益人的正当理由;申请人拒绝付款赎单,开证行也不能对受益人行使追索权追回自己已付的款项。受益人也不能以开证行与申请人之间的关系向开证行要求超过信用证的权利。

(二)信用证支付方式是纯单据业务

信用证是凭单付款,不以货物为准。只要单据相符,开证行就应无条件付款。这就表明,银行在决定付款与否不应也无需对信用证项下单据所涉及的货物、劳务和履约情况进行实质审查,只需以单据为唯一的依据。同时,银行对单据的态度是合理谨慎地对单据进行审核,并不对单据的真实性承担义务或责任,只要单据与信用证相符,银行据此付款后,即使申请人提货后发现货物与合同不符,或与所交的单据不符,申请人只能根据买卖合同跟受益人或者有关负责人(如承运人或保险人)进行交涉,而不与银行交涉。

(三)信用证开证银行负首要付款责任

信用证是一种银行信用,它是银行的一种担保文件,开证银行对支付有首要付款的责任。信用证一旦开出,无论申请人是否向开证行付款赎单,即使申请人破产,开证行也必须依约对受益人履行其付款责任。

(四)信用证是以“单证相符、单单相符”为条件的付款承诺

在信用证业务中,银行的审单标准是“单证相符、单单相符”。这里的“单”是指信用证规定的单据,主要包括货物单据、运输单据、保险单。

“单证相符”是指要求受益人提交的用于结算货款的单据要和信用证的规定一致。“单单相符”是指单据之间也要相互一致,单据之间不一致也视为单证不一致。单证不一致或单单不一致,都会导致银行拒付。而且,如果开证行接受了不符的单据,开证申请人有权拒绝补偿开证行。

例如,甲银行应乙公司申请开出不可撤销的即期信用证,甲银行委托的卖方所在地的指定银行接受卖方提交的单据支付货款后,将单证寄给甲银行,甲银行要求乙公司付款赎单时,乙公司发现发票上的货物品质等级与信用证上的规定有一重要不符之处,乙公司是否有权拒绝付款?答案是乙公司有权拒绝付款。

三、信用证的当事人

在信用证业务中,可能会涉及以下几种当事人。

(一)开证申请人

开证申请人是指向银行申请开立信用证的人,在信用证中又称开证人。开证申请人在国际贸易中一般是买卖合同的买方。

1.开证申请人对受益人的权利义务

开证申请人应根据买卖合同的规定在合理时间内申请开证并日后付款,到货时,当验货发现货约不符时,有权向卖方或其他责任人(承运人、保险人)追索,但这与信用证的单证一致无关。

2.开证申请人对开证行的权利义务

(1)开证申请人通过开证申请书及其他文件与开证行形成委托合同关系,由开证申请人向开证行缴纳开证押金或提供其他担保,并承担开证费用。

(2)应开证行要求付款赎单,在赎单前有权审核单据,若单证不符,有权拒绝付款赎单。但如果申请人付款赎单,持单提取货物后,发现货物有问题或与单据不一致,不能再向开证行追索货款,只能凭单据向承运人、保险公司或卖方索赔。

(二)开证行

开证行是指接受开证申请人的委托开立信用证的银行,它承担保证付款的责任。开证行通常是买方所在地的银行。

1.开证行对开证申请人的权利义务

(1)开证行要严格按开证申请书的要求开证,同时向开证申请人收取开证费。

(2)开证行应严格按信用证规定审单和付款收单,若发现单据有瑕疵,可在开证申请人的同意下付款收单,否则后果自负。

(3)当开证申请人无力付款赎单时,开证行有权处理单据和货物,并向其追偿不足部分。

2.开证行对受益人的权利义务

(1)若受益人合格交单,即使开证申请人破产或不肯接单等,开证行负有第一性的付款责任。

(2)若单证不符,除非开证申请人同意付款受单,否则可以拒付。

(3)开证行须在收到单据的第二日起7个工作日内完成审单。若开证行接受了单据,即使后来又发现单证不符,也不能向受益人追索。

(三)受益人

受益人是指信用证上所指定的有权使用该证的人,即出口人或实际供货人。

1.受益人对开证申请人的权利义务

(1)受益人在接到信用证后若发现信用证条款与合同条款不符,可以接受该信用证,也可要求买方修改信用证,如买方不予修改,则受益人可拒绝接受,并追究买方的违约责任。

(2)受益人在履行交货义务时要做到"货约一致"和"单货一致",否则应承担违约责任。

2.受益人对开证行的权利义务

(1)受益人必须在信用证的有效期内交单,有效期包括信用证有效期和装运后的交单期。

(2)受益人必须确保所提交的单据达到"单证相符,单单相符"。

(3)受益人凭正确单据取得开证行支付货款的权利,若被拒付,受益人既可向买方行使追索权,也可向开证行索赔。

(四)通知行

通知行是指接受开证行的委托,将信用证转交出口人的银行,它只证明信用证的真实性,不承担其他义务。通知行一般是出口地与开证行有业务往来的银行。

从法律关系来看,通知行与开证行之间存在代理关系,通知行应合理谨慎地审核所通知信用证的表面真实性。如果不能确定该证的真实性,通知行必须不迟延地通知开证行,说明它不能确定该证的真实性,如通知行仍决定通知,则在通知受益人时,必须告知受益人它不能认定该证的真实性。通知行有权在履行了通知义务后向开证行收取手续费。

(五)议付行

议付行是指愿意买入受益人交来跟单汇票的银行。议付行在实践中又被称为购票行、押汇行和贴现行,一般常由通知行来担任。

1.议付行对受益人的权利义务

(1)议付行应合理谨慎审单,并给付款项给受益人。

(2)如果议付行向开证行(或付款行,或其他偿付行)索偿失败,则可根据议付的情形向受益人追索已付款项;在有汇票的议付情形下,依票据法,议付行以正当持票人身份向出票人(受益人)行使追索权;在无汇票的议付情形下,议付行根据议付协议的规定行使追索权。

2.议付行对开证行的权利义务

议付行要履行合理谨慎地审核单据以确定其是否在表面上与信用证相符的义务,同时享有向开证行(或付款行、或其他偿付行)索赔的权利。

(六)付款行

付款行是指信用证上指定付款的银行,在多数情况下,付款行就是开证行。

关于付款行需要说明的是:付款行有权付款或不付款,但是一经付款,就无权向受益人或汇票持有人追索。

(七)保兑行

保兑行是指接受开证行的委托对信用证以自己名义保证的银行。保兑银行可以由通知银行兼任,也可由其他银行加具保兑。

在实践中需要注意的是,根据UCP600的相关规定,保兑行自对信用证加具保兑之时起承担独立的付款责任。

例如,我国A公司向国外B公司出口货物一批。B公司按时开来不可撤销即期信用证,该证由设在我国境内的外资M银行通知并加具保兑。A公司在货物装运后,将全套合格单据送交M银行议付并收妥货款。但M银行在向开证行索偿时,得到开证行因经营不善已宣布破产的消息。于是,M银行要求我国A公司将议付的货款退还,并建议我方可委托其向B公司直接索取货款。本案中的争议问题在于:保兑行在已向受益人议付货款后,开证行破产的情况下,是否有权请求受益人返还已支付的货款。显然,根据UCP600的相关规定,M银行作为本案中信用证的保兑行,负有对我国A公司付款的独立责任,而且是无追索权的付款责任。因此,M银行在开证行因经营不善已宣布破产的情况下,要求我国A公司将议付的货款退还,并建议我方委托其向B公司直接索取货款的要求是没有法律根据的。

(八)承兑行

承兑行是指对受益人提交的汇票进行承兑的银行,一般是付款行来担任。

四、信用证的种类

根据不同的划分标准,常见的信用证的分类有以下几种。

(一)以信用证项下的汇票是否附有货运单据划分为跟单信用证和光票信用证

1.跟单信用证

跟单信用证是指凭跟单汇票或仅凭单据付款的信用证。此处的单据指代表货物所有权的单据(如海运提单等),或证明货物已交运的单据(如铁路运单、航空运单、邮包收据等)。

2.光票信用证

光票信用证是指凭不随附货运单据的光票付款的信用证。银行凭光票信用证付款,也可要求受益人附交一些非货运单据,如发票、垫款清单等。

在国际贸易的货款结算中,绝大部分使用跟单信用证。

(二)以开证行所负的责任为标准可以分为不可撤销信用证和可撤销信用证

1.不可撤销信用证

不可撤销信用证是指信用证一经开出,在有效期内,未经受益人及有关当事人的同意,开证行不能片面修改和撤销,只要受益人提供的单据符合信用证规定,开证行必须履行付款义务的信用证。

例如,2004年1月10日,美国F银行向A银行开立了一笔金额为10万美元的即期信用证。该证规定装船、交单期分别为2月25日和3月8日,受益人为中国B公司,货物名称为钢板。2月12日,A银行收到该信用证项下第一次修改,要求将装船交单期分别提前至2月15日和2月24日,并修改货物描述等内容。A银行立即与受益人联系,请求答复。受益人一直未予答复。3月3日受益人交单,A银行经审核发现,由于信用证已经修改并超过有效期,以此拒付。经查,此笔单据的装船日为2月25日,交单日为3月3日,完全符合修改前信用证的要求。据此,B公司据理力争,声称其并未同意修改信用证,A银行应按原信用证条款的规定议付货款,双方发生争议。在本案中由于当事人之间没有说明信用证是可撤销的,则应该理解为是不可撤销的,因此在受益人明确拒绝接受信用证的修改的情形下,信用证的内容应以原信用证为准。在受益人提交的单据与原信用证相符的情况下开证行必须履行付款义务。

2.可撤销信用证

可撤销信用证是指开证行不必征得受益人或有关当事人同意有权随时撤销的信用证,应在信用证上注明"可撤销"字样。可撤销信用证对于卖方的收款来说没有保障,与跟单托收相差无几,所以卖方一般不愿意接受,在实务中很少使用。

在国际贸易的支付与结算中,常用的都是不可撤销信用证。依照UCP600的规定,银行不可开立可撤销信用证。

(三)以有无另一银行加以保证兑付为依据分为保兑信用证和不保兑信用证

1.保兑信用证

保兑信用证是指开证行开出的信用证,由另一银行保证对符合信用证条款规定的单据履行付款义务。

对信用证加以保兑的银行为保兑行,保兑行与开证行同负第一性的付款责任。不论开证行发生什么变化,保兑行都不能片面撤销其保兑。因此,保兑信用证使得受益人的收款更为安全。

2.不保兑信用证

不保兑信用证是指开证行开出的信用证没有经另一家银行保兑。

(四)根据付款时间不同分为即期信用证和远期信用证

1.即期信用证

即期信用证是指开证行或付款行收到符合信用证条款的跟单汇票或装运单据后,立即履行付款义务的信用证。

2.远期信用证

远期信用证是指开证行或付款行收到信用证的单据时,在规定期限内履行付款义务的信用证。在实践中,这种信用证可以理解为是出口商对进口商给予资金融通的一种方式。

(五)根据受益人对信用证的权利可否转让分为可转让信用证和不可转让信用证

1.可转让信用证

可转让信用证是指信用证的受益人可以要求将信用证全部或部分转让给一个或数个受益人使用的信用证。开证行在信用证中要明确注明“可转让”(Transferable)字样,且只能转让一次。

可转让信用证一般在这种情形中使用:中间商经营外贸业务,要求买方开立可转让的信用证,以期从一买一卖中,不动用自有资金而取得销售利润。在实践中需要注意的是:只有开证行明确指明“可转让”的信用证方可转让,如果使用“可分割”“可分开”“可让渡”“可转移”之类的词语,不能视为“可转让”。

2.不可转让信用证

不可转让信用证是指受益人不能将信用证的权利转让给他人的信用证。凡信用证中未注明“可转让”,即是不可转让信用证。

五、信用证的内容

虽然各国银行所使用的信用证并无统一的格式,其内容也因信用证种类的不同而有所区别,但一般说来,信用证主要包括以下几个方面的内容。

1.信用证的当事人与关系人

2.对信用证本身的说明

3.信用证的金额和汇票

4.货物条款

货物条款包括货物名称、规格、数量、包装、单价以及合约号码等。

5.运输条款

运输条款包括运输方式、装运地和目的地、最迟装运日期、可否分批装运或转运等。

6.单据条款

单据条款应当说明要求提交的单据种类、份数、内容要求等。基本单据包括商业发票、运输单据和保险单等,其他单据有检验证书、产地证、装箱单或重量单等。

7.信用证有效期限和有效地点

8.信用证装运期限与交单期限

9.其他事项

如开证行对议付行的指示条款、开证行保证条款,以及其他特殊条款等。例如,国外来证大多数均加注:“除另有规定外,本证根据国际商会《跟单信用证统一惯例》即国际商会600号出版物(UCP600)办理。”

六、信用证支付的程序

在国际贸易的实践中,信用证支付一般包括以下程序。

(1)买卖双方在贸易合同中约定采用信用证付款。

(2)买方向所在地银行申请开证。开证时买方还要交纳一定数额的信用证定金,或请第三方有资格的公司担保。开证银行按照申请书中规定的内容开出以卖方为受益人的信用证,再通过卖方所在地的往来银行将信用证转交给卖方。

(3)卖方接到信用证后,经过核对信用证与合同条款符合,确认信用证合格后便发货。

(4)卖方在发货后,取得货物装船的有关单据,可以按照信用证规定,向所在地银行办理议付货款。

(5)议付的银行核验信用证和有关单据合格后,按照汇票金额扣除利息和手续费,将货款垫付给卖方。

(6)议付银行将汇票和货运单据寄给开证银行收账,开证银行接受汇票和有关单据并把议付行已支付的货款偿付给议付行后,通知买方付款。

(7)买方向开证银行付款赎单。赎单是指买方向开证行支付余额货款。

七、信用证当事人间的法律关系

通过信用证支付的程序,可以看出信用证当事人之间的法律关系如下。

(一)开证申请人与受益人

开证申请人与受益人之间是买卖合同关系。

(二)开证行与开证申请人

开证行与开证申请人之间是以开证申请书及其他文件的形式建立的委托代理合同关系。

(三)开证行与受益人

开证行与受益人之间的关系要区分不同的情况。

(1)如果是可撤销信用证,两者之间没有合同关系。

(2)如果是不可撤销信用证,则该信用证构成两者间一项有约束力的合同。开证行在收到表面符合信用证要求的单据后,承担保证付款给受益人或议付行的责任。在单证不一致时,有权要求限期改正或退单拒付。一经付款,开证行不能向受益人追索。该合同独立于买卖合同,也独立于开证申请人与开证行之间根据开证申请书成立的合同。

(四)通知行与开证行

通知行与开证行之间是委托代理合同关系。

(五)通知行与开证申请人

通知行与开证申请人没有合同关系。

(六)通知行与受益人

通知行与受益人之间没有合同关系。

(七)开证行与议付行

开证行与议付行之间构成合同关系。

八、信用证欺诈例外

(一)信用证欺诈例外的概念与成因

1.概念

信用证欺诈例外是指如果信用证受益人确有欺诈行为,开证申请人可以要求法院下禁令,禁止银行对信用证付款。

美国法院在1941年“Sztejn诉J.Henry.SchoderBanking Corp案”中第一次确立了信用证交易的欺诈例外理论。

案情是原告同印度的供应商订立合同，购买一批猪鬃，为此买方请求美国银行(被告)开立以卖方为受益人的不可撤销信用证。单据由一家印度中间行作为托收代理提交给开证行。发票和提单对货物的描述均为猪鬃，但买方发现卖方装运的根本不是猪鬃，而是一些牛毛和废物，买方申请法院颁布禁令阻止银行兑付汇票。纽约最高法院接受了买方的请求，并精彩地论述道：“此种情况下，当交单付款前有关卖方欺诈已告知银行时，银行与信用证下的独立付款义务不能延伸以保护恶意的卖方……尽管银行可以不关心买卖合同的具体履行情况，但银行自己必须十分关注和确信提交的单证项下的确是货物而不是垃圾或者根本无货。”

2.成因

信用证自身存在的理论上的缺陷，即“独立抽象性”原则，是造成信用证欺诈的主要原因之一。从法律的角度来看，由于信用证具有独立性，一家银行在履行义务时，不受申请人与开证行之间或者申请人与受益人之间已有关系的制约。银行只处理单据，而不处理货物。也正因为这一点，信用证的独立性被不法分子用来进行诈骗活动。

具体到实践而言，由于银行在信用证业务中只对有关单证作表面的审查，只要“单证一致，单单一致”就应对卖方付款，而对货物不予审查，这就使得一些不法分子有机可乘。卖方利用银行不管货物的特点，销售一些根本不存在的货物，并伪造提单；或者有时提单所载货物与实际货物完全不一样。在这种情况下，买方付款，却取不到货，或者取到的货与所订的完全不同，成为受害者。

因此，针对信用证欺诈，世界各国在法律或判例中确立了这样的原则：如果确有证据证明卖方有欺诈行为，而银行尚未付款时，买方可以请求法院签发禁付令，禁止银行向卖方付款，以此来作为对信用证欺诈的主要救济手段。

(二)常见的信用证欺诈手段

(1)开立假信用证。即买方利用伪造、变造或窃取的信用证绕过通知行直接寄给信用证受益人，引诱信用证受益人发货，骗取货物。

例如，江苏某外贸公司曾收到一份由香港客商面交的信用证，金额为318万美元，当地中国银行审核后，发觉该证金额、装船期及受益人名称均有明显涂改痕迹，于是提醒受益人注意，并立即向开证行查询，最后查明此证是经客商涂改后，交给外贸公司，企图以此骗取中方受益人的货物。事实上，这是一份早已过期失效的旧信用证。幸亏我方银行警惕性高，才及时制止了这一起巨额信用证诈骗案。

(2)使用“软条款”信用证。即买方在申请开立的信用证中规定一些限制性条款使信用证的付款保证效力大大减损，通常用于骗取卖方的履约保证金、质保金等。此类条款通常表现为“本证待进口许可证签发后方生效”“开证行须在货物经买方检验认可后方可付款”等等。

(3)卖方伪造提单。实践中最常见的是利用空头提单、变造提单等方式，利用记载货物与实际货物不符的提单来行骗。

(4)卖方通过恶意保函换取倒签提单、预借提单、清洁提单等方式骗取货款。

(三)中国法律对信用证欺诈的规制

1.刑法的规定

《中华人民共和国刑法》中规定了“信用证诈骗罪”，根据该法第一百九十五条的规定，有下列情形之一，进行信用证诈骗活动的，处五年以下有期徒刑或者拘役，并处二万元以上二十万元以下罚金；数额巨大或者有其他严重情节的，处五年以上十年以下有期徒刑，并处五万元以上五十万元以下罚金；数额特别巨大或者有其他特别严重情节的，处十年以上有期徒刑或者无期徒刑，并处五万元以上五十万元以下罚金或者没收财产：①使用伪造、变造的信用证或者附随的单据、文件的；②使用作废的信用证的；③骗取信用证的；④以其他方法进行信用证诈骗活动的。

2.司法解释的规定

根据2005年的《最高人民法院关于审理信用证纠纷案件若干问题的规定》，采取了列举的形式规定了信用证欺诈的几种情形。根据该司法解释中第八条的规定，凡有下列情形之一的，应当认定存在信用证欺诈：①受益人伪造单据或者提交记载内容虚假的单据；②受益人恶意不交付货物或者交付的货物无价值；③受益人和开证申请人或者其他第三方串通提交假单据，而没有真实的基础交易；④其他进行信用证欺诈的情形。同时，根据该司法解释第九条的规定，开证申请人、开证行或者其他利害关系人发现有第八条的情形，并认为将会给其造成难以弥补的损害时，可以向有管辖权的人民法院申请中止支付信用证项下的款项。以下是一个典型的案例。

2006年至2008年间，史某、俞某等利用其控制的盛通公司和三家离岸公司虚构电解铜基础交易，自买自卖，并通过不断拆分、兑换仓单的形式，由盛通公司循环委托多家进出口代理公司向国内银行申请开立信用证，并通过上海澳新银行议付达到套现目的，仅在2008年1月至10月间，套取的资金就高达数亿美元。后由于史某等资金链断裂，多家进出口代理公司以盛通公司、离岸公司和上海澳新银行构成信用证欺诈为由诉至法院,请求判令中止支付信用证项下款项。

宁波中院经审理认为,涉案信用证开立目的并非作为国际贸易的支付手段,而是为了实现融资目的,缺乏真实的交易基础,史某等构成信用证欺诈;上海澳新银行作为议付行,应当知道史某等为融资目的申请开证并虚构基础交易,未尽合理谨慎之责,议付行为并非善意,亦不能免责,故依法判决终止支付信用证项下的款项。上海澳新银行不服判决提起上诉。浙江高院经审理,判决驳回上诉,维持原判。上海澳新银行向最高院申请再审,最高院裁定驳回再审申请。

(四)对信用证欺诈的防范措施

从当前信用证欺诈的各种情况来看,信用证欺诈的发生往往与当事人和银行自身防范意识不足,工作责任心不强有很大的关系。为了防范信用证欺诈,相关主体在实践中应注意做到以下几点。

1.当事人做好对方的资信调查工作

国际贸易贯彻平等、诚实、互利原则,买卖双方相互了解是非常重要的。与资信可靠的贸易伙伴交易是防范信用证诈骗的关键。签约前应通过对方所在国家的资信评估机构、商会、行业协会等组织机构调查对方的注册资金、实有资金、公积金、资产负债率等资信状况,做到心中有数、知彼知己。国内进口商在做每一笔交易时,都应谨慎从事,选择资信可靠的交易对象。当对方资信状况不明时,即使价格低廉、条件非常优惠,也宁愿不与其签订买卖合同。

2.当事人应严格审核信用证条款内容

买卖双方在订立买卖合同时,应合理选择信用证种类,规定合理适当的有效期等。开证申请人向银行申请开证时,应当根据合同条款恰当地填写开证申请书,其内容务必准确、完整。开证行根据开证申请书的要求,明确订立信用证条款,做到条款明确、不含糊其词。此外,买方可利用附随单据来预防、减少信用证诈骗,如要求卖方提供可信度极高的劳合社检验证明等。

3.当事人应重视运输安排工作

信用证诈骗行为有时是买卖一方与承运公司共同所为。因此,选择可靠的承运公司负责运载货物亦十分重要。对买卖双方来说,要选择适当的价格术语,力争己方对承运公司、银行和保险公司的选择权,将风险控制在最低限度内。

4.银行强化审核和付款责任

相关银行,尤其是通知行必须认真负责地核验信用证的真实性,并掌握开证行的资信情况。对于信开信用证,应仔细核对印鉴是否相符,大额来证还应要求开证行加押证实;对于电开信用证及其修改书,应及时核查密押相符与否,以防止假冒和伪造。同时,还应对开证行的名称、地址和资信情况与银行年鉴进行比较分析,发现疑点后立即向开证行或代理行查询,以确保来证的真实性、合法性和开证行的可靠性。

同时,在开证申请人有确凿证据证明受益人有欺诈行为时,相关银行可主动停止支付信用证项下的款项,防止日后可能面临承担的赔偿责任,也可以要求申请人提供相应的担保后停止支付款项。

在实践中需要注意的是:如果信用证的持有人是善意的,并未参与实施欺诈行为,对欺诈行为毫不知情,即使存有其他人欺诈的事实,银行也必须履行付款责任。实践中常有国外卖方提供的单证完全相符,国内买家发现货不对版,但又无充分证据证明对方欺诈时,却运用政府力量"命令"银行不予付款的情形出现。这是很不正常的,长此以往必会损及我国银行的信誉,也会破坏我国对外贸易的正常进行。

第七章 国际贸易管理法

国际贸易管理法是国家或者国际组织对国际贸易进行管理的法律规范的总称。国际贸易管理法调整的是一种管理与被管理的不平等主体之间的法律关系,管理者与被管理者之间是管制与服从、约束与遵守的关系,具有强制性。一般而言,国家或者国际组织对国际贸易进行规制的方式主要有关税措施和非关税措施两大类。本章的内容就围绕这两大内容展开。

第一节 关税措施

一、关税的概念

关税是指一国的海关根据相关的法律规定,代表国家对进出关境的货物征收的一种税收。

在关税的概念里,出现了关境这个名词,关境是指一个国家海关法律、规章实施的领土范围。这里需要注意的是:关境可能大于国境,也可能小于国境。例如,在WTO的众多成员方中,欧盟是一个成员方,即算作一个关境,此时关境大于欧盟各成员国的国境。而中国的情况也比较特殊,在国际贸易法中被叫作“一国四域”现象,即在WTO中我国内地与港、澳、台共四个成员方,即有四个关境,但是国境只有一个,此时关境小于国境。

二、关税的特点

(一)海关为征收机关

关税是进出口商品经过一国关境时,由政府设置的海关向进出口商征收的特别税收。

(二)关税具有强制性

关税的征收由国家强制力来保障实施。

(三)关税具有无偿性

国家在征收关税时,不需要向相对人支付相应的对价。

(四)关税具有预定性

关税的设立与征收由专门的法律予以规定和保障,非经法律规定和法定程序不得征收关税。

三、关税的种类

(一)根据进出关境的流向分为进口税、出口税、过境税

(1)进口税是指一国海关对输入本国境内的商品征收的一种关税。

(2)出口税是指一国海关对本国输出境外的商品征收的一种关税。在当今世界已经很少有国家征收出口税。

(3)过境税是指一国海关对通过本国关境转输往他国的外国商品征收的一种关税。

(二)按关税确立的独立程度分为自主关税和协定关税

(1)自主关税是指一国关税法独立确定的关税。

(2)协定关税是指一国与其他国家签订的贸易协定确定的关税。

(三)从征收方法上分为从价税、从量税、混合税

(1)从价税是指按照进出口商品的价值收取统一的数额的关税。

(2)从量税是指按照进出口商品的单位或数量收取统一的数额的关税。

(3)混合税是指对进出口商品既征收从价税,又征收从量税。

四、关税的作用

(一)关税是各国对外贸易政策的重要表现

一般情况下,关税税率的变化往往体现出一个国家在不同时期的贸易政策的变

化。一个国家采取什么样的关税政策,是实行自由贸易,还是采取保护关税政策,是由该国的经济发展水平、产业结构状况、国际贸易收支状况以及参与国际经济竞争的能力等多种因素决定的,并可以根据利益的需要进行调整。以近年来中美贸易摩擦为例,随着美国对中国贸易逆差不断加大,导致美国国内贸易保护主义抬头,为了扭转贸易形势,美国政府开始以关税作为推行贸易政策的工具,多次对来自中国的产品加征关税。

(二)关税是国家财政收入的一部分

征收关税是一国政府增加其财政收入的方式之一。但是必须要指出的是,当前随着世界贸易的不断发展,整体来看关税占国家财政收入的比重在不断下降。但是,一些发展中国家,尤其是那些国内工业不发达、工商税源有限、国民经济主要依赖于某种或某几种初级资源产品出口,以及国内许多消费品主要依赖于进口的国家,征收进出口关税仍然是这些国家获得财政收入的重要渠道之一。

(三)关税可以调节进出口贸易

一个国家可以通过对关税税率的调整,来影响进出口产品的价格和市场需求,来达到调节进出口贸易的目的。尤其是国家可以通过关税税率的高低和关税的减免来影响进出口的规模和国内相关的市场需求。

(四)关税可以调节生产领域的发展方向

一般情况下,国家可以通过关税来增加进口产品的成本,达到保护本国的幼稚产业或者同类产业的目的。当然在这种情况下,关税就有贸易壁垒之嫌,容易引起贸易伙伴的报复,也容易在国际上产生不良的影响。

五、关税税则

(一)关税税则的概念

关税税则又叫海关税则,是一国通过立法程序制定并公布实施的税率目录表,是海关征收关税的法律依据。

(二)关税税则的内容

从内容上来看,海关税则一般包括两部分:一是海关征收关税的规章、条例和说明;二是关税税率表。关税税率表又由税则号、商品名称、海关税率三部分组成。

(三)关税税则的分类

1.单式税则

单式税则即单一税则,指一个课税品目只规定一种单一税率,对来自不同国家的相同产品统一适用的税则。

在单式税则下，对于同类商品的进口没有差别待遇，不利于体现国家的政策目标，故当今世界只有很少国家使用单式税则。

2.复式税则

复式税则即多栏税则，指对来自不同国家的相同产品规定了不同税率的税则。

具体而言，即在一个税目下设有两个以上税率，在各项税率中，普通税率是最高税率，特惠税率是最低税率，其间还有最惠国税率、协定税率、普通优惠税率等。征税国可对不同国家采用不同的税率，一般对与本国订有贸易协定的国家采用较低税率，对与本国没有贸易条约与协定的国家采用高税率。当前世界上大多数国家实行复式税则。

六、关税税率

（一）关税税率的概念

关税税率是指海关税则规定的对课征对象征税时计算税额的比率。

下面以中国《关税条例》的规定为例，讲解中国进口关税的法定税率。这也是在我国国际贸易实务中应用最多的关税税率。

（二）中国进口关税的法定税率

中国进口关税的法定税率包括最惠国税率、协定税率、特惠税率和普通税率四种。

1.最惠国税率

最惠国税率是指征税国对来自其最惠国的进口产品征收关税时所采用的税率。根据最惠国待遇原则，最惠国税率一般不得高于现在或将来来自第三国同类产品所享受的关税税率。

最惠国税率适用原产于与我国共同适用最惠国待遇条款的世界贸易组织成员方或地区的进口货物；或原产于与我国签订有相互给予最惠国待遇条款的双边贸易协定的国家或地区的进口货物；以及原产于中华人民共和国境内的进口货物。

2.协定税率

协定税率是指一国根据其与别国签订的贸易条约或协定而制订的关税税率。

协定税率适用原产于与我国订有含关税优惠条款的区域性贸易协定的有关缔约方的进口货物。

3.特惠税率

特惠税率是指一国对来自有特殊关系国家的进口商品征收关税时采用的税率。

特惠税率适用原产于与我国签订有特殊优惠关税协定的国家或地区的进口货物。例如2013年之前,我国对原产于孟加拉国的18个税目的进口商品实行曼谷协定特惠税率。

4.普通税率

普通税率是指一国关税税则中对进口货物规定的较高税率。

普通税率适用原产于上述国家或地区以外的国家和地区的进口货物;或者原产地不明的国家和地区的进口货物。

七、保税制度

(一)保税制度的概念

保税制度是一种国际通行的海关制度。它是指经过海关批准的境内企业所进口的货物,在海关监管下在境内指定的场所储存、加工、装配,并暂缓缴纳各种进口税费的一种海关监管业务制度。上述货物则称为保税货物。

(二)保税制度的类型

保税制度按方式和实行区域的不同,有保税仓库、保税工厂、保税区等不同形式。

1.保税仓库

保税仓库是指经过海关批准,进口货物可以不办理进口手续而以较长时间储存的场所。保税仓库使得进口货物再出口而不必纳税,便于货主把握交易时机出售货物,有利于业务的顺利进行和转口贸易的发展。

2.保税工厂

保税工厂是指经过海关批准,对专为生产出口产品而进口的物料进行保税加工、装配的工厂或企业。这些进口的原材料、元器件、零部件、配套件、辅料和包装物料等在进口加工期间免征进口税,加工成品必须返销境外。特殊情况需部分内销的,须经海关批准并补征关税。

3.保税区

保税区是指经过海关批准,专门划定的实行保税制度的特定地区。进口货物进入保税区内可以免征关税,如再出口,也免纳出口税。运入保税区的商品可进行储存、改装、分类、混合、展览、加工和制造等。保税区一般设在港口或邻近港口、国际机场等地方。

八、原产地规则

各国海关在计征关税时,为了实施关税的优惠或差别待遇、数量限制或与贸易有关的其他措施，必须根据原产地规则的标准来确定进口货物的原产国，给以相应的海关待遇。因此，货物的原产地被形象地称为商品的“经济国籍”，原产地规则在国际贸易中具有重要作用。

（一）原产地规则的概念

原产地规则是指一个国家或地区为确定进口产品的原产国和地区而制定的法律、法规、行政命令和行政措施的总称。原产地规则的主要内容包括原产地标准、直接运输原则和证明文件等，其中最重要的是原产地标准。

（二）原产地规则的统一化

由于原产地标准多由各国自行规定，很不统一，严重影响了原产地规则的统一性和国际贸易的正常进行。为此海关合作理事会（世界海关组织）于 1973 年在日本京都制定了《1973 年简化和协调海关手续的国际公约》（俗称《京都公约》），其核心内容是海关手续问题，也包括了原产地规则。然而，加入公约的国家只有 40 多个，且公约没有建立起统一的原产地规则，只规定了供成员国自由选择或参照的标准条款和建议条款，各成员国仍分别制订本国的原产地规则。直到 1986 年开始的关贸总协定（GATT）“乌拉圭回合”的多边贸易谈判中，非关税措施谈判组才将原产地规则问题列入重要议题。

经各有关方面的共同努力，终于在乌拉圭回合结束的 1993 年度，各成员国通过了《原产地规则协议》（*Agreement on Rules of Origin*）。该协议是 GATT 多边贸易体制内第一个关于原产地规则的国际协议。对简化、协调、统一各成员国之间的原产地规则起到积极的推动作用。1995 年成立的世界贸易组织（WTO）在其货物贸易理事会（The Council for Trade in Goods）中专门下设了原产地规则委员会，旨在加强原产地规则的国际协调和趋同。

（三）原产地规则的作用

1.在出口贸易中的作用

第一，原产地规则是出口国享受最惠国待遇和国民待遇的主要依据之一。按 WTO 的相关规定，最惠国待遇是指任何成员方给予原产于或运往任何其他国家产品的任何利益、优惠、特权或豁免，应当立即无条件地给予原产于或运往所有其他成员方境内的相同产品。而国民待遇原则是指一成员方领土的产品输入到另一成员方领土时，在关于产品的国内销售、推销、购买、运输、分配或使用的全部法令、条例和规章方面以及国内税和其他国内费用等方面，所享受的待遇应不低于相同的本国产品所享受的待遇。上述定义表明，一成员方的产品若要享受另一成员方给予的最惠国待遇或国民待遇，适用于该产品的原产地规则是一条不可缺少的法律纽带。成员方之间相互给予对方产品以最惠国待遇和国民待遇，是 WTO 的两条重要原则，它对促进 WTO 各成员方之间货物进出口贸易发挥了重要作用，而鉴别某种货物是否原产于某一成员方的原产地规则的重要性也就不言自明了。

第二，原产地规则是实施普惠制的重要组成部分。普惠制是发达国家对发展中国家和地区出口的一部分工业制成品和半制成品给予普遍的、非互惠的，非歧视的关税减免的一种优惠制度。实施普惠制的目的在于通过鼓励发达国家中的进口商从发展中国家多进口可以享受关税优惠待遇的商品，从而起到扩大发展中国家向发达国家的商品出口，促进发展中国家的工业化，提高发展中国家经济增长率的作用。普惠制是国际法赋予发达国家的义务，但具体的普惠制实施方案却由各发达的给惠国自己确定，不过这些普惠制方案却存在一些共性，其基本内容包括给惠产品范围、关税削减幅度、保护措施、原产地规则、受惠国家和地区等，其中原产地规则是普惠制方案的主要组成部分，它包括受惠产品的原产地标准、直接运输规则和有关证明文件，目的是确保发展中国家成为普惠制的真正受益者。因此，原产地规则在普惠制中的作用相当重要：对受惠国而言，受惠国应当根据给惠国制定的原产地规则的要求，提供正确的原产地证书，加速产品的工业化和国产化，尽量采用国产零部件，从而促进国内工业的发展；对给惠国而言，不仅可以通过原产地规则这个中介将受惠产品与受惠国联系起来，从而避免非受惠国享受其不应享受的优惠待遇，而且还可以通过原产地规则针对不同的受惠国而采取相应的保护措施。

2.在进口贸易中的作用

第一，原产地规则是确定进口产品享受相应关税优惠、许可或配额待遇的重要依据。各进口国通常根据本国承担的国际义务和本国政治经济等各方面的需要，制定相应的原产地规则，对原产于不同的国家的产品的进口分别给予不同的关税、许可或配额待遇。例如，中国出口到美国的产品，只能享受最惠国关税税率，而其他一些发展中国家向美输出其原产产品时，却能享受到较最惠国关税税率更低的普惠制关税税率。例如，有时原产于一国的产品出口至另一国时需要办理进口许可或申请配额，而原产于第三国的产品出口至该国时却无须履行这些手续。因此，进口国运用原产地规则可以有针对性地对不同国家的不同产品实行不同的关税、许可或配额限制。

第二，原产地规则是进口国实施反倾销、反补贴和其他保障措施的重要组成部分。例如，WTO 允许各成员方在遵守 WTO 基本原则的同时，可以实施各种保障措施，如各进口成员方可以采取反倾销、反补贴等措施，以保障进口方利益不受损害。

而要采取这些措施，首先就必须确定进口货物的原产地。因此，原产地规则与上述措施紧密结合，能够起到保护进口方利益的作用。

（四）原产地证书

原产地证书是国际贸易中用来证明货物产地来源的证明文书，它是货物来源地的“护照”和“国籍”凭证。由于它往往被进口国用作实行差别关税待遇和实施国别贸易政策管理的重要依据，因此，它就具有了特定的法律效力和经济效用。当事人在国际贸易的实务中，一定要充分注意原产地证书的重要性，这是在海关报关时享受优惠关税的重要书面文件。

第二节 非关税措施概述

20 世纪 50 年代以来，由关税及贸易总协定倡导的贸易自由化，使各国关税大幅度下降，约束性也越来越强，20 世纪 70 年代的世界经济危机又引发了新一轮贸易保护主义浪潮，各国纷纷开始强化非关税措施的运用，并且不断创新，以避开关贸总协定的约束，致使进口非关税壁垒盛行。在当今的国际贸易实践中，非关税措施的种类日益繁杂。尤其是发达资本主义国家所采取的非关税措施的种类和手段不断创新，名目繁多、不胜枚举。

近年来随着我国对外贸易地位的迅速提高、出口规模的不断扩大、产品竞争力的提升，以及与主要工业国的贸易不平衡状况日益加剧等，我国遭遇的贸易摩擦日益增多。我国的出口产品受到国外形式多样的贸易限制措施，其中非关税措施扮演了其中重要的角色。

一、非关税措施的概念

非关税措施是指除关税措施以外的其他一切直接或间接限制商品进出口的法律上或行政上措施的总称。简言之，非关税措施是指关税以外的一切限制进出口的措施。由于在实践中，非关税措施主要用来限制进口，因此非关税措施又往往被称为非关税壁垒。

非关税措施对限制进口的效果十分明显，近年来在中国国际贸易实践中备受关注的“中国对印尼大蒜的出口案”就是典型的案例。

印尼为我国大蒜的主要出口国,资料显示,印尼每年大蒜需求约5万吨,其国内产量2万吨,差额主要从中国、印度和埃及等进口,其中从中国进口占比约99%。印尼政府为推动本国实现大蒜自给自足的计划,修订了其《农业部长条例》中“关于园艺产品进口商的进口建议”条款,并于2017年7月1日实施。新规的实施,将对我国大蒜出口带来重大影响,其主要内容及带来的影响主要体现在以下两个方面。

第一,大蒜进口配额管理重新启动。印尼此次新规重启大蒜进口配额管理,要求大蒜进口商进口前必须向印尼农业部申请配额,并要求大蒜进口商必须种植相当于5%进口配额的大蒜。为缓解新规施加的经济压力,印尼大蒜进口商必将大幅度压低我国大蒜的进口量,进而对两国大蒜贸易造成负面影响。

第二,准入认证门槛大幅提高。虽然我国大蒜出口已出具植物检疫证、熏蒸证,部分还出具健康证、卫生证和品质证等相关证书,但是印尼新规要求出口大蒜产地须通过GAP(良好农业操作规范)认证,出口企业须通过SGS(瑞士通用公证行,第三方检测机构)监装验货,使得准入认证门槛大幅提高,这必将进一步增加企业出口成本,削弱企业竞争优势。例如,按出口大蒜25万吨计,GAP认证费用将增加44万元;SGS监装验货成本将增加约1500元/集装箱,仅此一项全国大蒜出口成本将增加2000多万元。

在上面的案例中,印尼重启进口配额和提高准入认证门槛,对中印两国的大蒜进出口贸易产生了极大的影响,这两种方式都属于非关税措施。

二、非关税措施的特点

和关税相比,非关税措施有以下特点。

(一)非关税措施具有较大的灵活性和针对性

关税的制定往往需要一个立法程序,一旦以法律的形式确定下来,便具有相对的稳定性。且受到最惠国待遇条款的约束,进口国往往难以做到有针对性的调整。

而非关税措施的制定和实施,则通常采用行政手段,进口国可根据不同的国家做出调整,因而具有较强的灵活性和针对性。例如,甲国仅以从来自乙国的个别批次产品中检测出不符合甲国卫生标准的污染物为由,全面禁止从乙国进口该类产品。再如,某国在政府采购中以“国家安全”为由武断地剥夺特定国家产品参与交易的机会。

(二)非关税措施更易达到限制进口的目的

关税措施是通过征收高额关税,提高进口商品的成本来削弱其竞争力。但是如果出口国政府对出口商品予以出口补贴或采取倾销的措施销售,则关税措施难以达到预期效果。

而非关税措施则能更直接地限制进口。一些非关税措施如进口配额,预先限定进口的数量和金额,超过限额就直接禁止进口,这样就能快速和直接地达到关税措施难以达到的目的。

(三)非关税措施更具有隐蔽性和歧视性

一国的关税一旦确定下来之后,往往以法律法规的形式公布于世,进口国只能依法行事,且关税还要受到双边关系和国际多边贸易协定的制约。同时,出口商可以比较容易地获得关税的有关信息。

而非关税措施往往不公开,或者规定为烦琐复杂的标准或程序,且经常变化,使出口商难以适应。而且,有些非关税措施就是针对某些国家的某些产品设置的,容易对特定国家实施差别待遇。

例如,动物福利和劳工标准这两项措施虽然还未被纳入国际贸易法律制度中,但是某些发达国家为了削弱发展中国家的劳动力和原材料比较优势,一直试图使其正式成为WTO的制度,而且已经逐步开始使用该措施来限制发展中国家的出口。在动物福利方面,2002年乌克兰曾经有一批生猪经过60多个小时的长途跋涉运抵法国却被法国有关部门拒收,理由是运输过程没有考虑到猪的福利,中途未按规定时间休息。在劳工标准方面,某些发达国家坚持SA8000(Social Accountability 8000)标准,大大增加了来自发展中国家产品的成本,因为这些国家产品的比较优势主要体现在低廉的劳动力成本上,如果实行严格的劳工标准与企业社会责任标准,人力成本提高是无疑的。SA8000的推行使得发达国家的消费者形成逐渐固化了的印象,即承担企业社会责任、经过SA8000认证的产品具有更严格的社会责任方面的道义标准,相反,很多发展中国家的产品没有经过SA8000认证,将被贴上压榨工人、剥削童工、不人道等耻辱的标签。这将严重影响消费者的购买选择,形成了发达国家产品在此方面的差异化优势。

三、非关税措施的影响

(一)对世界贸易的发展起着严重的阻碍作用

随着世界贸易的不断发展,各国关税较早期均出现较大幅度下降,很难成为调节一国对外贸易的有效手段。世界各国政治经济发展的不平衡现象日益严重,为控制对外贸易,加强对国内产业的保护,各国纷纷采取非关税壁垒措施。

尤其是随着近年来国际经济危机的爆发，各国均提高了对非关税壁垒的使用频率和强度，以达到保护本国脆弱产业、限制进口的目标。这种行为客观上阻碍了国际贸易的健康发展。

（二）对进口国的同类产品起着保护作用

相较于关税手段，非关税措施限制进口的效果更明显，故对进口国的同类产品能起到很好的保护作用。尤其在部分国家，随着非关税措施由防御性的保护政策发展到歧视性的保护国内产业的政策，更是将非关税措施的这一作用发挥得淋漓尽致。例如，2005 年 6 月 23 日，巴西政府颁布两部法令，对原产于中国的产品采取特别保障措施，从而暂时保护巴西的国内工业，这两部法令一部针对中国的纺织品服装实施配额和附加税，另一部针对中国的其他特定产品。

（三）使出口国的出口商品增长率下降

由于非关税措施的实施，使得进口产品的成本和价格得到了提高，抑制了进口国的消费需求，会使出口国的出口商品增长率下降。

以中国企业近年来在境外受到的非关税措施中的绿色贸易壁垒、技术贸易壁垒等为例，由于部分国家通过苛刻的环境技术等标准，限制我国商品的进入，阻止我国相关产品进入他们的市场，参与公平竞争。同时，为了达到进口国的环境标准，我国出口企业不得不增加有关环境的检验、测试、认证等手续，大大增加了生产成本。由于商品的价格提高，中国商品价格低廉的优势逐步丧失，其中以纺织品为代表的劳动密集型行业和以原材料为代表的初级产品行业受害最为严重，导致了相关出口商品的增长率逐年下降。

四、非关税措施与中国

近年来，随着综合国力的提高，中国提出了“一带一路”的倡议，在此背景下未来中国的国际贸易也必将迎来新的发展机遇。但是必须要指出的是，中国也是目前世界上受到不公平贸易待遇最多的国家之一，不少贸易伙伴采用非关税措施对来自中国的产品制造贸易壁垒，同时，中国在利用非关税措施合理保护自身利益方面的工作也有待提高。具体表现在以下几个方面。

第一，目前中国的出口日益受到其他国家的关注和牵制，出口产品受到国外名目繁多、形式多样的贸易措施限制，特别是非传统贸易壁垒的制约在不断增强。美、欧等贸易大国还采取了许多违反世贸组织规则和自由贸易精神的不合理的限制措施，变换各种方式，制造和滥用贸易壁垒。例如，1998 年 9 月，美国突然要求所有来自中国的木质包装和木质铺垫材料必须附有中国出入境检验检疫机关出具的证书,证明木质包装经过热处理、熏蒸处理或防腐处理,违规货物将整批禁止入境,这使我国三分之一以上的对美出口受到影响。第二年,欧盟也仿效美国的做法,宣布对从中国离境产品的木质包装采取紧急措施,实施新的检疫标准,以防止带有天牛虫的木质包装箱进入欧洲。据当时汇率的估算,仅欧盟的这一项决定就至少影响了中国 70 多亿美元的对欧出口贸易。

第二,在中国对外贸易活动中,技术性贸易壁垒对出口的制约作用迅速上升,贸易救济措施仍是影响出口的重大贸易壁垒,知识产权问题成为出口的新制约因素。以上几种壁垒常常会披上合法外衣和道德支持,成为中国当前国际贸易中最为隐蔽、最难对付的非关税措施。尤其是知识产权壁垒的问题更值得中国认真研究和应对。

例如,2002 年 5 月发生的“温州打火机事件”就是典型案例。当时,温州向欧盟国家打火机的年出口额达到 3000 万美元左右,然而温州打火机出口价格多在 1 欧元左右,且绝大多数没有安装安全锁,根据 2002 年 5 月欧盟标准化委员会公布的关于打火机的安全标准(CR 标准),出厂价或海关价低于 2 欧元的打火机必须安装防止儿童开启的安全锁(CR 装置),并且须通过欧盟相关认证部门的检验。因此,温州打火机生产厂家 2004 年 6 月以后向欧盟出口 1 欧元以下打火机必须按照 CR 标准安装安全锁。然而需要采用的这些童锁专利基本多为欧洲和美国掌握,也就是说中国企业要想符合欧盟的童锁标准继续出口,一是向外国企业购买专利,支付巨额的专利费,但生产成本会大大提高,使温州打火机生产商失去价格优势、失去市场;二是温州企业自行研制,而研制需要很长的时间和巨大的开发费用,也可能失去欧盟市场。事件发生后,我国有关部门组织温州外经贸局及打火机协会、企业对打火机的定理、分类进行科学评估,对各类打火机的安全性能进行科学实验,并拿出哪些该加、哪些不该加安全锁的科学论据,将之提交欧盟参考。2003 年 10 月,我国有关部门又带领温州尼博烟具公司等打火机企业负责人前往欧盟进行抵制 CR 标准的谈判和交涉。2003 年 12 月 9 日,欧盟《通用产品安全规定指令》(GPSD)紧急委员会取消了从 2004 年 6 月起强制执行 CR 的决议,该决议不再生效,这标志着中国打火机抵制欧盟知识产权壁垒初战告捷。

但是欧盟 2003 年 12 月又宣布从 2004 年春季开始对所有进入欧盟市场的打火机、点火枪等危险品均将执行 ISO9994—2002 标准。如果按照欧盟的这项打火机新标准,新标准中“温度试验”和“燃烧高度”标准都大为提高。按照该标准温州大部分打火机企业的产品都达不到要求,将再次被拦在欧盟大门之外,欧盟针对温州打火机生产商新的知识产权壁垒产生,温州打火机生产商又一次面临挑战,由知识产权壁垒产生的贸易博弈此起彼伏。

第三,从中国对进口产品实施贸易救济情况看,为了抵御进口产品的不公平竞争,中国依据世贸组织基本精神和规则,积极完善各类贸易救济制度,对某些进口产品实施了贸易救济措施,以保护国内产业和市场秩序。但是从总体来看,在我国进口贸易迅猛增长的情况下,如何合理、有效地运用非关税措施仍存在着一些问题。例如,我国对外反倾销立案数量的增长与进口的增长还有差距;一些贸易救济措施的启动在不同产业间造成不合理的"分配效应";在技术性贸易措施、知识产权保护等方面尚缺乏足够的手段等。

第四,国际贸易摩擦的蔓延和升级,尤其是与美国的贸易摩擦威胁着我国的出口贸易环境,不仅给出口持续发展带来重大威胁,而且对宏观调控和对外政治、外交关系造成严重干扰,成为制约我国对外贸易发展和产业结构调整的主要因素之一。例如,2010 年—2020 年,美国对中国共发起 163 起贸易救济原审立案,在这个时期,美国是对中国发起贸易救济原审立案最多的国家。在大量的此类案件中,美国利用贸易救济手段作为非关税措施来影响中国对美贸易。再如,为了阻止中国通用设备行业企业的崛起,破坏相关企业在国际市场的竞争力,美国甚至直接对中国相关企业进行打击。早在 2012 年,美国就中兴通讯向伊朗和朝鲜出售禁运设备事件对中兴展开长达五年的调查,并且在 2018 年 6 月,美国对中兴通讯开出了史上对企业最严格的处罚。

综上,从目前国际贸易的现实来看,国家间完全消除非关税措施是不可能的,非关税措施还将在相当长的时间内存在。为了国家的经济和技术安全,保护人类健康,保护环境,合理有效地保护中国的主导产业和幼稚产业,中国应认真研究 WTO 的有关条款,学习借鉴别国的实践经验,灵活利用国际惯例、国际规则,并参照国际规范建立起自己的非关税措施保护体系,从而提高企业在国际经济贸易中的竞争力。

第三节 非关税措施的种类

在实践中,非关税措施的种类非常多,最常见的有以下几种。

一、进口配额

(一)概念

进口配额是指一国政府在一定时期以内,对于某些商品的进口数量或金额加以直接限制,在规定时间内,超过配额的商品不许进口,或者需被征收较高的关税或罚款才能进口。例如,2019 年 8 月 7 日中国的商务部发布了关于修改《农产品进口关税配额管理暂行办法》(征求意见稿)的决定,在意见稿中,中国实施进口关税配额管理的农产品品种中排除了原有的豆油、菜籽油、棕榈油品种,这表明这些油脂产品的配额管理将成为历史。因为此前于 2003 年颁布的《农产品进口关税配额管理暂行办法》规定,为有效实施农产品进口关税配额管理,中国政府对豆油实施进口关税配额管理。例如,在 2004 年豆油的进口配额是 3.188 百万吨,征收 9%的进口关税,超过 3. 188 百万吨的部分,征收 30.7%的关税。

(二)形式

1.全球配额

全球配额是指适用于世界范围内任何国家或地区的配额,按进口商的申请先后批给一不定期额度,直至额满为止。

2.国别配额

国别配额是指按国家和地区进行分配的固定配额,有的由单方面强制规定,有的由双方谈判达成协议确定。

3.进口商配额

进口商配额是指按不同进口商分配给一定配额。

4.关税配额

关税配额是指将进口配额与征收的关税结合起来,在配额以内给予低税、减税或免税待遇,超过配额则征收较高关税或附加税,称为关税配额。

二、"自动"出口配额制

(一)概念

"自动"出口配额制是指出口国家或地区在进口国的要求或压力下,"自动"规定某一时期内,某些商品对该国的出口限制,在限定的配额内自行控制出口,超过配额即禁止出口。"自动"出口配额制的主要特点就是带有明显的强制性。"自动"出口限制往往是出口国在面临进口国采取报复性贸易措施的威胁时被迫做出的一种选择。例如,美国政府就往往以某种商品大量进口严重损害或威胁其本国工业生产为由,要求有关出口国“自动”限制出口,否则就单方面提高关税或实行其他限制进口的措施。日本就曾一度在美国的压力下,限制其汽车的对美出口,按每年允许出口的汽车数量配额自行限制出口。

(二)形式

1.非协定的“自动”出口配额

非协定的“自动”出口配额即不受国际协定的约束,而是出口国迫于进口国的压力,自行单方面规定出口配额,限制商品出口。这种配额有的是由政府有关机构规定配额,并予以公布,出口商必须向有关机构申请配额,领取出口授权书或出口许可证才能出口。有的是由本国大的出口厂商或协会“自动”控制出口。

2.协定的“自动”出口配额

协定的“自动”出口配额即进出口双方通过谈判签订“自限协定”或有秩序的销售协定。在协定中规定有效期内的某些商品的出口配额,出口国应根据此配额实行出口许可证或出口配额签证制,自行限制这些商品的出口。

三、进口许可证制

(一)概念

进口许可证制是指商品的进口事先要由进口商向国家有关机构提出申请,经过审查批准并发给进口许可证后,方能进口,没有许可证,一律不准进口。例如,我国对汽车的进口实施的就是进口配额管理,进口商必须申请并取得与配额相关的进口许可证才能进口。根据有关承诺,我国在 2005 年 1 月 1 日前全部取消对汽车及其关键件、摩托车及其关键件的进口配额许可证管理。

需要说明的是,WTO 的核心法律文件 1947 年的《关贸总协定》第十一条在“数量限制的一般取消”的标题下,规定各缔约方不得以进出口许可证来限制或禁止产品的进出口。这一措辞表明:关贸总协定并不是绝对禁止和取消进口许可证(事实上也不可能),只是要求不能将进口许可证作为限制或禁止国际贸易的行政手段。关贸总协定第十一条和其他有关条文规定的种种例外充分证明了这一点。可见,国家的进口许可证手续具有两重性:一方面它的合理、适当使用对于维持一国的对外贸易秩序和经济发展具有积极的意义,如为国家贸易统计和国际收支平衡等目的而规定的许可证手续;另一方面它的滥用又会阻碍国际贸易正常流向,构成一种非关税壁垒。

(二)种类

1.自动进口许可证

自动进口许可证即把进口许可证毫无数量限制地签发给进口商,也就是说,凡是列入许可证项下的商品清单中的货物,进口商只要申请,就可进口。自动进口许可证通常用于统计目的,有时也用于监督目的,为政府提供可能损害国内工业的重要产品的进口情况。

2.非自动进口许可证

非自动进口许可证也称为特种进口许可证,对列入特种进口许可证项下的商品,进口商必须向有关当局提出申请,经逐笔审核批准并发给许可证后,才得以进口。通常情况下,非自动进口许可证是与数量限制结合使用的,即进口国主管当局或按照商品来源的国别和地区,或按进口商申请的先后,在总的进口限额中批准给予一定的额度,取得进口配额的进口商才能取得进口许可证,才得以进口。

四、进口押金制

进口押金制度又称进口存款制。它要求进口商在进口商品时,必须预先按进口金额的一定比率和规定的时间,在指定的银行无息存放一笔现金。这样就增加了进口商品的资金负担,影响了资金的周转,从而起到限制进口的作用。同时,由于是无息存款,利息的损失等于被征收了附加税。例如,意大利政府从 1974 年 5 月 7 日到 1975 年 3 月 24 日,曾对 400 多种进口商品实行进口押金制度。它规定,凡项下商品进口,无论来自哪一个国家,进口商必须先向中央银行交纳相当于进口货值半数的现款押金,无息冻结 6 个月。据估计,这项措施相当于征收 5%以上的进口附加税。又如,巴西政府曾经规定,进口商必须先交纳与合同金额相等的为期 360 天的存款才能进口。

五、外汇管制

(一)概念

国际贸易的进出口需要使用外汇,外汇的本质是国际收支时可以使用的债权。外汇管制是指一国政府为平衡国际收支和维持本国货币汇率而对外汇进出实行的限制性措施,在中国又称外汇管理。由于对外贸易与外汇有密切的关系,出口可收进外汇,进口要付出外汇,因而外汇管制必然直接影响到进出口贸易。尤其是进口外汇管制是限制进口的一种重要手段,通常表现为进口商只有得到管汇当局的批准,才能在指定银行购买一定数量的外汇。管汇当局根据进口许可证决定是否批准进口商的买汇申请。有些国家甚至规定将进口批汇手续与进口许可证的颁发同时办理。

(二)种类

1.数量管制

数量管制是指国家外汇管理机构对外汇买卖的数量直接进行限制和分配,通过控制外汇总量达到限制进出口的目的。

2.成本管制

成本管制是一种间接管理的方法,它是指国家外汇管理机构对外汇买卖实行复汇率制,利用外汇买卖成本的差异,调节进口商品的结构。

这里需要特别指出的是,汇率调整属一国主权范畴,但操纵汇率却为 IMF(国际货币基金组织)和 WTO 明确禁止。因为汇率操纵国是指一个国家人为地操控汇率,使它显得相对的低,令其出口价看似便宜。由于产品较便宜,人们喜欢它的产品并减少购买本土产品。这将导致入口国就业流失。操纵国则牺牲别国利益而为本国创造更多就业机会及享受较高的国内生产总值。近年来美国政府对中国的外汇管理措施非常不满,将中国描述为“汇率操纵国”,认为应该对中国采取反补贴措施。其中,美国国会一些议员提出了一系列针对中国的法案,如汇率报复法案、中国货币法案和美国贸易权行使法案等。这是罔顾事实且武断的,因为按照 IMF 制定的原则,应该尊重各会员国国内的社会和政治政策,并且对各会员国的境况给予应有的注意。显然,我国汇率制度符合 IMF 的规定,而美国的做法是任性的单边主义和保护主义行为,严重破坏国际规则。

六、最低限价制

最低限价是指进口国对某一商品规定最低价格,进口价格如低于这一价格就征收附加税。例如,进口国规定钢材每吨最低限价为 320 美元,若进口时每吨为 300 美元,则进口国要征收 20 美元的附加税,以抵消出口国可能的补贴或倾销。

在中国的国际贸易实践中,曾令中国对欧共体(欧盟)贸易遭受重大损失的“闸门价”(Sluicegate Price)也是典型的最低限价制的后果。欧共体为保护其农产品而制定了“闸门价”,它规定了外国农产品进入欧共体的最低限价。如果外国产品的进口价低于“闸门价”,就要征收附加税,使之不低于“闸门价”,然后在此基础上再征收调节税。我国农产品对欧共体出口就深受“闸门价”的影响,以冷冻猪肉为例,去骨分割冻猪肉是我国一项传统出口产品,在欧洲国家十分畅销。1983 年欧共体规定了其

"闸门价"每吨 1 800 美元，调节税每吨 780 美元，而当时欧共体内的销售价只有2 500 美元。由于进口成本远超出市场价格水平，中国冻猪肉于 1983 年全部退出欧共体市场。仅"闸门价"这一项农产品贸易壁垒措施，就使我国冻猪肉出口年损失 6 000万美元。

七、海关估价制

(一) 概念

海关估价制度是指一国海关在实施从价征收关税时，根据该国法律的规定来确定进口商品的完税价格，并以海关估定的完税价格作为计征关税的基础的一种制度。

例如，A 公司从海外进口 10000 件电子元器件，A 公司向海关申报价格为 500 美元一件。但海关认为货物申报价格明显偏低，与海关掌握的价格存在较大差异。经过价格质疑程序后，海关审定按 1000 美元/件予以估价征税。

海关估价对征收关税很重要，并且它还是在一国边境缴纳各种捐税的基础，当许可证管理和进口配额依商品价值确定时，它也是很重要的基础。更为重要的是海关估价可构成重要的贸易壁垒，由于各国海关估价规定的内容不一，有些国家的海关根据某些特殊规定，提高进口商品的海关估价，从而增加进口商品的关税负担，达到限制进口的目的。在实践中，最常见的争议就是当事人申报和海关认定的完税价格差别巨大，因此接下来就以中国海关估价的相关规定为例，来讲解中国海关估价的方法。

(二) 中国海关估价的方法

根据国务院制定的《中华人民共和国进出口关税条例》、海关总署制定的《中华人民共和国海关审定进出口货物完税价格办法》等的相关规定，进口货物的完税价格首先按实际成交价格确定，这一般是指发票上的价格。成交价格不能确定时，要依次以下列方法审查确定该货物的完税价格。

(1) 相同货物成交价格估价方法。即以该货物同时或者大约同时向中华人民共和国境内销售的相同货物的成交价格来估价。

(2) 类似货物成交价格估价方法。即以该货物同时或者大约同时向中华人民共和国境内销售的类似货物的成交价格来估价。

(3) 倒扣价格估价方法。即以进口货物、相同或者类似进口货物在中华人民共和国境内的销售价格为基础，扣除境内发生的有关费用后的完税价格来估价。依照法律规定，倒扣价格为：与该货物进口的同时或者大约同时，将该进口货物、相同或者类似进口货物在第一级销售环节销售给无特殊关系买方最大销售总量的单位价格,扣除法律规定的项目后的价格。①

(4)计算价格估价方法。即按照下列各项总和计算的价格来估价:生产该货物所使用的料件成本和加工费用,向中华人民共和国境内销售同等级或者同种类货物通常的利润和一般费用,该货物运抵境内输入地点起卸前的运输及其相关费用、保险费。

(5)合理方法。即不能以上述方法来估价时,海关以合理方法估定的价格来估价。依照法律规定,采取该方法时海关应以客观量化的数据资料为基础审查确定进口货物的完税价格。

八、苛刻的技术、卫生、检验标准

一些国家为了限制进口,规定复杂、苛刻的工业产品技术标准、卫生检疫规定以及商品包装和标签规定,这些标准和规定往往以维护消费者安全和人民健康的理由来制定。但有些规定十分复杂,经常变化,使外国产品难以适应,从而起到限制进口的目的。

例如,我国出口的农产品存在农药残留量超标的问题,出口纺织品也存在有害物质超标现象,这些产品经常受到进口国的重点关注和针对性的规制,严重影响了我国相关产品的出口,而且一些国家还在提高这些含量标准,这些将是我国在今后很长一段时期内面临的主要的非关税壁垒。

第四节　中国对非关税措施的应对

近年来,由于非关税措施在国际贸易中的大量使用,中国政府和学术界都十分关注中国对其的应对问题,国内也出现了大量的研究成果和政策法律文件,中国政府的

①依据《中华人民共和国进出口关税条例》第二十二条的规定,应当扣除的项目:(一)同等级或者同种类货物在中华人民共和国境内第一级销售环节销售时通常的利润和一般费用以及通常支付的佣金;(二)进口货物运抵境内输入地点起卸后的运输及其相关费用、保险费;(三)进口关税及国内税收。

部分反制措施在实践中也取得了较好的适用效果。本节将结合国内最新的学术成果和政府的政策法规,来探讨中国对非关税措施的应对之策。

一、正确认识非关税措施的"双重性"

中国的政府部门、企业、学界应正确理解、客观认识非关税措施的"双重性",冷静分析和甄别各种非关税措施的内容及其可能产生的影响,不可"泛壁垒化"。

在现实中,人们更多注意到的是非关税措施对贸易的限制作用,却忽视其对维护国际贸易秩序的积极作用。中国国内的舆论、研究等更多的是讲"技术壁垒""绿色壁垒",而不是国际上通常使用的"技术标准""环境要求"。这种不同的表述实际上反映了不同的心态和贸易观。客观地认识非关税措施的存在及发展,是中国有效制定、正确实施、积极应对非关税措施的前提。尤其是近年来西方国家针对中国的恶意贸易摩擦行为,中国完全可以根据对等原则,合理使用非关税措施来予以应对和回击。

例如,2019年8月15日,美国政府宣布对自华进口的约3000亿美元商品加征10%关税,分两批自2019年9月1日、12月15日起实施。针对美方上述措施,中方被迫采取反制措施。根据《中华人民共和国海关法》《中华人民共和国对外贸易法》《中华人民共和国进出口关税条例》等法律法规和国际法基本原则,经国务院批准,国务院关税税则委员会决定,对原产于美国的5078个税目、约750亿美元的商品,加征10%、5%不等关税,分两批自2019年9月1日12时01分、12月15日12时01分起实施。

二、加强对非关税措施问题的研究

由于非关税措施发展快,其关注的焦点、实施的手段、采取的方式、保护的动机、产生的影响等,都会伴随国际经济形势的变化而呈现出新的特征和趋向。

目前,我国对非关税措施的关注很不够,基础性的数据不完整,研究缺乏全面性、前瞻性,往往是实际工作中出现问题在前,主动的应对性研究在后,不能适应我国对外贸易迅速发展的现实。因此,中国应该加强对非关税措施的研究,特别要认真研究世贸组织规则,提高运用和驾驭国际规则保护自己、发展自己的能力。

三、建立健全国内非关税措施的规则体系

中国应制定总体的、积极的、长期的应对非关税措施的战略规划,而不仅是提出

零散的、被动的、短期的解决办法。具体应做到以下几点。

第一,加快建立健全自己的技术性贸易措施体系,对我国的市场或产业提供必要的保护,并引导企业积极、有效应对国外技术壁垒。

第二,完善《对外贸易法》的有关配套法规和实施细则,加快建立健全有关市场准入以及技术、质量、环保、安全等方面的法律法规。

第三,构建一整套高效的出口技术服务体系,采取多种形式支持和鼓励相关的技术管理部门和行业组织为企业出口经营活动提供技术支持和服务。

第四,加快对标准的研究和转化,着力构建基于世贸组织规则、符合中国国情、服务国家经济和对外贸易发展的标准体系。加强在标准化领域中的国际合作,积极参与国际标准的制定、修改与协调工作,争取将我国具有优势项目的标准纳入国际标准体系中。

第五,要制定和实施与国际接轨的检验监测标准,加大对动植物检疫监测基础设施建设投入,增强动植物检验监测能力,形成一套与国际接轨的产品安全管理模式。

四、政府增强非关税措施的信息搜集能力

中国政府应有效利用各种渠道和工具获取相关信息,大力加强对外贸易信息服务,政府应向企业和进出口商提供及时、正确和有效的信息和咨询。具体应做到以下两点。

第一,政府要关注对国外市场产生影响的技术规定和标准制定的动态,注意从双边或多边的渠道获得相关信息,积极学习贸易发达国家好的经验和做法。

第二,政府应有效地利用各种渠道获取信息,包括世贸组织各成员的《技术性贸易壁垒协议》和《动植物卫生检验检疫标准协议》的通报资料、各商业渠道发布的自愿性标准、买方要求和准则以及一些咨询网站发布的信息等。

五、建立有效的应对预警机制

中国应建立有效的非关税措施的应对预警机制,变被动为主动,将防范和应对工作前置化。中国的《对外贸易法》第四十九条已将“外贸预警应急机制”规定在法律中,该条规定:“国务院对外贸易主管部门和国务院其他有关部门应当建立货物进出口、技术进出口和国际服务贸易的预警应急机制,应对对外贸易中的突发和异常情况,维护国家经济安全。”

但是必须要指出的是,这种政府主导型预警体系不利于调动相关利益主体的积

极性,对预警信息的收集和反应比较迟钝。今后要在已有的各类预警系统基础上,加强与贸易伙伴的合作和数据交换,及时把握进出口变动情况,充分发挥中介组织在市场信息方面的优势,建立起多层次、多视角、多渠道的预警体系。

六、外贸企业要加强自身建设

中国的外贸企业要提高标准化意识,积极开展国际认证,提高产品自检自控能力,避免低价竞争,通过产品的升级换代,提高产品的附加值,不能永远凭借廉价劳动力的优势进行数量扩张,单纯追求规模。具体可以从以下几个方面入手。

第一,企业要加快标准化生产步伐,从生产环境、生产过程到产品加工销售,严格按照标准进行,建立完善的产品质量安全监控体系。要重视产品的技术标准、质量与品牌,增强自身技术力量,积极采用国际和国外先进标准,使产品符合进口国技术标准的规定。

第二,企业积极开展国际认证工作,做好出口产品原产地认证、国际质量认证、安全认证、环保认证等,获取产品在国际市场上的通行证。

第三,企业要结合国际市场发展的特点,积极调整产品结构,建立和完善出口食品、农产品基地备案制度,加强源头管理,提高自检自控能力。

第四,要把应对反倾销、反补贴等业务培训列入企业的常态管理中,规范自身的法律制度,重视日常经营管理,加强自律,积极主动参加反倾销、反补贴等应诉,避免因为缺席审判而产生的不利后果。

七、政府在国际规则的制定上努力来“发出中国声音”

中国政府要在多双边的磋商和谈判中关注非关税措施问题,积极通过多双边的渠道消除对我国歧视性的非关税措施,为企业争取相对公平的外部环境,努力提出“中国方案”,发出“中国声音”。具体可以从以下几个方面入手。

第一,支持和鼓励企业积极参与相关组织的活动和国际规定及标准制定的意见咨询和评议,力争在制定初期消除其中不合理的部分。

第二,在多、双边的磋商和谈判中关注非关税壁垒问题,争取与主要贸易伙伴在进出口产品市场准入方面建立合作磋商机制。

第三,通过条约来推动和倡导贸易投资便利化,从局部率先消除或突破某些非关税壁垒的制约,并积极探索化解贸易摩擦的新思路和新途径,努力建立稳定、公平的对外经济环境。

八、积极解决相关争端

中国可以有效利用 WTO 的机制减少非关税壁垒带来的不良影响，灵活处理国际贸易争端，改善对外贸易环境。具体可以从以几个方面入手。

第一，WTO 机制的通报讨论、监督执行、特殊和差别待遇条款、争端解决机制、贸易政策审议机制等，是维持该组织正常运转的重要保障，也为中国参与和运用多边贸易体制、维护自身权益提供了可供选择的渠道。

第二，要利用参加 WTO 活动的机会，了解其他贸易伙伴贸易政策和具体措施的变化动向，及时对于违反世贸组织规则和制度的行为提出我们的关注和警告，尽力消除一些矛盾和对抗。对于隐蔽性的贸易壁垒，尤其是以各种标准为借口设置的壁垒、严重危害我国产业发展的重要案件，必要时运用世贸组织争端解决机制，切实维护我国的贸易利益。

第三，积极利用 WTO 争端解决机制维护合法权益。WTO 争端解决机制被誉为“WTO 皇冠上的明珠”。根据现行《WTO 关于争端解决规则与程序的谅解》及其附件的有关规定，WTO 争端解决的基本程序大致包括磋商、专家组审理、上诉机构审理、对裁决的监督和执行等四个阶段。WTO 提供并鼓励通过争端解决机制来处理成员间的贸易纠纷。WTO 现行的争端解决机制是以关贸总协定数十年争端解决实践为基础，经过发展和创新而确立的，是成员之间处理贸易纠纷的途径之一。在这个多边机制中，成员不分大小强弱，都有权援引争端解决机制来谋求公正、合理地解决相互间的贸易纠纷，而任何成员违反 WTO 协议的做法都可以在争端解决机制下受到质疑和纠正。

中国一直是多边贸易体制的积极参与者、坚定支持者和重要贡献者。因此，在面对贸易伙伴针对中国不合理的非关税措施时，中国应积极通过 WTO 争端解决机制来维护自身的合法权益。

第八章　国际贸易争端解决法律制度

第一节　国际贸易争端解决概述

一、国际贸易争端的概念和特点

(一)国际贸易争端的概念

国际贸易争端(International Trade Dispute),也被称为国际贸易争议,是指国际贸易活动主体之间在国际贸易活动中所产生的权利、义务纠纷。

(二)国际贸易争端的特点

与国内贸易争端相比,国际贸易争端具有如下特点。

(1)国际贸易争端发生在国际贸易领域。如国际货物买卖、国际货物运输、国际货物运输保险、国际贸易支付等领域。

(2)国际贸易争端的主体具有涉外性。其争议的主体含有国际因素或涉外因素,一般有一方为外国主体,因而它与纯粹的国内贸易争端有所不同。

(3)发生国际贸易争端的法律关系的标的物位于国外或行为在国外完成。

(4)国际贸易争端的解决所适用的法律可由当事人协商确定。

(5)国际贸易争端的解决方式多样,程序复杂。

(6)国际贸易争端既有公法上的争议,也有私法上的争议。前者如国家之间的贸易争议,后者如营业地位于不同国家的两个企业之间的争议。考虑到国家之间的争议主要依靠条约和特定的国际组织(如 WTO)来解决,伴随着较强的政治因素。故在本章中所讲的贸易争端主要是指在实践中经常发生的私法上的争议。

二、国际贸易争端解决的概念

国际贸易争端解决是指通过一定的方式和途径来解决当事人之间的国际贸易纠纷，以协调和平衡当事人之间的权利、义务关系。

与国内贸易争端解决不同，国际贸易争端解决一般有其独特的争端解决机构和程序，尤其是在日后发生争议时确定受案机关的管辖权事项上，有着重要的意义。以下是一则典型的案例。

中国国际工程咨询公司（下称咨询公司）与北京丽都饭店公司（下称丽都饭店）于1984年1月30日签订了工程承包合同。合同中规定：双方在执行合同过程中所发生的一切争议应通过友好协商解决，如协商不能解决时，应提请在北京的中国国际贸易促进委员会对外经济贸易仲裁委员会（后改名为中国国际经济贸易仲裁委员会）进行仲裁。1990年8月20日，咨询公司以丽都饭店长期拖欠工程款为理由，向该仲裁委员会提出仲裁申请，要求丽都饭店支付工程欠款及迟延付款的利息。中国国际经济贸易仲裁委员会于1991年11月1日作出（91）贸仲字第2569号裁决：丽都饭店应于1991年12月31日前将所欠工程款以及其他工程费用共计885171.50美元及利息520000美元支付给咨询公司。1992年1月15日，咨询公司以丽都饭店未履行仲裁裁决为由，向北京市中级人民法院申请执行该仲裁裁决。

2月9日，丽都饭店以咨询公司与丽都饭店均为中国法人，双方发生的工程承包合同纠纷纯属国内经济合同纠纷，不属于中国国际经济贸易仲裁委员会仲裁案件受理范围，该仲裁委员会无权进行仲裁为理由，向北京市中级人民法院提出书面《抗辩执行仲裁裁决状》，请求对中国国际经济贸易仲裁委员会的仲裁裁决书不予执行。

北京市中级人民法院经审查认为，丽都饭店是中国旅行社总社与香港益和有限公司共同出资，并在国家工商总局申请注册登记的合资经营企业，丽都饭店与咨询公司均为中国法人，双方之间发生的工程承包合同纠纷系国内经济合同纠纷，不具有涉外因素，并非国际经济贸易中发生的争议。按照《中国国际经济贸易仲裁委员会仲裁规则》的规定，该案不属于中国国际经济贸易仲裁委员会的仲裁案件受理范围。因此，丽都饭店对执行仲裁裁决提出的异议有理。因此裁定：申请执行人中国国际工程咨询公司向本院申请强制执行的中国国际经济贸易仲裁委员会（91）贸仲字第2569号裁决书不予执行。

本案的法律依据在于：《中国国际经济贸易仲裁委员会仲裁规则》第二条与国务

院《关于将对外贸易仲裁委员会改称对外经济贸易仲裁委员会的通知》规定，对外经济贸易仲裁机构的受案范围，应为中外当事人之间、外国当事人之间以及中国当事人之间具有涉外因素的经济争议。而本案中的咨询公司和丽都饭店都是住所在我国境内的中国法人，且双方之间的工程承包合同是在我国境内签订并在我国境内履行的，没有涉外因素，它们之间的该项争议并非国际经济贸易中发生的争议，不属于中国国际经济贸易仲裁委员会的受案范围，是该仲裁委员会无权仲裁的争议。因此受案法院据此作出不予执行的裁定是正确的，该纠纷当事人可以依据我国《民事诉讼法》的有关规定另行向有管辖权的法院提起民事诉讼。

三、国际贸易争端解决的内容

国际贸易争端解决通常包括以下几个方面的内容。

（一）争端解决方式

国际贸易争端解决方式有很多种。实践中常用的有协商、调解、国际贸易仲裁和国际贸易诉讼等。这些方式可以单独使用，也可以混合使用。这里需要指出的是，每一种争端解决方式均有利弊，其利弊也是需要通过个案来体现，因此需要结合实际情况做出选择。

（二）争端解决所适用的法律

争端解决所适用的法律既包括实体法也包括程序法。

1.实体法方面

各国大多遵循当事人意思自治原则，只要当事人约定了适用的实体法，即应适用该法律。约定适用的法律可以是当事人的本国法，也可以是第三国的法律或者国际公约，当然这要受到争端解决所在地的强制性规范或公共秩序保留原则的约束。如果当事人对所适用的实体法没有明确约定或者约定无效的，则应依据争端所在地的冲突法规则来确定应适用的法律，这通常是指最密切联系原则。

2.程序法方面

争端解决所适用的程序法主要是指各种争端解决方式的程序性规定，既包括仲裁法、诉讼法等法律或相关的国际公约，也包括仲裁机构的仲裁规则等。程序性法律通常适用属地法的原则来确定，即一般适用争端解决所在地的法律。而在仲裁规则方面，则通常适用所选定的仲裁机构的仲裁规则，不过有时也由当事人选择其他的仲裁规则进行仲裁。

中国目前对于国际贸易争端解决适用法律的态度上，也体现了当事人意思自治优先的原则。根据《中华人民共和国涉外民事关系法律适用法》第四十一条的规定："当事人可以协议选择合同适用的法律。当事人没有选择的,适用履行义务最能体现该合同特征的一方当事人经常居所地法律或者其他与该合同有最密切联系的法律。"

此外,最高人民法院关于适用《〈中华人民共和国涉外民事关系法律适用法〉若干问题的解释(一)》第十九条规定:"涉及香港特别行政区、澳门特别行政区的民事关系的法律适用问题,参照适用本规定",据此规定,涉及香港特别行政区、澳门特别行政区民事纠纷的当事人也可以选择合同适用的法律。

(三)争端解决的承认与执行

由于国际贸易争端所具有的涉外性或国际性,通过争端解决方式所达成的和解或者裁决等可能需要到其他国家去执行,因此国际贸易争端的解决还会涉及仲裁裁决、法院判决等在他国的承认与执行问题。

四、常见的国际贸易争端解决的方式

国际贸易争端传统的解决方式主要包括协商、调解、仲裁和诉讼等。其中,协商和调解属于非裁判性的解决方式,仲裁和诉讼则属于裁判性的解决方式。协商是当事人自行解决争议的方式,而调解、仲裁和诉讼则是由第三方参与的解决方式。近年来,国际上还出现了新的 ADR 争端解决方式。

(一)协商

1.概念

协商是指国际贸易争端的当事人在争端发生后自行商议达成意思一致来解决争端的方式。

2.协商解决争端方式的特点

第一,协商是在当事人自愿的基础上进行,由于双方均有妥协和合作的意愿,因而既容易达成和解,有利于和解协议的执行,更有利于双方日后的合作。

第二,协商无须第三者介入,完全由当事人双方自行解决。由于协商中没有第三方的参加,可以节省相关的费用,也有利于商业秘密的保守。

第三,协商的程序简单、形式灵活。不仅不需要遵从严格的法律程序或形式要求,而且也没有诉讼费、仲裁费等的费用支出,因而可以节省当事人的人力、物力和时间。

第四,协商方式也有其局限性。一方面,协商解决的结果往往取决于各方讨价还价的能力及其经济状况和经济实力,因而协商方式可能会损及弱势一方的利益;另一方面，当各方分歧严重、难以自己协商解决时，无法借助第三方的力量，尤其是强制性力量帮助解决。

（二）调解

调解是指国际贸易争端的当事人自愿将争议提交中立第三方，并在第三方的主持和推动下达成和解协议、解决双方纠纷的一种方式。调解中的第三方通常称为“调解人或调解员”，有无调解人的介入和主持是区分调解和协商的主要标准。客观来讲，调解的含义本身就包括对某些界限不清的事实、责任含糊不究，互谅互让，以达到既解决纠纷又不伤和气的目的。因此，调解的优点是它能够及时、彻底地解决当事人的权益争议，提高办案效率，减少诉讼成本。而调解的局限性表现在：如果不是在法院或者仲裁庭的主持下进行的，那么调解是不具有司法强制力的。

就我国的调解实践而言，调解也是目前我国法院在实践中运用最多的一种处理民事诉讼的结案方式，这种调解也被称为法院调解或者诉讼调解，它是在法院审判人员的主持下，双方当事人通过自愿协商，达成协议，解决民事争议的活动和结案方式。因此，我国的法院调解制度是采取调审结合的模式，即调解和审判可以动态转换、交互运行，法官可以随时主动地决定进入调解程序，且由同一审判人员兼作调解人和裁决者，且当事人在调解书送达签收前可以反悔。

（三）国际贸易仲裁

1.概念

国际贸易仲裁是国际商事仲裁的一种。它是指国际贸易活动的各方当事人自愿将其争议提交仲裁机构进行审理并作出仲裁裁决的方式。仲裁裁决对双方当事人都有约束力，双方必须执行。通过仲裁解决国际贸易过程中出现的争议，是当前国际上普遍采用的方式。

2.特点

（1）国际贸易仲裁以当事人的自愿为前提。当事人之间通过订立仲裁协议或仲裁条款的方式来约定采取仲裁解决争议，仲裁机构也根据双方当事人的仲裁协议受理有关案件，双方当事人享有充分的自治权，可自由选择仲裁机构、仲裁员、仲裁地点、仲裁所使用的语言、仲裁规则以及仲裁所适用的法律。

（2）国际贸易仲裁具有专业性和公正性。国际仲裁中当事人一般选择国际经贸的专业人士来担任仲裁员，这些仲裁员的身份也是独立的，裁判案件不容易受到外界干扰，其仲裁结果也更容易被当事人所接受。

（3）国际贸易仲裁的裁决具有终局性和可强制执行性。一般各国的仲裁法和仲裁规则都规定,仲裁裁决一般是终局性的,没有上诉或再审程序,若一方当事人不自动执行裁决,另一方当事人有权申请法院予以强制执行。

(4)国际贸易仲裁具有简单灵活性。与烦琐的诉讼程序相比,仲裁程序一般比较简便,还可以由当事人来选择仲裁相关的仲裁规则,具有较强的灵活性。

(5)国际贸易仲裁具有保密性。主要是国际贸易仲裁的不公开性,实行不公开审理开庭制度,未经当事人同意,第三人不可旁听案件审理,案件程序和实体的进行情况也不公布于媒体,这非常有利于保护当事人的商业秘密。

(四)国际贸易诉讼

1.概念

国际贸易诉讼是指国际贸易争议当事人将其争议提交某一国家的法院予以审理并作出判决的争议解决方法。根据一般的诉讼原理,当双方当事人发生争议,若通过友好协商不能解决,而合同中又没有订立仲裁条款,则任何一方当事人都可以向有管辖权的法院起诉,要求通过司法诉讼来解决他们之间的争议。诉讼的优点是程序性强,判决效力有司法手段保障。缺点是判决书效力有区域性,如果涉外,判决书在别国可能无效,在这点上不如仲裁那样有专门的国际条约(如1958年《承认与执行外国仲裁裁决公约》)来保障承认与执行。

2.特点

(1)国际贸易诉讼必须遵从严格的法律程序。一般各国都会通过诉讼法来规定相应的诉讼程序,这些程序是当事人不能通过意定的方式予以排除或者改变的。

(2)法院对案件的管辖权不依赖争议当事人的协议,通常是由被告所在地法院管辖。

(3)国际贸易诉讼受国际贸易仲裁的排斥。一般情况下,当事人选择了国际贸易仲裁,就不能以同一事实和理由提起国际贸易诉讼,反之亦然。

(4)国际贸易诉讼具有公开性。这与国际贸易仲裁是不同的,一般各国法律都规定,除了法律规定不能公开审理外,诉讼都是公开进行的。

(5)国际贸易诉讼中的一方如对法院作出的判决或裁决不服,可以向上一级法院提起上诉。

(五)ADR方式

1.ADR方式的概念

ADR,英文全称 Alternative Dispute Resolution,是一种起源于美国的争端解决的方式,在中国一般翻译为“替代性(或选择性)争端解决方式”,或者“非诉讼纠纷解决程序”。

ADR有广义与狭义之分。广义上的ADR方式包括了所有的非诉讼纠纷解决方式，仲裁、调解等都包括在内，美国有关立法和多数学者都赞同这种广义的ADR概念。狭义上的ADR方式则将仲裁和诉讼都排除在外，把ADR限定为“非诉讼非仲裁的纠纷解决方式”。例如，在法国，ADR是不包括仲裁在内的，是法院判决或仲裁裁决之外的解决争议的各种方法的总称。中国的大多数教科书中，采纳了狭义的定义，即ADR主要是指除了仲裁和诉讼之外的其他方式。

2.ADR方式的特点

ADR程序及其采用的形式一般出于当事人的自愿，甚至争议解决的结果是否有强制性也取决于当事人。从法律上看，通过ADR方式达成的协议并不具有法律的约束力，因此如果一方当事人不履行达成的协议，则仍然需要以仲裁或诉讼方式解决。

3.ADR方式的应用

在当前国际贸易争端解决的实践中，ADR方式主要有如下几种形式：①调解和调停（Mediation）；②中立者的评价（Neutral Evaluation）；③微型听审（Mini-trial）；④任何其他争议解决方式（Any Other Settlement Technique）；⑤综合性争议解决方式（Combination of Settlement Techniques）。

由于国际贸易仲裁和诉讼是实践中两种最主要的裁判性的解决方式，其裁决和判决文书有相关的国际或者国内强制力作为保障。因而接下来就选择仲裁和诉讼两种方式进行讲解。

第二节　国际贸易仲裁协议法律制度

一、仲裁协议的概念与类型

（一）仲裁协议的概念

仲裁协议是指当事人约定将已经发生或可能发生的一切或某些争议提交仲裁的协议。如果当事人约定将其在国际贸易活动中发生的争议提交仲裁的协议，就是国际贸易仲裁协议。

因此国际贸易仲裁协议是具有国际因素或涉外因素的仲裁协议，但是在理论和实践上，国际上对何谓“国际”和“贸易”尚无统一的概念，在实践中也有“涉外仲裁”“国际商事仲裁”等多种称谓。故以下为了方便讲解，本节将国际贸易仲裁协议简称为仲裁协议。

根据各国的仲裁法和司法实践，仲裁协议一般要求用书面形式订立，否则仲裁协议无效，通过往来书信、电报、电传以及电子数据交换和电子邮件等方式订立的仲裁协议也应符合书面形式的要求。

（二）仲裁协议的类型

仲裁协议分为以下两种类型。

1.仲裁条款

仲裁条款是仲裁协议的基本形式，它是指争议当事人在合同中订立的，载明将日后可能发生的争议提交仲裁机构解决的专门条款。从形式上来看，仲裁条款是合同中的一部分。

2.仲裁协议书

仲裁协议书是指争议当事人在争议发生前或后，单独订立的载明将争议提交仲裁机构裁决的协议。这种仲裁协议的特点在于它是单独的仲裁协议，是在合同中没有规定仲裁条款的情况下，双方当事人为了专门约定仲裁内容而单独订立的一种协议。而且，当事人可以在争议发生之前，也可以在争议发生之后订立仲裁协议书。例如，在订立国际货物买卖合同时，双方当事人没有约定争议的解决方式，事后双方当事人再专门订立一个协议，约定有关仲裁事宜，这样的协议就是仲裁协议书。

二、仲裁协议的内容

（一）一般内容

仲裁协议应包括哪些内容，各国立法及有关国际条约的规定各不相同。一般来说，一项合格的国际贸易仲裁协议应具备以下几个方面的内容。

（1）请求仲裁的意愿，即当事人一致同意将争议提交仲裁的意思表示。

（2）仲裁事项，即明确规定把什么样的国际贸易争议提交仲裁。

（3）选定的仲裁机构，即明确、具体的仲裁机构。

除此之外，在实践中当事人还可以约定仲裁地点及开庭地点、仲裁规则、仲裁语言、仲裁员人数、仲裁员国籍、适用法律、适用普通程序或简易程序、裁决的效力等事项。

在实践中经常会出现当事人选择的仲裁机构不明确的情形,如约定的仲裁机构不存在或者名称不准确,这往往会影响到仲裁协议的效力,当事人务必要引起注意。例如,中国甲公司和日本乙公司签订了买卖合同,双方在合同中约定:“基于本合同或者由本合同衍生出的任何争议、冲突、区别和声明……最终由中国国际仲裁中心裁决,仲裁地点应在中国北京。”而实际情况是本案中约定的仲裁机构“中国国际仲裁中心”并不存在,也无法推定具体的仲裁机构,事后双方亦不能达成关于确定仲裁机构的补充协议。则根据中国《仲裁法》第十八条的规定:“仲裁协议对仲裁事项或者仲裁委员会没有约定或者约定不明确的,当事人可以补充协议;达不成补充协议的,仲裁协议无效。”

(二)仲裁地点的选择问题

在仲裁协议中,对于仲裁地点的选择问题,是实践中非常重要的问题,也是比较容易出现法律风险的地方。因此确定仲裁地点十分重要,确定在哪一个国家仲裁,一般就等于确定适用该国的法律。由于仲裁地点可以由当事人在仲裁协议中约定,一般情况下,当事人由于对本国仲裁方面的法律比较熟悉,通常都会力争在本国仲裁,其次是选择到中立的第三国仲裁。从实务的角度来看,建议当事人将来在国际贸易仲裁实务中约定仲裁地点时,注意以下事项,避免风险。

(1)当事人一定要明确,无论约定在何地仲裁,为使仲裁裁决能够在将来得到顺利执行,该地必须是《纽约公约》的参加方。

(2)当事人在选择常设仲裁机构仲裁时,如果没有其他约定,通常以该被选定的常设仲裁机构所在地作为仲裁地点。但是,一些常设仲裁机构在不同的地方设立有分支机构,且大多数的常设仲裁机构并不禁止当事人选择其机构所在地以外的地方作为仲裁地点。因此,一定要在仲裁协议中明确在何地进行仲裁,不能光约定常设机构的名称。

(3)在选择临时仲裁机构仲裁时,由于临时仲裁机构没有机构所在地,所以当事人一定要在仲裁协议中明确约定仲裁地点。

三、仲裁协议的效力

世界上大多数国家法律都规定只要当事人表明仲裁的意愿,形式合法,仲裁协议就是有效的。但是不同国家的法律对仲裁协议的效力规定也存在一定差异,往往体现在其民法和仲裁法中。以下以中国仲裁法的相关规定为例,来研究仲裁协议的效力。根据中国的《仲裁法》和相关的司法解释,仲裁协议的效力包括以下内容。

（一）无效情形

①约定的仲裁事项超出法律规定的仲裁范围的。②无民事行为能力人或者限制民事行为能力人订立的仲裁协议。③一方采取胁迫手段，迫使对方订立仲裁协议的。

（二）效力待定的情形

①仲裁协议对仲裁事项或者仲裁委员会没有约定或者约定不明确的，当事人可以补充协议。②当事人达不成补充协议的，仲裁协议无效。

（三）效力的独立性问题

①仲裁协议独立存在，合同的变更、解除、终止或者无效，不影响仲裁协议的效力。②仲裁庭有权确认合同的效力。

（四）效力的异议

①当事人对仲裁协议的效力有异议的，可以请求仲裁委员会作出决定或者请求人民法院作出裁定。②一方请求仲裁委员会作出决定，另一方请求人民法院作出裁定的，由人民法院裁定。③当事人对仲裁协议的效力有异议，应当在仲裁庭首次开庭前提出。

（五）有效仲裁协议的法律效力

有效的仲裁协议具有以下法律效力：①订立仲裁协议的当事人须受仲裁协议的约束。②仲裁协议排除了法院的司法管辖权，当争议发生后应以仲裁的方式解决，任何一方都无权就有关争议向法院起诉。③仲裁协议是仲裁机构取得管辖权的依据。④仲裁协议是进行仲裁程序和保证仲裁强制执行的依据。⑤仲裁协议的效力不受主合同的影响，即使争议双方订立的商业合同无效或失效，一方当事人仍可以有关仲裁协议为依据提请有关仲裁机构进行仲裁。

四、仲裁协议效力的认定机构

在国际上，有权对仲裁协议效力进行认定的机构主要可以分为以下两种。

（一）仲裁机构

世界上大部分国家的仲裁立法和仲裁规则，有关国际仲裁规则都规定了仲裁机构（含仲裁庭）对仲裁协议的有效性问题进行认定的权力。例如，根据中国《仲裁法》第十九条的相关规定："仲裁庭有权确认合同的效力。"

（二）法院

法院对仲裁协议是否存在、效力和对其效力提出的异议享有管辖权，并借此确定仲裁机构或仲裁庭是否具有仲裁管辖权，得到了世界各国有关仲裁立法和司法实践以及仲裁实务的普遍承认。

一般情况下,各国的法律也都规定,法院对仲裁协议效力的认定要优先于对仲裁机构的认定。例如,根据中国《仲裁法》第二十条的规定:“当事人对仲裁协议的效力有异议的,可以请求仲裁委员会作出决定或者请求人民法院作出裁定。一方请求仲裁委员会作出决定,另一方请求人民法院作出裁定的,由人民法院裁定。”

以下是两个涉及仲裁协议效力认定的案例,在现实中有较强的代表性,当事人在实践中可以充分借鉴案件中的经验。

案例一:北京中国国际经济贸易仲裁委员会于2015年9月收到申诉人美国A公司诉被诉人美国B公司的一份仲裁申请书。书中写明申请仲裁是依据合同中的仲裁条款。被诉人收到通知后,认为仲裁程序不应继续进行,因为被诉人已向美国纽约州法院申请停止仲裁程序,理由:①申诉人和被诉人都是美国公司,在纽约解决争议最为方便,根据国际私法的冲突规范,争议与北京无实际联系;②在仲裁之前,申诉人没有和被诉人进行友好协商;③仲裁协议中的仲裁机构是中国国际贸易促进委员会对外贸易仲裁委员会,不是中国国际经济贸易仲裁委员会。仲裁委员会核实了仲裁条款全文,该仲裁条款是这样表述的:“一切因执行本合同或与本合同有关的争议,应由双方通过友好协商解决,如经协商不能得到解决时,应提交北京中国国际贸易促进委员会对外贸易仲裁委员会,按照中国国际贸易促进委员会对外贸易仲裁委员会仲裁规则进行仲裁,仲裁委员会的裁决为终局裁决,对双方均有约束力。”仲裁委员会最终决定对这一案件有管辖权,仲裁程序继续,并通告被诉人在限期内指定仲裁员。结果,被诉人如期指定了仲裁员,并参加仲裁,撤回了在纽约州法院的诉讼。

在本案中,当事人在仲裁协议中对仲裁机构、仲裁地点、仲裁裁决的效力都做了明确的约定,此仲裁协议是完全有法律效力的,排除了法院的司法管辖,使仲裁机构取得了案件的管辖权,被诉人对管辖权提出的异议是毫无根据的。

中国国际经济贸易仲裁委员会的前身是1954年5月6日成立的中国国际贸易促进委员会下设的对外贸易仲裁委员会,虽然曾两次更名,但实际上都是同一个机构。被告以名称不同否定管辖权是不成立的。经仲裁委员会调查了解,双方在争议发生后,曾进行多次协商,但始终未达成和解协议,所以申诉人将争议提交仲裁是符合仲裁条款规定的,被告以未经协商,不能将争议提交仲裁为由提出的异议也是不能成立的。根据《中国国际经济贸易仲裁委员会仲裁规则》第四条的规定,仲裁委员会有权对仲裁协议的存在、有效性以及仲裁案件的管辖权作出决定。因此,本案中中国国际经济贸易仲裁委员会决定取得案件的管辖权是符合仲裁规则规定的。

案例二:1985 年 8 月我国某进出口公司与美国某公司签订引进全套生产线和专有技术合同。因对方关键设备未交货,已交货的设备质量有严重问题,造成我方工厂重大经济损失。中方进出口公司在与对方多次协商不成的情况下,准备向北京国际经济贸易仲裁委员会提起仲裁,与此同时,对方抢先向美国联邦地区法院起诉,反而要求我方赔偿其所谓“合同损失”。美国法院立案后,于 1990 年 5 月开庭审理,我方出庭应诉并提出要求确定仲裁协议的效力。

我方抗辩理由主要有:第一,本合同约定在北京仲裁的条款是有效的,故一切有关合同争议应在北京仲裁解决。第二,根据美国法律,如被告依据仲裁条款提出请求仲裁,法院应以起诉不合法驳回之。第三,美国联邦法院判例也表明,类似本案应责令提交仲裁解决。1990 年 5 月 16 日,美国加州联邦法院支持了中国企业的抗辩理由,对仲裁协议的效力予以认可,判决立即停止诉讼,责令本案在北京仲裁。此后,北京国际经济贸易仲裁委员会受理了我方仲裁申请。经仲裁审理本案,美方败诉,我方胜诉。

第三节 国际贸易仲裁的主体与裁决的作出

一、国际贸易仲裁的当事人

(一) 当事人的概念

国际贸易仲裁的当事人,是指因与他人发生法律争议,而以自己的名义独立地提起或参加仲裁程序,并受仲裁裁决约束的利害关系人。

当事人可以分为申请人和被申请人,申请人是指根据仲裁协议提出仲裁申请书的一方当事人;被申请人是指仲裁申请书中被要求履行特定义务的一方当事人。

(二) 当事人的特征

一般根据各国的仲裁法和仲裁机构的仲裁规则,国际贸易仲裁的当事人必须具备下列条件。

(1) 必须是有关仲裁协议的当事人。

(2) 必须与仲裁结果有着直接的法律上的利害关系。所谓法律上的利害关系,是指该主体是争议的法律关系的权利享有者和义务承担者，正是因为存在着直接利害关系，才促使该主体提起仲裁程序。此外，这种直接利害关系也是该主体承担仲裁裁决结果的基础，即承担仲裁机构对争议的法律关系权利与义务确认的基础。

(3)必须以自己的名义参加仲裁，并且彼此之间存在合法有效的仲裁协议。凡不是以自己的名义而是以他人名义参加到仲裁程序中的，如仲裁代理人等都不是仲裁当事人。

(4)必须受仲裁裁决的约束。

(三)当事人的权利和义务

当事人的权利和义务一般由各国的仲裁法和仲裁机构的仲裁规则来规定，以下以中国《仲裁法》的规定为例，来讲解当事人的权利和义务。

1.当事人的权利

(1)请求仲裁保护。申请人有仲裁请求权；被申请人有答辩权和提出反请求的权利。

(2)约定仲裁庭的组成形式。当事人在仲裁规则规定的期间内，既可以约定由3名仲裁员组成合议仲裁庭，也可以约定1名仲裁员组成独任仲裁庭。如果没有约定，则由仲裁委员会主任指定。

(3)选定仲裁员。当事人约定由3名仲裁员组成仲裁庭的，应当各自选定或者各自委托仲裁委员会主任指定1名仲裁员，第三名仲裁员由当事人共同选定或者共同委托仲裁委员会主任指定。第三名仲裁员是首席仲裁员。当事人约定独任仲裁庭，应当共同选定或者共同委托仲裁委员会主任指定。当事人没有选定仲裁员的，则由仲裁委员会主任指定。

(4)委托仲裁代理人。当事人、法定代表人可以委托律师和其他代理人进行仲裁活动，并向仲裁委员会提交授权委托书。授权委托书应当载明委托事项和权限。

(5)申请仲裁员回避。仲裁员认为自己具有法定的回避事由，应主动提出回避的请求；当事人认为仲裁员具有应当回避的事由，有权提出要求该仲裁员回避的申请。

(6)收集、提供证据。当事人有权收集、提供相关证据材料，并向仲裁委员会提供。在庭审中，当事人均可对另一方的举证材料进行质证，以维护自己的合法权益。

(7)申请财产保全和证据保全。一方当事人因另一方当事人的行为或者其他原因，可能使裁决不能执行或难以执行的，可以申请财产保全。在证据可能丢失或以后难以取得的情况下，可以申请证据保全。

(8)承认、放弃和变更仲裁请求及反请求。一方当事人有权对自己的请求或反请求作出放弃或者变更,另一方当事人可以作出承认或者反驳。

(9)自行和解或请求调解。当事人可以请求仲裁庭根据和解协议作出裁决书,也可以请求仲裁庭主持调解,调解不成的,应当及时作出裁决。

(10)申请执行。当事人应当履行仲裁裁决,一方当事人不履行的,另一方当事人可以依照《民事诉讼法》的有关规定向人民法院申请执行。受理的人民法院应当执行。

2.当事人的义务

(1)当事人有遵守仲裁程序、按期出庭的义务。

(2)如实陈述案情,在规定期限内实事求是提供证据的义务。

(3)按规定交纳仲裁费及鉴定费、保全费等费用的义务。

(4)自动履行仲裁调解及裁决书的义务。

二、国际贸易仲裁的机构

国际贸易仲裁的机构一般可以分为临时仲裁机构和常设仲裁机构两大类。

(一)临时仲裁机构

1.临时仲裁机构的概念

临时仲裁机构是指争议双方当事人根据达成的仲裁协议,在争议发生后,按仲裁地所属国的仲裁法律规定,自行选任仲裁员组成的、仲裁裁决作出后即行解散的仲裁机构。

2.临时仲裁机构的特征

(1)有关临时仲裁机构的组成及其活动规则、仲裁程序、法律适用、仲裁地点、裁决方式以至仲裁费用等都可以由有关当事人协商确定。

(2)选择临时仲裁机构来解决争端的优点在于:程序上比较灵活,在一定条件下可以节省费用;同时可省略机构内部的复杂手续,提高工作效率,加快争端解决的速度。

(3)选择临时仲裁机构来解决争端的缺点是:当事人不可能对仲裁涉及的全部问题作出约定,如程序出现问题,当事人需重新作出约定,如仲裁员在审理过程中不幸身亡或成为无行为能力人;临时仲裁缺乏必要的监督管理,其有效性及其优势的发挥取决于双方一致,如一方当事人延迟时间不愿合作,另一方当事人必须寻求仲裁地法院的司法救济,否则会陷入僵局。

在国际贸易争端解决的实践中,与常设仲裁机构相比,当事人选择临时仲裁机构的情形较少。

(二)常设仲裁机构

1.常设仲裁机构的概念和特征

常设仲裁机构,是指依照国际条约或某一国内法组成的有固定名称、地址、仲裁程序规则以及组织机构的永久性仲裁机构。

常设仲裁机构的特征是:相对临时仲裁机构具有较大的稳定性和健全的组织、完善的制度和仲裁规则;机构仲裁比临时仲裁更能得到司法机关的信任,对于缺席裁决及承认执行时,法院较为认可。

因此,在国际贸易仲裁的实务中,当事人一般都会选择常设仲裁机构进行仲裁。相应的,当前国内外也有许多知名的常设仲裁机构可以供当事人进行选择。

2.中国的常设仲裁机构

中国国际经济贸易仲裁委员会(CIETAC)和海事仲裁委员会(CMAC)是我国的常设涉外仲裁机构,也是受理涉外仲裁案件的具有典型性、代表性的仲裁机构。中国国际经济贸易仲裁委员会现行的仲裁规则是中国国际商会于2000年9月5日修订并通过,2000年10月1日起施行的《中国国际经济贸易仲裁委员会仲裁规则》。海事仲裁委员会现行的仲裁规则是中国国际商会于2000年11月22日修订并通过,2001年1月1日起施行的《中国海事仲裁委员会仲裁规则》。

这里需要特别指出的是,目前,我国除了中国国际经济贸易仲裁委员会和海事仲裁委员会受理涉外仲裁案件,按照有关规定,依据《仲裁法》设立或重新组建的仲裁机构也有权受理涉外仲裁案件,尽管在国际贸易仲裁的实务中,这些仲裁机构被选择的案件并不多见。

3.国外知名常设仲裁机构

国外知名的常设仲裁可以分为两大类。

(1)知名国别性仲裁机构。这些仲裁机构设立在某个具体的国家,法律上是属于该国的仲裁机构,国际上知名的有以下机构。

①伦敦国际仲裁院,英文名London Court of International Arbitration,简称LCIA。它是世界上最古老的仲裁机构,成立于1892年,可以受理提交给它的任何性质的国际争议,在国际社会享有很高的声望。特别是国际海事仲裁案件,大多都诉诸该院。

②瑞士苏黎世商会仲裁院 ,英文名Court of Arbitration of the Zurich Chamberof Commerce,成立于1911年,是瑞士苏黎世商会下设的一个全国性常设仲裁机构。苏黎世商会仲裁院受理并仲裁瑞士境内的商事仲裁案件和有关当事人提交的国际商事

仲裁案件。由于瑞士在政治上处于中立地位,这就使得苏黎世商会仲裁院的裁决比较容易被有关国家和双方当事人所接受,从而逐渐成为处理国际商事争议的一个很重要的中心,在国际商事仲裁机构中具有一定的地位。

③瑞典斯德哥尔摩商会仲裁院,英文名 The Arbitration Institute of Stockholm Chamber of Commerce,简称 SCC,成立于 1917 年,总部设在瑞典首都斯德哥尔摩,是隶属于瑞典斯德哥尔摩商会、但又独立于商会的一个仲裁机构,可受理世界上任何国家当事人所提交的商事仲裁案件。

④美国仲裁协会,英文名 American Arbitration Association,简称 AAA,成立于 1926 年,是一个独立的、非政府性的、非营利性的民间性组织,是美国最主要的商事仲裁常设机构,其总部设在纽约。其受案范围非常广泛,可以受理全美各地以及外国的当事人提交给它的除法律和公共政策禁止仲裁事项以外的任何法律争议,包括国际经济贸易争议、劳动争议、消费者争议以及证券法律争议等。由于美国仲裁协会能提供完备的行政和服务设施,仲裁较少受行政干预,因此,近年来受理的案件持续上升,成为世界上受案量最高的民间仲裁机构之一。

(2)知名国际性仲裁机构。这些仲裁机构法律上属于国际组织,不属于任何国家。最知名的是国际商会仲裁院,英文名 The International Chamber of Commerce,简称 ICC,成立于 1923 年,是附属于国际商会的一个全球性的常设仲裁机构,总部设在巴黎,它是当今国际社会国际商事仲裁领域最具影响力的商事仲裁机构。国际商会仲裁院最初受理的案件主要是有关货物买卖合同和许可证贸易中所发生的争议。现在的受案范围极为广泛,几乎包括了因契约关系而发生的任何争议。自国际商会中国国家委员会加入国际商会以后,中国与国际商会和国际商会仲裁院有了更加密切的联系。

三、国际贸易仲裁的受理

(一)一般程序

1.当事人申请仲裁

当事人申请仲裁,如果双方选择的是常设仲裁机构,当事人应向该常设仲裁机构递交仲裁协议、仲裁申请书以及其他证明文件;如果双方当事人约定设立临时仲裁机构来审理有关争议,则当事人须将仲裁申请书直接送交另一方当事人,因为只有当双方当事人选出仲裁员以后才能组成受理争议的临时仲裁机构。

仲裁申请书通常包含如下主要内容:①申请人和被申请人的名称、住所和联系方式等。②仲裁请求及所依据的事实和理由。③证据等有关证明文件。

2.仲裁机构审查

仲裁机构在收到申请人提交的仲裁申请书及有关材料后,应进行初步审查以决定是否立案受理。一般来说,审查事项包括:①仲裁协议是否有效,该仲裁机构是否享有对该争议的管辖权。②请求仲裁事项是否属于仲裁协议范围或是否能进行仲裁。③仲裁申请书等文件以及仲裁手续是否完备等。审查不合格的,应通知不予受理或者要求补正。审查合格的,即正式立案受理。仲裁机构受理案件后,即向申请人发出受案通知,向被申请人发出仲裁通知。

(二)中国国际贸易仲裁的受理程序

根据中国的仲裁法律和相关仲裁规则的规定,中国国际贸易仲裁的受理程序一般包括以下过程。

第一,当事人提交相关文件。当事人申请仲裁,应当向仲裁委员会递交仲裁协议、仲裁申请书及副本。

第二,仲裁申请书应当载明下列事项:①当事人的姓名、性别、年龄、职业、工作单位和住所、法人或者其他组织的名称、住所和法定代表人或者主要负责人的姓名、职务。②仲裁请求和所根据的事实、理由。③证据和证据来源、证人姓名和住所。

第三,仲裁委员会收到仲裁申请书之日起五日内,认为符合受理条件的,应当受理,并通知当事人;认为不符合受理条件的,应当书面通知当事人不予受理,并说明理由。

四、国际贸易仲裁的裁决过程

国际贸易仲裁一般包括三个程序。

(一)组成仲裁庭

各国的仲裁法和仲裁规则都有对仲裁庭组成的相关规定,基本上都会尊重当事人的选择权,仲裁员由当事人共同选定或者委托仲裁机构负责人来指定。

(二)仲裁庭进行裁决

一般情况下,仲裁应当开庭进行。当事人协议不开庭的,仲裁庭可以根据仲裁申请书、答辩书以及其他材料作出裁决。仲裁不公开进行。当事人协议公开的,也可以公开进行。裁决应当按照多数仲裁员的意见作出,少数仲裁员的不同意见可以记入笔录。仲裁庭不能形成多数意见时,裁决应当按照首席仲裁员的意见作出。

(三)制作裁决书

裁决书是仲裁庭对仲裁纠纷案件作出裁决的法律文书。仲裁庭根据仲裁结果制作裁决书，裁决书自作出之日起发生法律效力。

除在极个别国家存在例外的规定以外，世界上绝大多数国家的仲裁立法和各有关的仲裁规则都一致要求仲裁裁决必须以书面形式作成。用书面形式作出仲裁裁决时，还应该严格遵循有关格式上的要求：一般以全体仲裁员签名为原则，以多数仲裁员签名为例外，但要求对未签名的仲裁员的情况予以注明。少数仲裁员的意见可以作成记录附卷或在裁决书中写明，以此证明不签名的仲裁员也参加了案件的审理。例如，我国《仲裁法》第五十三条规定："裁决应当按照多数仲裁员的意见作出，少数仲裁员的不同意见可以记入笔录。仲裁庭不能形成多数意见时，裁决应当按照首席仲裁员的意见作出。"同时，该法第五十四条规定："裁决书由仲裁员签名，加盖仲裁委员会印章。对裁决持不同意见的仲裁员，可以签名，也可以不签名。"

虽然世界各国的仲裁立法和各有关的仲裁规则对于仲裁裁决书的内容都有各种不同的规定，但是裁决书基本上包括下几方面的内容。

1.首部

(1)裁决书名称。

(2)裁决书案号。

(3)仲裁各方当事人、仲裁代理人的姓名或名称以及基本情况。

2.引言

(1)仲裁庭受理案件的依据。

(2)仲裁庭的组成。

(3)仲裁审理情况。

3.裁决事项

(1)申请人的仲裁请求及其理由。

(2)被申请人的答辩。

(3)事实经过。

4.裁决理由

5.裁决结果

6.尾部

(1)写明"本裁决为终审裁决"，以及生效的时间。

(2)仲裁员签名。

(3)裁决书作出的时间和地点，以及仲裁机构加盖的印章。

第四节 国际贸易仲裁的司法监督

一、国际贸易仲裁的司法监督概述

(一)概念

国际贸易仲裁的司法监督,是指一国的法院依据其国内法律或有关国际公约的规定,对仲裁程序中有关仲裁协议、仲裁庭的组成、仲裁的审理和裁决程序,以及仲裁裁决的执行等事项进行审查,以决定是否给予支持和协助的行为。

(二)监督的必要性

法院对仲裁进行监督,一方面可以有效地防止仲裁庭武断裁判,纠正仲裁程序中的错误,以实现社会公正;另一方面,法院行使国家强制力,在传唤证人、保全财产和证据、强制执行仲裁裁决等方面给予司法支持,可以有效地保障仲裁程序的顺利进行,提高仲裁的效率,以切实维护当事人的合法权益。

(三)监督的法律依据

国际贸易仲裁司法监督的法律依据,既包括各国的国内法,也包括相关的国际法。以中国为例。

(1)在其国内立法方面,现行的《中华人民共和国仲裁法》是中国制定的第一部仲裁法典,《中华人民共和国民事诉讼法》也是中国法院监督仲裁的重要依据之一。

(2)在有关商事仲裁的国际立法方面,中国是1958年《关于承认和执行外国仲裁裁决的公约》(以下简称《纽约公约》)的缔约国,该公约于1987年4月22日对中国生效。

(3)最高人民法院还充分发挥其司法解释的指导功能,发布了一系列有关仲裁的司法解释或者司法解释性质的文件,针对司法审判工作中适用《中华人民共和国仲裁法》《中华人民共和国民事诉讼法》《关于承认和执行外国仲裁裁决的公约》等国内、国际仲裁立法时所出现的问题,对有关仲裁立法的原则和规则做了更加明确、具体的规定。

二、国际贸易仲裁的司法监督的范围

（一）对仲裁协议的监督

仲裁协议的效力问题离不开法院的审查与监督。在国际贸易仲裁实务中，从司法监督的角度来说，关于仲裁协议的效力问题，主要涉及的是法院在确定仲裁协议效力时拥有多大权力的问题。从国际社会有关仲裁的实践来看，仲裁机构和法院都有权确定仲裁协议的效力。

法院对仲裁协议司法监督的重要性在于，如果有关仲裁机构就仲裁协议的有效性作出的决定与法院对此问题作出的裁定相抵触，法院的裁定具有决定性的意义。

（二）对仲裁程序性事项的监督

各国法院包括中国法院在内，都非常重视对仲裁程序性事项的司法监督，认为这是依法维护当事人实体权益的重要手段，法院可以基于程序性事项违法的理由而否定仲裁裁决的效力。

如果仲裁一方当事人向法院提出关于仲裁程序违法的申请，各国法律均允许法院对该仲裁程序及裁决进行审查，尽管各国法律规定可审查的具体内容不尽相同，但要求仲裁裁决符合程序公正的基本原则高度一致。法院对程序性事项的审查主要包括两方面：一是仲裁庭的组成必须公正。仲裁庭成员不得与其审理的案件有任何利益联系，不得对任何一方当事人存有偏见或有所偏袒。法院审查中要对仲裁庭的组成，仲裁员的职业操守从严把握。二是当事人必须享有平权诉讼的权利。包括获得公正听审、得到关于诉讼事项的适当通知、平等地出庭应诉、平等的答辩机会、平等地向法庭提出和反驳证据及进行申辩、平等地进行认证质证等权利。

（三）对仲裁实体性事项的监督

对实体性事项的监督，是指法院对仲裁裁决所认定的事实是否清楚、证据是否充分、适用的法律是否适当等几个方面进行审查。

需要指出的是，我国的法院在对仲裁进行实体性事项监督时，对内和对外的标准不一。例如，承认和执行国内仲裁裁决时，不仅包括对程序性事项的审查，而且对认定事实和适用法律等实体问题也进行审查；而在对涉外的国际贸易仲裁进行监督，如承认和为执行国际贸易仲裁裁决时，采取的标准则宽松得多，即法院对中国内地国际仲裁机构作出的国际贸易仲裁裁决和对外国仲裁机构所作出的国际贸易仲裁裁决都只作程序性审查，而不进行实质性审查。

（四）对仲裁是否违反公共利益的监督

公共利益是指一个国家社会存在及其发展所必要的一般秩序。在不同的国家有不同的称谓,大陆法系国家大多称为“公共利益”,英美法系国家称为“公共政策”(Public Policy)或“公共秩序”(Public Order)。公共秩序保留,是指一国法院依其冲突规范本应适用外国法时,因其适用会与法院地国的重大利益、基本政策、道德的基本观念或法律的基本原则相抵触而排除其适用的一种制度。在《纽约公约》中使用的是英美法系惯用的公共秩序一词,其第五条第二款第二项规定:“被请求承认和执行仲裁裁决的国家的管辖当局如果查明有下列情况,也可以拒绝承认和执行:承认或执行该项裁决将和这个国家的公共秩序相抵触”。

世界各国对公共利益的理解和认定标准极为不同,差异很大,一般包括道德的基本观念、法律基本原则、社会公益、国家的重大利益、善良风俗等,但各国对公共利益均无明确的定义,缺乏完整的解释和规范而表现出很强的弹性。法院对国际贸易仲裁裁决进行是否违反公共利益的监督,实质是各国法院用以保护本国或本国当事人利益的方式,是在国际贸易仲裁领域保护本国基本道德、法律准则和政策、利益的最后防线。当仲裁裁决作出后,如一方当事人申请法院执行,执行地国法院会对裁决是否违背本国公共利益进行审查,如果违背公共利益的,则会主动宣告该裁决被撤销或者不予执行。

三、国际贸易仲裁司法监督程序的启动

(一)启动司法监督的主体

在世界各国的仲裁实践中,能够启动司法监督程序的主体通常有两个:一个是当事人,一个是法院。例如,根据我国《仲裁法》第五十八条的规定,当事人提出证据证明裁决有法定情形之一的,可以向仲裁委员会所在地的中级人民法院申请撤销裁决,人民法院经组成合议庭审查核实裁决有前款规定情形之一的,应当裁定撤销。

(二)启动司法监督的条件

世界各国的仲裁立法和有关的国际条约大多都规定,一项仲裁裁决若要得到裁决作出地国家法院或被请求承认和执行地国家法院的认可,应当符合以下条件:①有关的仲裁协议或仲裁条款有效。②仲裁程序合法。③仲裁员资格无瑕疵。④仲裁庭的组成合法。⑤裁决的事项属于当事人申请仲裁的范围或依照裁决地法属于可仲裁事项。⑥裁决的期限符合当事人的约定或法律规定。⑦裁决书符合法定的形式或要求并经仲裁员签署。⑧在仲裁过程中无足以影响仲裁结果的不当行为发生。除以上这些程序性事项外,有的国家还要求仲裁裁决认定的事实要清楚,证据要确实、充分,适用的法律要正确,并且不能违反法院地的公共秩序。如果以上各项中有一项不符

合法律的规定,当事人或者法院即可启动司法监督程序。

根据我国《仲裁法》第五十八条的规定,启动司法监督的条件只要满足下列任意一种情形即可:①没有仲裁协议的。②裁决的事项不属于仲裁协议的范围或者仲裁委员会无权仲裁的。③仲裁庭的组成或者仲裁的程序违反法定程序的。④仲裁裁决所依据的证据是伪造的。⑤对方当事人隐瞒了足以影响公正裁决的证据的。⑥仲裁员在仲裁该案时有索贿、徇私舞弊、枉法裁决行为的。

四、国际贸易仲裁司法监督程序的实施

(一)实施司法监督的主体

实施仲裁司法监督的主体只能是一个,即国家的法院。

(二)实施司法监督的期间

关于仲裁司法监督的期间,世界各国的仲裁立法一般都基于监督事项的不同,而作了各不相同的规定,而且,即使是在同一监督事项上,世界各国所作的规定也不尽一致。此外,还有一些国家对某些仲裁事项的监督期间并无明确的规定。以我国《仲裁法》的规定为例,根据《仲裁法》第五章的相关规定,当事人申请撤销仲裁裁决,必须向仲裁委员会所在地的中级人民法院提出。向其他人民法院提出的,人民法院不予受理。当事人申请撤销仲裁裁决的,应当自收到裁决书之日起六个月内提出。

五、国际贸易仲裁裁决执行的司法监督

(一)国际贸易仲裁裁决执行的概念

国际贸易仲裁裁决执行是指在承认国际贸易仲裁裁决的基础上,通过国家强制力,使已经发生法律效力并取得了执行力的仲裁裁决得以实施的司法行为,一般要通过申请地法院进行。

(二)国际贸易仲裁裁决的承认与执行的关系

二者是既有区别又有联系的两个法律概念和两种司法行为。

一方面,二者是两个不同的法律概念和司法行为。仲裁裁决的承认,是指有关国家的法院对仲裁机构所作出的具有约束力的裁决予以认可,并赋予其强制执行力的司法行为。如果说承认是一种对裁决效力认可的静态行为,执行则是需要国家司法机关采取强制性措施以实现裁决所确定的权利的动态行为。

另一方面,仲裁裁决的承认与执行在性质上具有同一性,而在操作上具有关联性。从性质上看,仲裁裁决的承认与执行都是一个国家的司法机关行使司法职权的

行为。从实际操作层面来看,承认是执行的前提,一项仲裁裁决只有在获得法院承认的基础上,才能取得法律上的强制执行力,从而有可能进一步采取措施予以执行;而执行裁决是承认裁决的必然结果。

(三)中国法院对于国际贸易仲裁裁决的承认与执行

1.严格遵守国际公约

我国已经加入《纽约公约》,该公约于1987年4月22日对中国正式生效。因此,目前我国法院对外国仲裁裁决的承认及执行主要以《纽约公约》为依据。

这里需要说明的是,香港特区、澳门特区作出的仲裁裁决在我国的承认和执行,并不适用《纽约公约》,而是适用《最高人民法院关于内地与香港特别行政区相互执行仲裁裁决的安排》《最高人民法院关于内地与澳门特别行政区相互执行仲裁裁决的安排》办理。

而我国大陆与台湾地区仲裁裁决的相互认可和执行,并未达成与上述香港、澳门与内地类似的司法机构之间的安排。关于我国大陆法院认可和执行台湾地区仲裁裁决,其最新规定为2015年6月2日颁布的《最高人民法院关于认可和执行台湾地区仲裁裁决的规定》。该规定第十四条列举了大陆法院不予认可台湾仲裁裁决的七类理由,其内容与《纽约公约》的规定基本一致。但是,《最高人民法院关于认可和执行台湾地区仲裁裁决的规定》第十四条第二款的公共政策保留条款表述为"违反一个中国原则等国家法律的基本原则或损害社会公共利益",具有较强烈的政治色彩,在实践中当事人要加以充分的注意。

2.具体规定

根据相关法律规定我国承认和执行外国仲裁裁决的现行法律制度包括以下内容。

(1)互惠保留与商事保留。我国在加入《纽约公约》时做了互惠保留和商事保留的声明。根据前者,我国只对在公约成员国的领土内作出的仲裁裁决的承认和执行适用该公约;根据后者,我国仅对按照我国法律属于契约性和非契约性的商事法律关系所引起的争议适用该公约。"契约性和非契约性的商事法律关系"是指由于合同、侵权或者根据有关法律规定而产生的经济上的权利义务关系,如货物买卖、财产租赁、工程承包、加工承揽、技术转让、合资经营、合作经营、勘探开发自然资源、保险、信贷、劳务、代理、咨询服务和海上、民用航空、铁路、公路的客货运输以及产品责任、环境污染、海上事故和所有权争议等,但不包括外国投资者与东道国政府之间的争端。

(2)受理法院。仲裁裁决的一方当事人申请我国法院承认和执行在另一缔约国领土内作出的仲裁裁决的,应由我国下列地点的中级人民法院受理:①被执行人为自然人的,为其住所地或其居住地;②被执行人为法人的,为其主要办事机构所在地;③被执行人在我国没有住所、居所或主要办事机构,但有财产在我国境内的,为其财产所在地。

(3)审查与执行。由受理法院依照中国的法律进行审查与执行。

(4)执行期限与执行措施。执行期限,按照《民事诉讼法》的规定,为2年;具体执行措施则按照《民事诉讼法》的规定办理。

第五节　国际贸易诉讼

一、国际贸易诉讼的概念与特点

(一)概念

国际贸易诉讼是指通过法院诉讼方式来解决国际贸易争议的一种途径。在双方当事人不能通过协商或调解等方式解决争议,而又缺乏或无法达成仲裁协议的情况下,诉讼作为一种争端解决方式仍然具有重要意义。而且,有的当事人会更习惯或更信赖诉讼方式,因此实践中仍有相当多的国际贸易争端是通过诉讼方式得以解决的。从法理来看,国际贸易诉讼属于国际民事诉讼的范畴,受各国国内立法、国际条约以及各国司法实践的约束。

(二)特点

(1)诉讼所涉及的一方当事人是外国人、争议发生在外国或者诉讼所涉及的财产位于外国或者属外国人所有。

(2)优点是程序性强,判决效力有司法手段保障。

(3)缺点是判决书效力有区域性,如果涉及涉外,判决书在别国无效,在这点上不如仲裁。

二、国际贸易诉讼的管辖权

在涉及国际贸易的诉讼中,一国法院必须首先确定它对案件是否有管辖权,然后才能决定是否受理该案,所以确定哪一个国家的法院有管辖权是一个十分重要的问题。尽管各国关于国际民事诉讼管辖权的规定各不相同,但一般都是遵循如下原则来确定国际民事诉讼管辖权的。

(一)属地管辖原则

属地管辖原则也称为地域管辖原则,指采用与地域有关的因素来确定法院对国际民事案件的管辖权。

(二)属人管辖原则

属人管辖原则是指根据当事人的国籍来确定管辖权,只要当事人具有某国的国籍,该国的法院就具有管辖权。

(三)协议管辖原则

协议管辖原则是指根据当事人协商选择管辖法院的协议来确定法院的管辖权。

(四)专属管辖原则

专属管辖原则是指有关国家在特定范围内的民商事案件中无条件地保留其受理诉讼和作出裁决的权利,从而排除其他国家法院对这类民商事案件的管辖权。在国际贸易诉讼的实务中,当事人可以协议选择诉讼的法院,但是要受到其本国法和法院地法的约束,尤其是专属管辖的约束,当事人违反了专属管辖的约定无效。

(五)中国关于国际贸易诉讼管辖权的相关规定

第一,根据我国《民事诉讼法》的相关规定,因合同纠纷或其他财产权益纠纷,对在中国领域内没有住所的被告提起的诉讼,如果合同在中国领域内签订或者履行,或者诉讼标的物在中国领域内,或者被告在中国领域内没有代表机构,可以由合同签订地、合同履行地、诉讼标的物所在地、可供扣押财产所在地、侵权行为地或者代表机构住所地管辖。

第二,根据我国《民事诉讼法》及有关司法解释规定,因仲裁条款或协议无效或者内容不明确、无法执行而受理的民事诉讼,如果被告一方对人民法院的管辖权提出异议的,受诉人民法院应就管辖权作出裁决;当事人一方向人民法院起诉时未声明有仲裁协议,人民法院受理后,对方当事人又应诉答辩的,视为该人民法院有管辖权。

例如,1992年8月中国某省土产进出口公司向美国的某公司出口一批茶叶5000公斤,总价款30万美元。8月17日,双方代表在香港签订合同,合同规定在美国旧金山港交货,交货期为1992年9月25日至10月15日,争议发生后提交有关仲裁机构裁决。我方10月10日将货发至旧金山港口,10月13日美方公司来电称茶叶质量不符合同规定,因而拒付货款21万美元,双方遂发生纠纷。同年底,适逢美方公司在我国转口的一批棕榈油停泊在某港口,我方公司即向当地法院申请诉前财产保全,扣押了该批货物,并在规定时间提交了起诉状,美方提出以下异议:(1)合同的签订地在香港,履行地在美国,本案应由香港法院或美国法院管辖。(2)当事人双方订明争议应提交仲裁解决,法院无司法管辖权。

本案中,因为被告在我国境内有可供扣押的财产,所以根据我国《民事诉讼法》的规定,我国法院对本案有管辖权,被告以合同签订地、履行地不在我国为由否定我国人民法院的管辖权是不成立的。原被告双方在合同中订立的仲裁条款仅规定:"争议发生后提交有关仲裁机构仲裁裁决",纠纷发生后,双方也未达成明确的仲裁协议,所以本案中合同里的仲裁条款属内容不明确、无法执行的仲裁协议,依据我国《民事诉讼法》及有关司法解释的规定,我国人民法院有权对被告的管辖权异议做出裁定。因此,被告认为双方当事人订有仲裁协议,应排除法院管辖权的说法是不正确的。

三、国际司法协助

在一国法院受理了国际贸易诉讼后,往往会涉及需要他国司法机关协助的问题,如请求调查取证、裁判文书送达等,这就需要国际司法协助。

(一)司法协助的途径

依据法理,任何一国司法当局都没有协助另一国司法当局的义务。实践中司法协助请求的提出一般通过以下几个途径。

1.外交途径

外交途径即请求国司法机关把请求书及其所附文件交给本国的外交部,由本国外交部转交给被请求国的外交代表,再由该国外交代表转交给该国国内的主管司法机关,由该主管司法机关提供司法协助。这是比较普遍采用的一种方式,特别是在两国之间不存在司法协助条约的情况下,它几乎成为唯一可行的途径。

2.使领馆途径

使领馆途径即请求国司法机关把请求书及其所附文件交给本国驻在被请求国的使领馆,再由使领馆直接把有关文件交给驻在国的主管司法机关,由该主管司法机关提供司法协助。

3.法院途径

法院途径即由请求国法院直接委托被请求国法院进行司法协助。不过,采取这种做法必须以条约为基础。而且,在实践中采取这种做法的比较少。

4.司法部途径

司法部途径即由请求国把请求书及其所附文件交给本国司法部,再由本国司法部直接寄交被请求国法院,或者寄交被请求国司法部,再由被请求国司法部寄交其本国主管法院,这种途径在双边司法协助协议中规定较多。

(二)域外送达

1.域外送达的概念

域外送达是指一国法院根据国际条约或本国法律或按照互惠原则将司法文书送交居住在国外的诉讼当事人或其他诉讼参与人的行为。司法文书的送达是一国司法机关代表国家行使国家主权的一种表现,具有严格的属地性。一国的司法机关在未征得有关国家同意的情况下,不得在该国境内实施送达行为;内国也不承认外国司法机关在没有法律规定或条约依据的情况下在内国实施的送达。

2.域外送达的请求

该请求一般应用书面形式提出。而且,请求书及其所附文件应使用请求国的官方文字写成,并附有被请求国文字译本。

3.域外送达的途径

除了国际司法协助的一般途径外,实践中还可以使用以下方式:①邮寄送达。②个人送达。③公告送达。④按当事人协商的方式送达等。

(三)域外取证

1.域外取证的概念

域外取证也称为域外调查取证,是指一国的有关机构或人员为进行有关的国际民事诉讼程序而在外国提取证据的行为。

2.域外取证的方式

域外取证主要有以下几种方式。

(1)外交和领事人员取证。外交和领事人员取证即通过本国驻外国的使领馆人员在驻在国直接调查取证,一般是向其本国国民进行调查取证,但不得违反当地法律,也不得采取强制措施。这种方式当前为大多数国家所接受。

(2)当事人或诉讼代理人自行取证。这种方式主要存在于英美法系国家。这些国家的诉讼法要求当事人承担主要的举证责任,法院一般不调查取证。但不少其他国家对当事人或诉讼代理人自行取证持反对态度。

(3)特派员取证。特派员取证即受诉法院委派专门的官员在外国调查取证。这一方式也主要存在于英美法系国家。

(4)代为取证。代为取证即通过国际司法协助途径委托证据所在国的法院取证。

这里需要指出的是,我国《民事诉讼法》中关于域外调查取证的专门规定不多。

一般来说，我国法院和外国法院可以在国际条约或互惠的基础上，根据《民事诉讼法》的有关规定，互相请求协助调查取证。外国驻我国的使领馆可以向该国人民直接调查取证，但不得违反中国的法律，并不得采取强制措施。此外，除上述情况外，任何外国机关或个人不得在我国领域内调查取证。在实践中，外国律师请中国律师代行应由司法机关行使的调查取证权，也不被允许。

四、外国法院判决的承认与执行

（一）外国法院判决的概念

外国法院判决系指所有外国法院代表其主权国家对有关案件所作出的判决的总称。对此概念可从三个层次上进行理解。

（1）这里所讲的“外国”与通常使用的“外国”的含义并不完全一样，它是针对不同法域而言的，实质上是“外法域”。

（2）这里所讲的“外国法院”亦应作广义理解，它既包括一般法院、专门法院和特别法庭，也包括被主权国家赋予一定司法审判权的公共机构。

（3）这里所讲的“判决”相当于裁决，包括外国法院的判决、裁定、决定、命令、执行令状、调解书等，而不局限于被称为“判决”的文件。

（二）承认与执行的规则

外国法院的判决毕竟不同于内国法院的判决，因此各国对其的承认与执行都附有一定的条件，这主要有以下几个方面：①作出判决的外国法院必须具有适格的管辖权。②外国法院的判决必须是确定的判决。③外国法院进行的诉讼程序是公正的。④外国法院的判决必须是通过合法的手段取得的。⑤内国未就同一标的案件作出判决或承认。⑥外国法院的判决是已经生效的判决。⑦判决地国与执行地国之间存在条约关系或互惠关系。⑧外国法院的判决不与内国的公共政策相抵触等。

（三）中国对外国法院判决的承认与执行的相关规定

第一，根据我国《民事诉讼法》第二百八十一条的规定：“外国法院作出的发生法律效力的判决、裁定，需要中华人民共和国人民法院承认和执行的，可以由当事人直接向中华人民共和国有管辖权的中级人民法院申请承认和执行，也可以由外国法院依照该国与中华人民共和国缔结或者参加的国际条约的规定，或者按照互惠原则，请求人民法院承认和执行。”

第二，根据我国《民事诉讼法》第二百八十二条的规定：“人民法院对申请或者请求承认和执行的外国法院作出的发生法律效力的判决、裁定，依照中华人民共和国缔结或者参加的国际条约，或者按照互惠原则进行审查后，认为不违反中华人民共和国法律的基本原则或者国家主权、安全、社会公共利益的，裁定承认其效力，需要执行的，发出执行令，依照本法的有关规定执行。违反中华人民共和国法律的基本原则或者国家主权、安全、社会公共利益的，不予承认和执行。”

五、当事人国际贸易诉讼应考量的因素

一般情况下，中国当事人在选择采取诉讼的形式来解决国际贸易争端时，应该充分考虑到下列因素。

（一）司法环境的优劣

当事人选择在中国起诉还是到外国起诉，需要考虑的一个重要因素是外国的司法环境是否值得信赖。客观来看，当今世界上不同国家的司法水平存在一定的差距，并非所有国家都能提供公平合理的司法救济。对于部分司法环境差，法院和法官独立性差，经常出现审理不公的国家，当事人尽量通过协议管辖的方式予以避免。例如，某些国家的法院出于政治目的和偏见，认为所有的中国国有企业是一个法人，当某个中国国有企业在当地败诉而又无可供执行的财产时，会强行执行另一家中国企业（如中国银行）的财产。这对于中国国有企业在实践中选择诉讼法院时，尤其要引起警惕。

（二）法院判决的可执行性

当事人在国内法院起诉，要考虑对方是否有财产在中国以便于法院判决的执行，否则当事人应考虑到对方所在国的法院起诉。因为除非两国缔结或者参加了承认和执行他国法院判决的双边或多边司法协助协议，否则一国法院的判决很难在另一国得到承认和执行。

（三）诉讼成本的高低

通常情况下，当事人在本国诉讼更便利，熟悉司法程序、与律师沟通方便、成本低。到外国诉讼，则存在不了解司法程序、与律师沟通困难、诉讼成本高等弊端。因此，诉讼标的大的案件可以考虑到被告所在国法院诉讼，金额小的案件更适合在中国法院起诉。

后　记

党的二十大报告提出要推进高水平对外开放，稳步扩大规则、规制、管理、标准等制度型开放，加快建设贸易强国，推动共建“一带一路”高质量发展，维护多元稳定的国际经济格局和经贸关系。这是党中央在对当前国际和国内经济形势科学研判和精准把握的基础上，为促进中国式现代化和人类命运共同体建设做出的战略性、根本性、历史性选择。尤其是“制度型开放”首次写入二十大的报告，表明新时代中国全面依法治国的决心和维护国际经贸规则的立场。在此新时代背景下，国际贸易法作为体现和保障“制度型开放”的重要法律部门，理应在教学内容上作出回应来贯彻和落实党的二十大精神，这是本教材编写的“初心”所在。

本教材是在笔者结合国际贸易法教学十多年的教学经验和法律实践体会，在撰写课程讲义的基础上完成的。本教材的特色主要有：一是结合高等院校课时设置和中国国际贸易的实践情况，将教学重点放在国际货物贸易法、国际贸易管理法、国际贸易争端解决法律制度这几部分；二是突出国际贸易法理论与实务相结合，在内容上注重案例分析的讲解，力戒脱离实际的空洞论断，使读者全面、系统地掌握国际贸易法的基本理论，在理论和实践相结合的基础上，达到理论性、实践性和适用性三者的统一；三是关注我国的立场和立法的最新发展，将党的二十大精神融入教材内容，尤其是对新时代我国相应的国际贸易法律理论和规则变化进行了研究。

感谢西北大学高水平教材出版培育项目的资助，让我有机会将自己的教学和实践体会展示给读者，希望能为中国的法律人才培养尽绵薄之力。也特别感谢西北大学出版社编辑耐心而细致的工作，她们专业的工作能力和执着的敬业精神给我留下深刻的印象。

本书由我一人完成，虽然在编写过程中尽了最大的努力，但是深知本书还存在一些遗憾和不足，恳请读者不吝赐教。

田　海

2022 年 11 月于西北大学长安校区